听马老师 说数学

马学斌 ◎著

深圳出版社

图书在版编目（CIP）数据

听马老师说数学 / 马学斌著 . -- 深圳 : 深圳出版社 , 2022.11（2024.2 重印）

ISBN 978-7-5507-3592-7

Ⅰ. ①听… Ⅱ. ①马… Ⅲ. ①中学数学课－教学研究－初中 Ⅳ. ① G633.602

中国国家版本馆 CIP 数据核字（2024）第 012985 号

听马老师说数学
TING MALAOSHI SHUO SHUXUE

出 品 人　聂雄前
策划创意　张晶莹
责任编辑　王　博　侯天伦
责任校对　李　想
责任技编　陈洁霞
封面设计　新触点

出版发行　深圳出版社
地　　址　深圳市彩田南路海天综合大厦 （518033）
网　　址　www.htph.com.cn
订购电话　0755-83460239
设计制作　东北师范大学音像出版社
印　　刷　深圳市希望印务有限公司
开　　本　787mm×1092mm　1/16
印　　张　15
字　　数　259 千字
版　　次　2022 年 11 月第 1 版
印　　次　2024 年 2 月第 2 次
定　　价　66.00 元

压轴题是我工作的百分百

从小学到初中，再到高中，我一直喜欢数学，做一名优秀的数学教师是我的愿望，我的高考志愿清一色填的是师范院校数学专业。

我从 28 岁开始，做了 7 年校长，最大的收获就是借"职务便利"，多次外出参加教育教学研讨会，有数学的，有信息技术的，也有语文的，让我有机会了解学科教育研究前沿的动向。我率领全校的青年教师学习几何画板和 PPT 制作，在全国范围内属于较早的。

2003 年，我以几何画板应用技能的优势被引进上海。秋季开学，学校安排我教初三。我给自己定的第一个目标是，在新课结束之前一定要搞清楚上海中考数学考什么、怎么考。

实现这个目标，我用了两周的时间。我把 2002 年、2003 年上海 19 个区县的模拟考试试题合订本和近几年上海中考试题地毯式地做了一遍。做完之后，我心里就亮堂了，知道了上海中考数学的题型结构、考点布局。

下面我主要讲一下我与中考压轴题的缘分。

对于这 40 多份考卷，我先做选择题和填空题，再统一按顺序做第 19，20，……，26，27 题。第 26 和 27 题是综合题，那时有很多题我真的不会做啊。

于是我给自己定了第二个目标：在新课结束前，一定要把这 80 多道综合题弄懂、做好。

我把这 80 多道题目做了四遍。

第一遍：根据参考答案将解题过程在练习本上整理一遍，目标是弄懂。

第二遍：再把全部题目独立做一遍，目标是做对。

第三遍：把每一道题目用一张 A3 纸按照学生答卷的规范认认真真抄写一遍，并把涉及的考点标注出来。

第四遍：在给学生讲完部分题目之后及时审阅原先整理的文稿，改正差错，并把灵感补充上去。

本人的优势是利用几何画板研究这些题目，以便学生可以获得动态的体验。对于每一道题目我都做好了几何画板课件。一年下来，积累的综合题可以成书了，我和教研组长舒耀俐老师商议，找一家出版社出版。于是，中国教辅市场较早以压轴题为主题的书诞生了，我们做了用几何画板"动感体验"中考数学压轴题的开创性工作。

从 2003 年到 2022 年，我和舒耀俐老师利用几何画板研究中考数学压轴题 20 年。我从不会做压轴题，到走上了职业做压轴题的道路。最近十年，我们的著作每年的读者稳定在 30 万人次。我们也团结和凝聚了全国一大批中学数学教师中的解题爱好者。由我参与发起、组织的全国青年数学教师中考数学压轴题讲题比赛，得到了罗增儒教授和方运加教授的鼎力支持，从 2017 年第一届到 2019 年第三届，每年都有一批积极向上的青年教师踊跃参与，通过比赛他们的解题水平都有了很大的提高。更重要的是，这批教师喜欢上了压轴题。我们一起交流，共同提高。之后因为疫情，比赛中断。

2013 年，我向校长提出辞职，理由是：每年 10 万的读者量，需要我精心去维护。华东师范大学出版社教辅分社的倪明社长得知我离开学校工作，希望我编写压轴题系列书。

近二十年来，每年的 6 月份，我第一时间要做完全国各地 100 多份中考数学试题的压轴题。近十年来，压轴题已经是我工作的百分百。

到 2022 年，我的"中考数学压轴题全国行"已涉足 16 个省 60 多个城市，《中学数学教学参考》的主编马小为老师笑称我是"粉丝收割机"。每到一处讲完课，老师们和我都要齐声朗读解压轴题的九字诀——"画好图、写好字、说好话"。

2018 年 3 月，我随倪明社长参加长沙书展，认识了海天出版社教育分社副社长张晶莹。2022 年春节，张社长和我微信互致节日问候，她说，她一直关注我的朋友圈，喜欢我的写作风格，想给我在海天出版社"深思教育"系列出版一本书。

我答应了，但是纠结了很长时间。我一直在写解题方面的书，没有写过给青年教师的读物。这段时间以来，我在反反复复调整思路，写一本怎样的书对青年教师有参考价值？我要把可读性放在第一位。

通过和张社长几次沟通交流，我觉得把我的备课心得、上课心得、作业心得、解题心得、思考心得，用平实的语言记录下来，可读性会好一些，对青年教师会有一些参考价值。

我每写好一篇,都要找一两位数学老师试读一下,征求他们的意见。截稿以后,我拿出 30 篇文章,在 14 个 400 人以上的数学教师微信群,每天发一篇,征求大家的意见。因此也可以说,这本书凝聚了众多老师的意见和智慧。

为了增加可读性,我努力做到语言平实、图文并茂,让读者感觉像看图说话一样。

写这本书,恰逢我到上海工作 20 年,算是给自己的一个纪念。感恩张晶莹副社长给我出版这本书的机会。

借此机会,感谢几十年来我成长过程中的恩师相辅,朋友相帮,专家相领,贵人相助,同行相衬,教授相托。

我们一起向未来。

马学斌

2022 年 5 月 1 日

目 录

第五章　思考心得

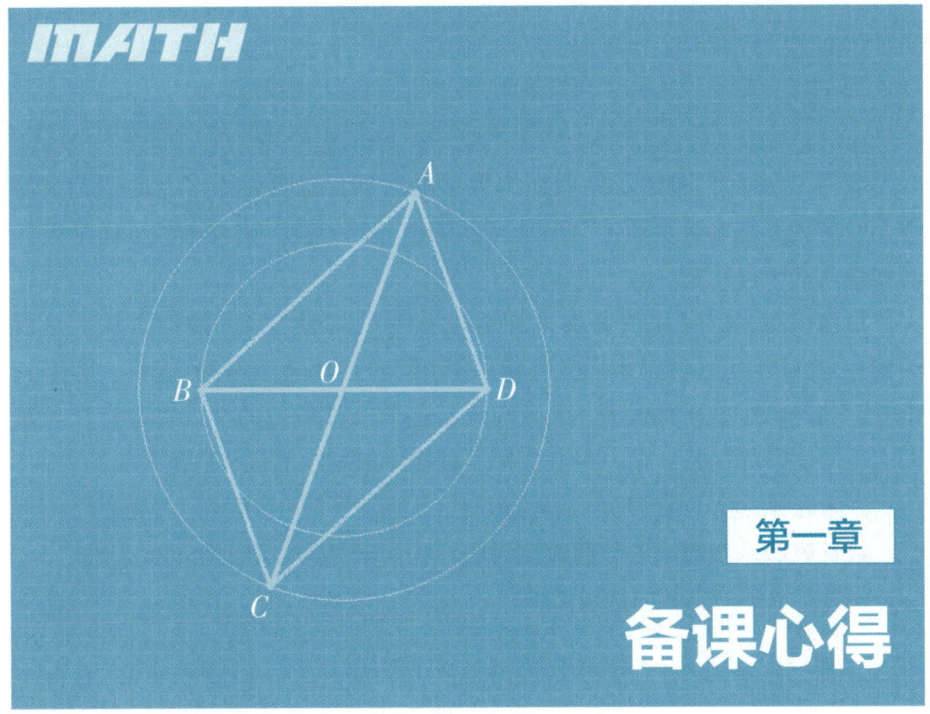

MATH

第一章

备课心得

先备整本书.

数一数课本上的随堂练习有多少个，新课基本上就有多少课时.

数一数课本上的练习题、习题、复习题有多少个.

数一数各章的定义、法则、公式、定理等有几个.

数一数各章的例题、思考、探究、归纳有几个.

再备整章内容.

这一章是代数、几何、函数、概率还是统计？

这一章教什么，要过好哪些关？

仔细备好每一节课.

我常说，没有十年以上教学经验的老师，

把握不好每节课的情感态度价值观.

其实青年教师备课只要把握住三点：

教什么，怎么教，怎么练.

学生听会了，不代表能做对.

所以设计好课堂训练——

可以体现老师的备课水平，

可以减轻学生的课后负担.

饱含情感，用积极的态度，使每一节课都有价值.

1 读懂例题的代表性

我在 1990 年代刚刚开始教初中数学的时候，总觉得课本上的例题太简单，经常抛开课本讲难题，结果是自己讲得滔滔不绝、兴高采烈，而学生面对作业时却障碍重重.

渭南市有一位资深教研员朱坤兑老师对我帮助很大. 说他资深，是因为他在 1990 年代参与过人民教育出版社组织的《教学大纲》的修订，为期三个月，他是县级教研员代表. 朱老师说，这三个月对他的个人提升有很大帮助，他感受最深的是，做一名好老师，读懂了教材自然就会尊重教材.

在朱老师的教导下，我开始研读教材，认真读懂每一道例题、习题的代表性.

以沪教版八年级第二学期教材为例，我们来品读几道例题的代表性.

例 1 求下列各数的绝对值：

$(1)\,3.7;$ $\qquad$ $(2)\,-12;$ $\qquad$ $(3)\,0;$ $\qquad$ $(4)\,-3\dfrac{1}{2}.$

看看这 4 个数的代表性：正数、0、负数全覆盖；整数、分数、小数都包括.

这就是例题的代表性.

例 2 求下列函数的定义域：

$(1)\,y=5x-3;$ $\qquad$ $(2)\,y=\dfrac{1}{x+2};$ $\qquad$ $(3)\,y=\sqrt{x-1}.$

这三个解析式等号右面的部分，分别代表了整式、分式和无理式. 代数式包括有理式和无理式，有理式包括整式和分式. 如果一定要再加一个例子的话，就是等号右面是单项式. 不论是多项式还是单项式，对于整式来说，x 的取值范围都是一切实数.

例 3 设 x 是实数，当 x 满足什么条件时，下列各式有意义?

$(1)\,\sqrt{2x-1};$ $\qquad$ $(2)\,\sqrt{2-x};$ $\qquad$ $(3)\,\sqrt{\dfrac{1}{x}};$ $\qquad$ $(4)\,\sqrt{1+x^2}.$

前两个被开方数是整式，代表性是解第 1 个不等式的时候不变号，解第 2 个不等式的时候要变号. 第 3 个被开方数代表了分式. 第 4 个被开方数总是正数.

例 4 判断下列方程哪些是一元二次方程：

$(1)\,x^2-16=0;$ $\qquad\qquad$ $(2)\,3y^2-4y=0;$

(3) $x - \dfrac{1}{x} = 0$;　　　　　　(4) $\sqrt{3}\,x^2 - \dfrac{1}{3}x + 1 = 0$;

(5) $(x+1)(x+4) = x(x-2)$;　　(6) $(x+3)(x-3) + 4 = 0$.

我们来看看这 6 道题目的代表性.

从未知数来看,有 x 有 y.

从系数来看,有整数、分数和无理数.

从形式来看,有一般式,也有不是一般式的.

在一般式中,有缺一次项的,也有缺常数项的.

而不是一元二次方程的,设计了一个分式方程,还设计了一个貌似一元二次方程的.

再深入 $b^2 - 4ac$ 来看,发现结果有正有负.

例 5　解方程:

(1) $\dfrac{1}{1-x} + 1 = \dfrac{2}{1+x}$;　　(2) $\dfrac{2x}{x^2+2x-3} + \dfrac{1}{x+3} = 1$;　　(3) $\dfrac{x+2}{x-2} - \dfrac{16}{x^2-4} = \dfrac{1}{x+2}$.

这三道例题的代表性只有在认认真真解完以后才能看清楚.

第一步都是去分母,第(1)题的公分母一目了然,求第(2)(3)题的公分母先要因式分解. 第(1)(2)题去分母时要特别注意"1"也是一项.

第(1)(2)题没有增根,第(3)题有增根.

例 6　解方程:

(1) $2\sqrt{x-3} = x - 6$;　　　　　　(2) $\sqrt{x^2-2} = \sqrt{2x+1}$;

(3) $3 - \sqrt{2x-3} = x$;　　　　　　(4) $\sqrt{x+2} - \sqrt{x} = 1$.

若不认认真真解完这 4 道例题,就体会不到它们的代表性.

第(1)题是"无理式=有理式"类型,两边平方直接转化为有理方程.

第(2)题是"无理式=无理式"类型,同样地,两边平方直接转化为有理方程.

第(3)题移项以后就是"有理式=无理式"类型.

第(4)题需要两次平方去根号,但过程是有技巧的. 把原题"无理式-无理式=1"先转化为"无理式=1+无理式".

前三道例题转化为一元二次方程,其中一个根是无理方程的增根. 第(4)题貌似复杂,结果两次平方以后转化为一元一次方程.

再看看这四道题目里的数字,只涉及 1,2,3,6. 这是什么意思呢? 讲思想、讲方法的时候,不要再用复杂的数字设置新的障碍,用简单的数字就可以了.

读懂了教材,就会尊重教材.

2 一呼二唤三计算

几何证明题和几何计算题的书写规范是有区别的. 几何计算题的书写规范可以形象地概括为：一呼二唤三计算.

"一呼"就是第一步先"呼"一下，准备解哪个直角三角形，就书写为"在 Rt△XXX 中".

"二唤"的"二"，既是第二步，也是罗列两个已知条件.

"三计算"就是根据两个已知条件进行计算. 一般情况下，可以直接写结果.

例1 如图1，已知 $A(1, 0)$，$B(3, 0)$，$C(0, -3)$ 三点，求 $\angle ACB$ 的正切值.

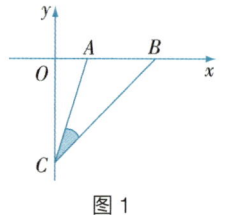

图1

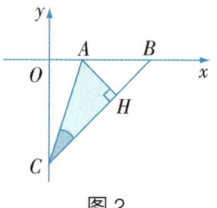

图2

如图2，作 $AH \perp BC$ 于 H，见表1.

表1

一呼	二唤	三计算
在 Rt△BOC 中	$OB = OC = 3$	所以 $\angle B = 45°$，$BC = 3\sqrt{2}$
在 Rt△ABH 中	$AB = 2$，$\angle B = 45°$	所以 $AH = BH = \sqrt{2}$
在 Rt△ACH 中	$CH = BC - BH = 2\sqrt{2}$ $AH = \sqrt{2}$（前行已求，可省略不写）	所以 $\tan\angle ACB = \dfrac{AH}{CH} = \dfrac{\sqrt{2}}{2\sqrt{2}} = \dfrac{1}{2}$

例2 如图3，在 $\triangle ABC$ 中，$\angle B = 60°$，$\angle C = 75°$，$BC = 2$，求 AC 的长.

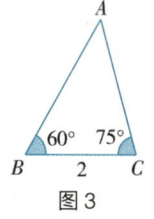

图3

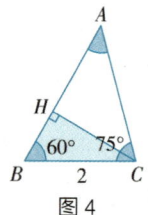

图4

如图 4，作 $CH \perp AB$ 于 H.

在 $\triangle ABC$ 中，$\angle B = 60°$，$\angle ACB = 75°$，所以 $\angle A = 45°$.

在 $\text{Rt}\triangle BCH$ 中，$\angle B = 60°$，$BC = 2$，所以 $BH = 1$，$CH = \sqrt{3}$.

在 $\text{Rt}\triangle ACH$ 中，$\angle A = 45°$，所以 $AC = \sqrt{2}\,CH = \sqrt{6}$.

这样写，是不是感觉条理清晰，目标明确？

3 解不等式组， 难点前置

1999 年春季，我们学校来了渭南师范学院数学系的几位实习教师．有一天，张彩艳老师请教我，说她要上"不等式组的解法"这节课，但还没有理出很好的思路．

我了解了情况，刚刚学完不等式的解法，学生基本上都过关了．

我给张老师提出一个思路——难点前置．

解不等式组分三步：第一步，分别解每一个不等式；第二步，在数轴上表示每一个不等式的解集；第三步，根据数轴上的公共部分，写出不等式组的解集．

我们俩杜撰了四个小故事：把解不等式组的第二步、第三步先突破一下．

故事一：父子俩赶头班车，父亲记得是 7:30，儿子记得是 7:00，那么他们父子俩应该赶在哪个时刻前到达车站？

故事二：牛顿家里有两只猫，在门底部给大猫开了一个直径 20 厘米的大洞，给小猫开了一个直径 15 厘米的小洞，你觉得只要开哪个洞就可以了？

故事三：两人讨价还价，买方说高于 20 元不买，卖方说低于 30 元不卖，他们俩能成交吗？

故事四：高速公路最高限速 120 km/h，最低限速 80 km/h，车速在什么范围内就不会违章？

把这四个故事用数轴表示如下，特别解释圈圈点点的含义．

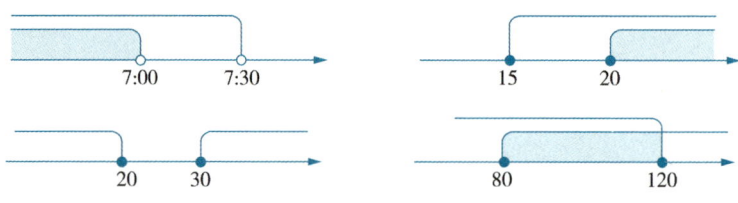

故事一，不等式组 $\begin{cases} x<7:00, \\ x<7:30 \end{cases}$ 的解集是 $x<7:00$．

故事二，不等式组 $\begin{cases} x\geqslant 20, \\ x\geqslant 15 \end{cases}$ 的解集是 $x\geqslant 20$．

故事三，不等式组 $\begin{cases} x\leqslant 20, \\ x\geqslant 30 \end{cases}$ 无解．

故事四，不等式组 $\begin{cases} x\leqslant 120, \\ x\geqslant 80 \end{cases}$ 的解集是 $80\leqslant x\leqslant 120$．

这四个故事，包括了确定不等式组解集的四种情况，用口诀通俗地表述为：同大取大；同小取小；大小小大像拥抱，小小大大放空炮.

下面进行一组训练. 利用数轴确定下列不等式组的解集（不必画出数轴上的每个刻度，只要描出两个点的左右位置就可以了，注意是圈圈还是点点）.

(1) 不等式组 $\begin{cases} x > -5, \\ x > 2 \end{cases}$ 的解集是 _____.

(2) 不等式组 $\begin{cases} x < \dfrac{1}{2}, \\ x < -3 \end{cases}$ 的解集是 _____.

(3) 不等式组 $\begin{cases} x \leq 2\dfrac{1}{2}, \\ x > -3 \end{cases}$ 的解集是 _____.

(4) 不等式组 $\begin{cases} x \leq -7\dfrac{2}{3}, \\ x \geq 2 \end{cases}$ 的解集是 _____.

(5) 不等式组 $\begin{cases} x \geq 4, \\ x \leq 4 \end{cases}$ 的解集是 _____.

(6) 不等式组 $\begin{cases} x \geq -3, \\ x < -3 \end{cases}$ 的解集是 _____.

这6道题目的代表性，前4道题目对应4个故事，后面两个是特殊情况，需要讲解.

接下来讲4道例题，对应4种结果. 例题中使用的是简单的数字，不涉及繁琐的运算.

张老师上完课以后，感觉很顺畅，学生们也很兴奋.

第二天张老师告诉我，全班同学的作业一次性全部过关，且步骤规范、数轴好看、书写整齐.

2003年秋季，和我一起在浦东新区高级教师学习班学习的王绍美老师说她要上这节公开课，我给她介绍了四个故事，建议难点前置，她欣然接受.

她后来告诉我，这节课的设计赢得了听课老师的一致好评.

教无定法，贵在得法.

4 诠释正多边形定义的两个图

各边相等、各角也相等的多边形叫作正多边形.

课本上一般都是以矩形、菱形和正方形的关系为例：正方形是正四边形；矩形的四个角都相等，但是四条边不相等；菱形的四条边相等，但是四个角不相等. 所以矩形和菱形不是正四边形.

沪教版二期课改新教材在编写"正多边形与圆"一节时，我给编写组的老师提供了另一组典型图，以便更好地诠释正多边形的定义. 摘录如下：

沪教版九年级第二学期课本第33页第2题.

（1）如图1，已知点 A、B、C、D、E、F 分别在正三角形的边上，AB∥DE，BC∥EF，CD∥AF，那么六边形 ABCDEF 的各角相等吗？它是正六边形吗？

（2）如图2，已知点 A、B、C、D、E、F 是六个等圆的圆心，每个圆都经过相邻两个圆的圆心，那么六边形 ABCDEF 的各边相等吗？它是正六边形吗？

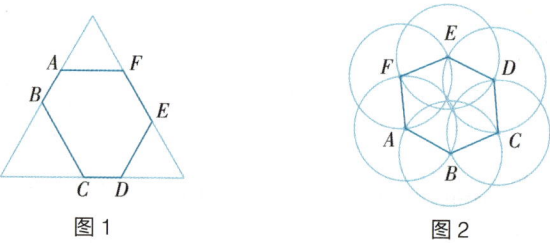

图1　　　　　　　　　　图2

图1和图2是利用几何画板绘制的. 利用几何画板，我们可以类似地画出任意正多边形的反例. 再如正七边形的反例如图3、图4所示.

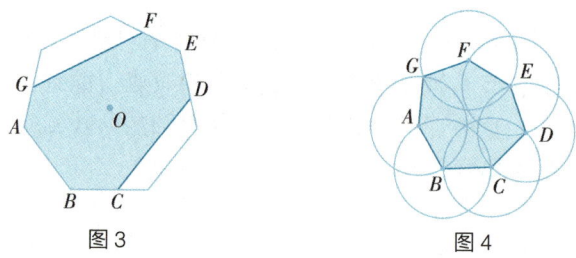

图3　　　　　　　　　　图4

直观明了，数学的简洁美，让孩子更喜欢数学.

5 为什么要强调在同圆或等圆中

在同圆或等圆中，相等的圆心角所对的弧相等，所对的弦也相等.

为什么要强调在同圆或等圆中呢?

有图有真相. 如图 1，大圆和小圆的圆心都是点 O，圆心角 $\angle AOB = \angle COD$，但是所对的弧不相等，所对的弦也不相等.

如图 2，$\odot O_1$ 与 $\odot O_2$ 外切于点 B，过点 B 的直线与两圆的另一个交点分别是点 A、C，圆心角 $\angle AO_1B = \angle BO_2C$，但是所对的弧不相等，所对的弦也不相等.

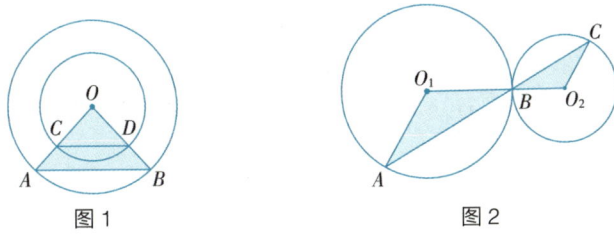

图 1   图 2

在同圆或等圆中，能够互相重合的弧叫作等弧.

也就是说，在同圆或等圆中，相等的圆心角所对的弧相等，相等的圆周角所对的弧相等.

如图 3，AB 和 CD 是 $\odot O$ 的两条直径，$\overset{\frown}{AC}$ 和 $\overset{\frown}{BD}$ 是等弧，$\overset{\frown}{AD}$ 和 $\overset{\frown}{BC}$ 是等弧，还有 4 个半圆是等弧.

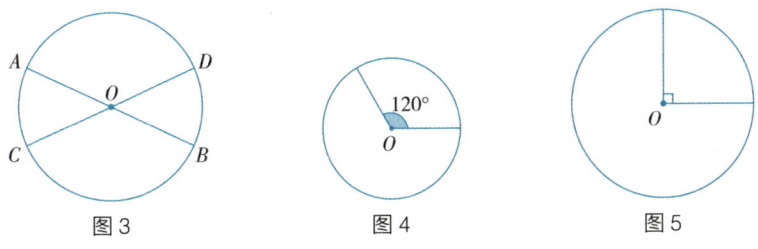

图 3   图 4   图 5

如图 4，半径为 3 cm 的圆中，120° 的圆心角所对的弧长等于 $\frac{120}{360} \times 2\pi \times 3 = 2\pi(\text{cm})$.

如图 5，半径为 4 cm 的圆中，90° 的圆心角所对的弧长等于 $\frac{90}{360} \times 2\pi \times 4 = 2\pi(\text{cm})$.

图 4 和图 5 中的两段弧的长度相等，但不是等弧.

初中几何中，像这样强调大前提的还有：

（1）不在同一条直线上的三个点确定一个圆.

（2）由不在同一条直线上的三条线段首尾顺次联结所围成的封闭图形叫三角形.

（3）把一个平面图形绕着平面内某一点 O 转动一个角度，叫作图形的旋转.

6 一题网尽直线与圆的位置关系

直线与圆的位置关系，等价于直线与圆的交点个数，这就是数形结合.

我设计了一道例题，很有意思，看似不难，但实际做起来有点难，大家可以动手画圆来体验一下.

例1 如图1(作业单上给了6幅相同的图供学生画图)，以点 $P(-3，4)$ 为圆心画圆.

(1)如果 $\odot P$ 与坐标轴有 0 个交点，那么半径 r 的取值范围是_____；

(2)如果 $\odot P$ 与坐标轴有 1 个交点，那么半径 r 的取值是_____；

(3)如果 $\odot P$ 与坐标轴有 2 个交点，那么半径 r 的取值范围是_____；

(4)如果 $\odot P$ 与坐标轴有 3 个交点，那么半径 r 的取值是_____；

(5)如果 $\odot P$ 与坐标轴有 4 个交点，那么半径 r 的取值范围是_____.

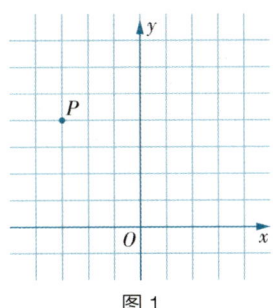

图1

这样的训练题，无需老师讲解，学生便跃跃欲试. 心动不如行动，圆心都是相同.

(1)如图 2 所示，$r<3$；

(2)如图 3 所示，$r=3$；

(3)如图 4 所示，$3<r<4$；

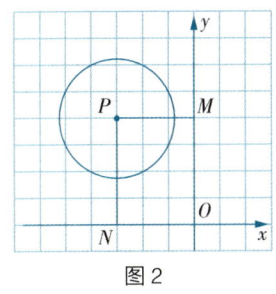 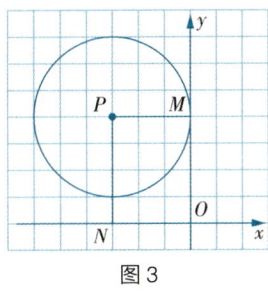 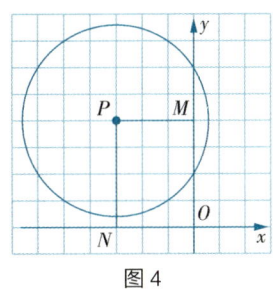

图2 图3 图4

(4)如图 5、图 6 所示，$r=4$ 或 5；

(5) 如图 7 所示，$r>4$ 但 $r \neq 5$.

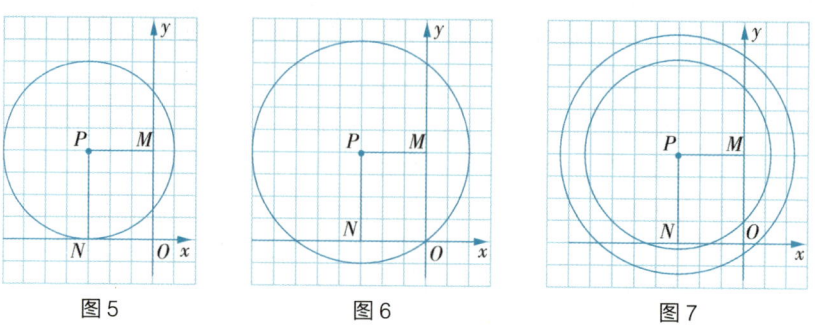

图 5   图 6   图 7

第(4)(5)题看似简单，其实有陷阱，容易忽略⊙P 过原点的情况.

做错了没有关系，伙伴一点就明白．这就是发动群众教群众.

有条件在课堂上使用几何画板的老师，不妨画一个圆，圆心是点 P，半径的另一个端点沿射线 PO 慢慢运动，每到一个关键时刻，停顿一下，让学生在体验中感悟，在感悟中提高.

老师不教才是教的最高境界.

7 圆与圆的位置关系有几种

点、线、圆三种基本的几何元素，可以组合出 6 种位置关系：按照学习的先后顺序，依次是点与点的位置关系，点与直线的位置关系，直线与直线的位置关系，点与圆的位置关系，直线与圆的位置关系，以及圆与圆的位置关系.

1. 点与点的位置关系，最朗朗上口的就是：两点之间，线段最短.

2. 点与直线的位置关系，有点在直线外、点在直线上两种情况. 直线外一点与直线上所有点的连线中，垂线段最短.

点到直线的距离，特别地，当点在直线上时，距离为 0.

3. 直线与直线的位置关系，有相交与平行两种情况. 特别地，当两条直线的夹角为 90°时，两直线垂直.

4. 点与圆的位置关系，包括点在圆内、圆上和圆外三种情况，位置关系等价于 d 与 r 的数量关系.

5. 直线与圆的位置关系，包括相交、相切和相离三种情况，位置关系等价于直线与圆的交点个数.

6. 圆与圆的位置关系，如图 1 所示，设⊙A 静止不动，⊙B 由远到近向⊙A 运动，那么⊙A 与⊙B 的位置关系依次是外离、外切、相交、内切和内含. 特别地，同心圆也是内含.

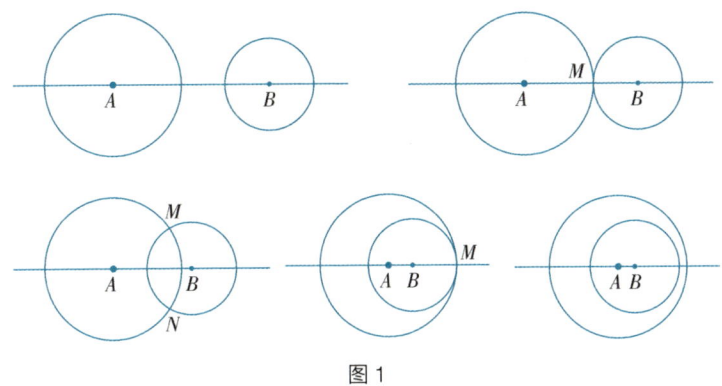

图 1

1~5 五种位置关系没有例外，唯独圆与圆的位置关系有例外：

两个等圆的位置关系还有五种情况吗？

如图 2 所示，只有三种，就是外离、外切和相交，不可能是内切和内含.

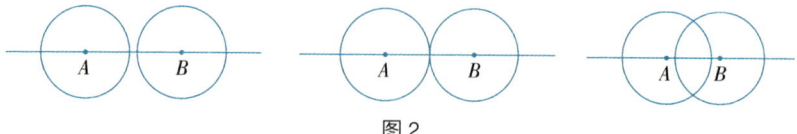

图 2

8 数数相似三角形有多少对

判定两个三角形相似的依据有定义和 4 个定理, 定义既是原始的判定, 又是性质. 4 个定理包括预备定理和 3 个判定定理(以沪教版教材表述为例).

(1)预备定理: 平行于三角形一边的直线和其他两边相交, 所构成的三角形与原三角形相似.

(2)判定定理 1: 两角对应相等的两个三角形相似.

(3)判定定理 2: 两边对应成比例且夹角相等的两个三角形相似.

(4)判定定理 3: 三边对应成比例的两个三角形相似.

我用 4 个典型图, 以数数的方式, 复习相似三角形的判定定理.

例 1 如图 1, △ABC 的高 BD 和 CE 交于点 O, 联结 DE, 图中有多少对相似三角形?

如图 2, 先隐去 BC、DE 两条线段, 根据判定定理 1, 图形中的 4 个直角三角形两两相似, 计 6 对相似三角形.

由 △BOE ∽ △COD, 得 $\dfrac{OB}{OC}=\dfrac{OE}{OD}$. 由 △ABD ∽ △ACE, 得 $\dfrac{AB}{AC}=\dfrac{AD}{AE}$.

如图 3, 根据判定定理 2, △OBC ∽ △OED, △ADE ∽ △ABC.

所以图 1 中共有 8 对相似三角形.

在数数的过程中, $\dfrac{OB}{OC}=\dfrac{OE}{OD}$ 和 $\dfrac{AB}{AC}=\dfrac{AD}{AE}$ 既是前面相似三角形的性质, 又是后面判定相似三角形的条件, 我们形象地称其为"横看成岭侧成峰".

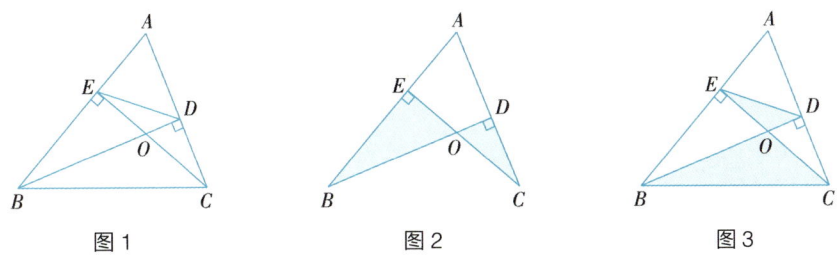

图 1　　　　　　　图 2　　　　　　　图 3

例 2 如图 4, 等腰直角三角形 ABC 和等腰直角三角形 ADE 有公共的锐角顶点 A, 点 D 在 BC 的延长线上, AE 与 BD 交于点 F, 联结 BE, 那么图形中有几对相似三角形?

这道题目的关键一步是确定图中有 5 个 45°的角. 图 4 中两个已知的等腰直角三角形有 4 个 45°的角, 这两个等腰直角三角形相似, "横看成岭侧成峰", 可得图 5 中的两个直角三角形相似. 于是∠ABE = 90°. 所以∠DBE = 45°(如图 6 所示).

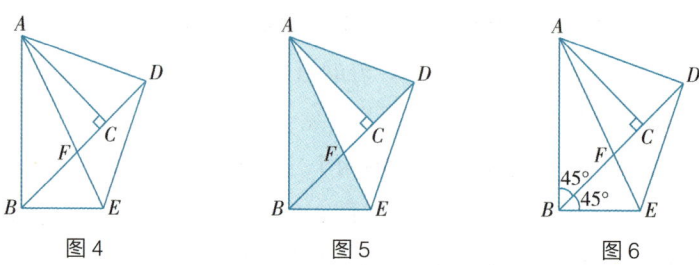

图 4   图 5   图 6

由图 7 中的 3 个 45°的角, 可得 3 个三角形两两相似, 计 3 对.

由图 8 中的 3 个 45°的角, 可得 3 个三角形两两相似, 计 3 对.

所以图 4 中共有 8 对相似三角形. 可怜了△ACF, 没有和它相似的三角形.

图 7   图 8

例 3 如图 9, 菱形 ABCD 中, ∠B = 60°, 点 E、F 分别在边 BC、CD 上, 且∠EAF = 60°, 联结 EF 交 AC 于点 G, 图中有多少对相似三角形?

很典型的图形, 很容易证得△AEF 是等边三角形.

在图 10 中, 根据三角形的内角和, 可证得∠2 = ∠3. 于是∠1 = ∠2 = ∠3.

图形中所有的三角形中, 都含有一个 60°的角, 可以分为三种形状:

①如图 9, 含有 60°和 60°的等边三角形有 3 个, 计 3 对相似三角形.

②如图 11, 含有 60°和 α 的三角形有 4 个, 计 6 对相似三角形.

③如图 11, 含有 60°和 β 的三角形有 4 个, 计 6 对相似三角形.

所以图 9 中共有 15 对相似三角形. 这个图形很典型, 数数的过程中只用到了相似三角形的判定定理 1.

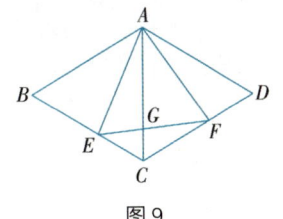

图 9

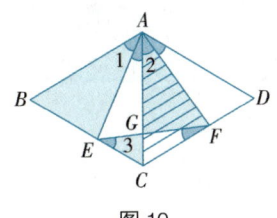

图 10

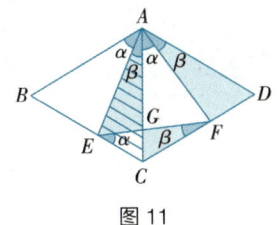

图 11

例 4 如图 12，在 5×5 的网格中，有 5 个格点三角形(顶点都在网格交点的三角形)，这些三角形中，哪些是相似的？

这 5 个三角形的三边比从小到大依次是：

①$1 : \sqrt{2} : \sqrt{5}$ ；

②$\sqrt{2} : 2 : \sqrt{10} = 1 : \sqrt{2} : \sqrt{5}$ ；

③$2 : 2\sqrt{2} : 2\sqrt{5} = 1 : \sqrt{2} : \sqrt{5}$ ；

④$\sqrt{5} : \sqrt{10} : 5 = 1 : \sqrt{2} : \sqrt{5}$ ；

⑤$\sqrt{10} : 2\sqrt{5} : 5\sqrt{2} = 1 : \sqrt{2} : \sqrt{5}$.

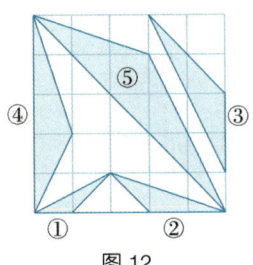

图 12

根据判定定理 3，可知这 5 个三角形两两相似，共 10 对相似三角形.

下课的时候，我再抛给学生一道数数题.

如图 13，点 M 在矩形 $ABCD$ 的边 AD 上，点 N 在射线 DC 上，$NB \perp MB$，MN 与 AC、BC 分别相交于点 E、F，BM 与 AC 交于点 G，那么图形中的相似三角形超过了 20 对. 请大家课后数一数，到底有多少对相似三角形？

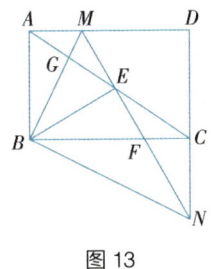

图 13

这样的习题课，学生很喜欢.

面对这样的作业题，学生自觉组建学习小组，讨论得相当热烈.

9　形似而神不似的一组斜率图

开始学习正比例函数 $y=kx$ 的时候，为了帮助同学们理解正比例系数 k 的物理意义、现实意义，我整理了一组题目，让同学们了解 k 可以表示平均速度、工作效率、价格等.

1. 如图 1，每升汽油_____元.

2. 如图 2，小明每分钟打字_____个.

3. 如图 3，汽车每小时行驶_____千米.

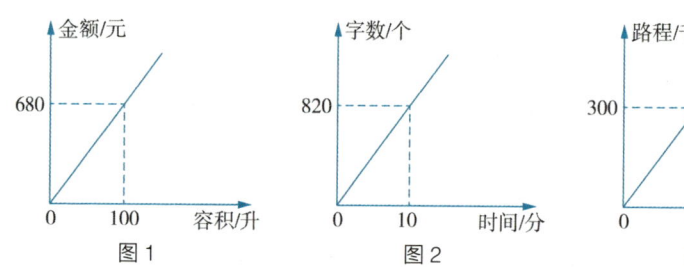

图 1　　　　　图 2　　　　　图 3

4. 如图 4，每本书的厚度为_____厘米.

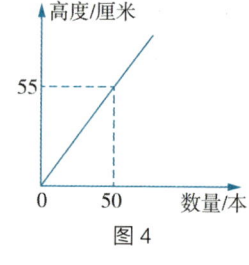
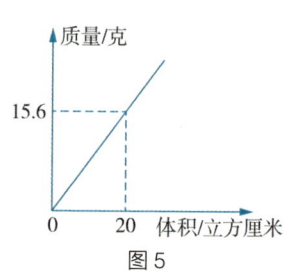

图 4　　　　　　　　图 5

5. 如图 5，物体密度为每立方厘米_____克.

6. 如图 6，汽车运动的状态是_____.

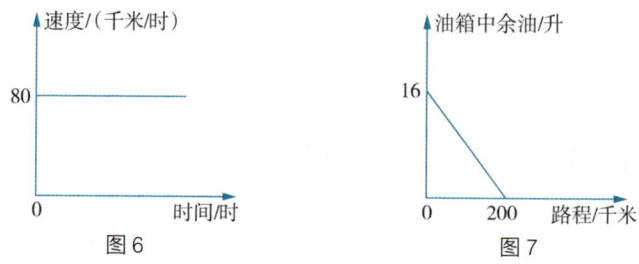

图 6　　　　　　　图 7

7. 如图 7，小汽车每百公里耗油_____升.

8. 如图 8，小汽车行驶的速度为_____（写上单位）.

9. 如图 9，小杰平均每天读书_____页.

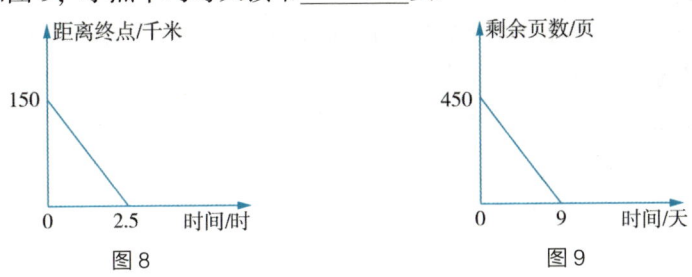

图 8

图 9

10. 如图 10，小明上学，他走路的速度先_____后_____.

11. 如图 11，小明的爷爷到公园里打太极拳，去公园走路的速度_____，回家走路的速度_____.

12. 如图 12，小明上学路过超市买东西，买完东西以后走路的速度_____.

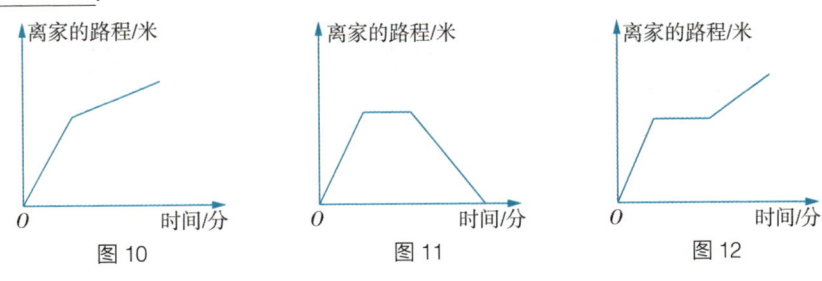

图 10

图 11

图 12

13. 如图 13，甲、乙两人走路，_____走得快，走路快的比走路慢的每分钟多走_____米.

14. 如图 14，甲、乙两人走路，_____晚出发，晚出发的人用了_____分钟追上先出发的人. 追上以后，再经过 10 分钟，可以超过先出发的人_____米.

15. 如图 15，甲、乙两人要到 2000 米外的地方去开会，晚出发的人在 1000 米处追上先出发的人. 那么_____先到达目的地，早_____分钟到达.

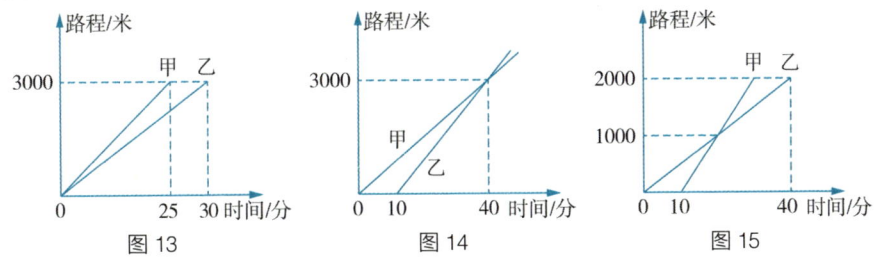

图 13

图 14

图 15

16. 如图 16，对这个图像进行描述：

(1)＿＿＿＿＿先出发＿＿＿＿＿分钟；

(2)＿＿＿＿＿没有从起点出发，距离起点＿＿＿＿＿米；

(3)甲的速度为＿＿＿＿＿，乙的速度为＿＿＿＿＿(写上单位).

17. 如图 17，小明全家周末开车去旅游，＿＿＿＿＿点钟出门，＿＿＿＿＿点钟回到家，在景点玩了＿＿＿＿＿个小时，去的时候车速是＿＿＿＿＿，回程的车速是＿＿＿＿＿(写上单位).

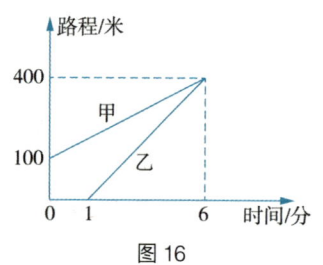

图 16

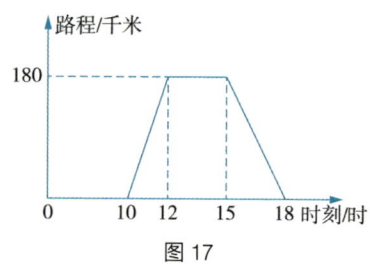

图 17

这组题目贴近学生的认知，学生可结合学过的应用题，数形结合，做题基本上没有障碍.

10 锐角三角形的内接正方形

所有版本的教材在"相似"一章都有一道题目：已知锐角三角形的一边及这边上的高，求这个锐角三角形的内接正方形的边长(正方形的一边在三角形的已知边上).

以人教版为例：如图1，一块材料的形状是锐角三角形 ABC，边 $BC = 120$ mm，高 $AD = 80$ mm. 把它加工成正方形零件，使正方形的一边在 BC 上，其余两个顶点分别在 AB、AC 上，这个正方形零件的边长是多少？

设正方形的边长为 x mm，根据相似三角形对应高的比等于相似比，得

$$\frac{AK}{AD} = \frac{EF}{BC}.$$

所以 $\frac{80-x}{80} = \frac{x}{120}$. 解得 $x = 48$ (mm).

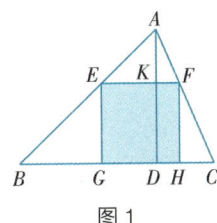 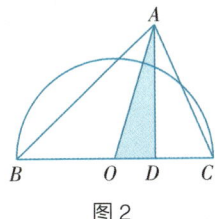 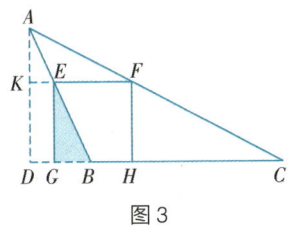

图1   图2   图3

思考一： 在已知条件下，$\angle BAC$ 一定是锐角吗？

如图2，以 BC 为直径的 $\odot O$ 的半径等于 60 mm，那么 $OA \geqslant AD >$ 半径 60，所以点 A 在 $\odot O$ 外. 所以 $\angle BAC$ 是锐角.

思考二： 为什么要限定 $\triangle ABC$ 是锐角三角形呢？

如图3，如果 $\angle ABC$ 是钝角，那么正方形的一部分就在 $\triangle ABC$ 外，就剪裁不出来正方形.

思考三： 在已知条件下，不经过计算，怎样准确画出正方形呢？

经典邂逅经典，课本上有这样一道题目：如图4，四边形 $ABCD$ 是矩形，点 F 在对角线 AC 上运动，$EF \parallel BC$，$FG \parallel CD$，四边形 $AEFG$ 和四边形 $ABCD$ 一直保持相似吗？证明你的结论.

按照这道题目的启示，我们在 $\triangle ABC$ 的边 AB 上先取一个点 E'，做 $E'G' \perp BC$ 于 G'，以 $E'G'$ 为边在 $\triangle ABC$ 内部作正方形 $E'F'H'G'$ (如图5所示).

如图5，延长 BF' 交 AC 于点 F. 这样就确定了正方形 $EFHG$ 的一个顶点

21

F. 作 *FH*⊥*BC* 于 *H*，以 *FH* 为边作正方形 *EFHG*. 如果对图 5 理解有困难，先看看图 6.

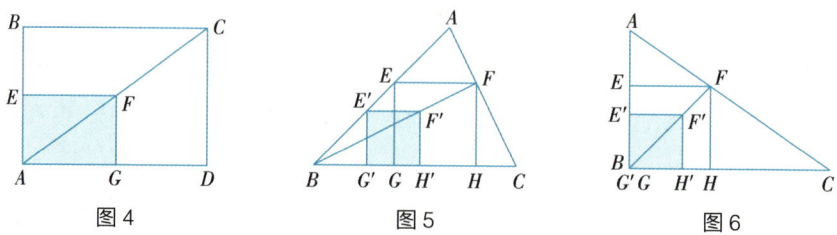

图 4   图 5   图 6

还是那句话，读懂课本，就会尊重课本，课本里啥都有.

11 描点法画反比例函数的图像

反比例函数的图像是学生接受的第一个非直线型的函数图像，奔着面向未来的态度，这节课必须遵循传统，列表、描点、连线，一步也不能少，不能直接告诉学生反比例函数的图像是双曲线，也不能用几何画板演示代替传统的描点法.

人教版是以 $y=\dfrac{6}{x}$ 和 $y=\dfrac{12}{x}$ 为例，$y=\dfrac{6}{x}$ 的图像在第一象限内描了 5 个点，$y=\dfrac{12}{x}$ 的图像在第一象限内描了 4 个点.

其实我们描点时会面临一个尴尬的问题，点的个数少了不能尽善尽美.

随着技术的发展，我对这节课的描点进行了三次改良. 我以 $y=\dfrac{24}{x}$ 为例，在第一象限内 x 取 1，2，3，4，5，6，8，10，12，16，18，20，24，描了 13 个点.

早些年，我把 4 张挂历纸拼成一张 1 米见方的大纸，在背面描出 50×50 的网格，这样就解决了描点的困难，也节约了课堂上的时间. 描点的事情，交给四名同学在台上合作完成，两人一组，每组负责一个象限. 连线的事情，交给两名同学完成，每人一支.

后来，我利用投影把网格投在黑板上.

而现在，利用电子白板，网格在屏幕内，直接在屏幕上描点.

那么几何画板在这节课发挥了什么优势呢？

新建画板，在直线 $x=1$ 上放置一个动点，度量纵坐标，把标签修改为 k. 绘制函数 $y=\dfrac{k}{x}$ 的图像，就会显示双曲线经过这个点. 把这个点的标签改为 K.

拖动点 K，双曲线随 k 的改变而移动. 可以体验到：

当点 K 在 x 轴上方时，$k>0$，双曲线落在第一、三象限；当点 K 在 x 轴下方时，$k<0$，双曲线落在第二、四象限.

对于 $k>0$，观察双曲线与直线 $y=x$ 的交点，这个点与原点的距离随 k 的

增大而增大(如图 1 所示). 对于 $k<0$,观察双曲线与直线 $y=-x$ 的交点,这个点与原点的距离随 $|k|$ 的增大而增大(如图 2 所示).

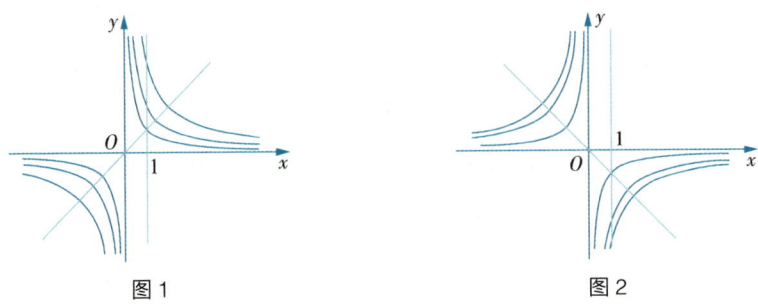

图 1　　　　　　　　　　　　图 2

传统教法有思想,技术让思想更完美.

12 "图形的旋转"一节课的教学设计

老师都喜欢选"图形的旋转"这节课讲公开课,因为这节课可以动起来,可以体现新理念.我听过几次这节课的公开课,感觉一节课都在进行师生互动,但是体现不出这节课的教学目标是什么.

我把这节课的教学目标确定为:知道旋转的三要素;会按照要求画图;学会说一句话;理解对应线段所在直线的夹角等于旋转角.

我写好课题,在黑板左侧写了五行字:

旋转的三要素:

旋转中心——绕着哪个点旋转;

旋转方向——顺时针还是逆时针;

旋转角度——多少度.

学会一句话:哪个图形绕着哪个点向哪边旋转多少度与另一个图形重合(得到另一个图形).

第一阶段:安排三组训练,按要求画图,并学习说话,体验三要素.

1. 画图训练:如图 1,画出线段 AB 绕着点 A 逆时针旋转 $90°$ 得到的线段 AB'.

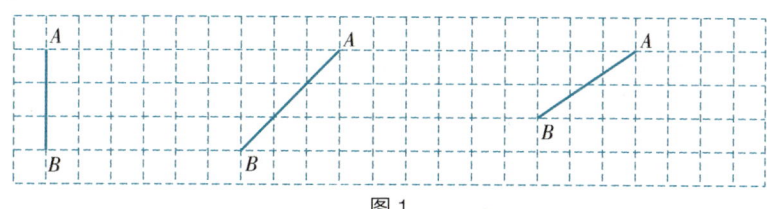

图 1

2. 画图训练:如图 2,(1)画出正方形 $ABCD$ 绕着点 C 顺时针旋转 $90°$ 得到的正方形,标注点 A、B、D 的对应点 A'、B'、D';

(2)画出正方形 $ABCD$ 绕着点 D 逆时针旋转 $90°$ 得到的正方形,标注点 A、B、C 的对应点 A'、B'、C';

(3)画出正方形 $ABCD$ 绕着 CD 边的中点 O 旋转 $180°$ 得到的正方形,标注点 A、B、C、D 的对应点 A'、B'、C'、D'.

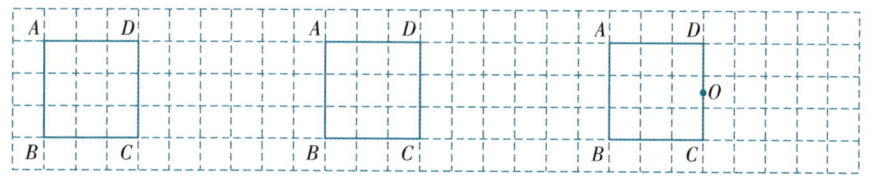

图 2

3. 画图训练：如图 3，(1)画出 △ABC 绕着点 B 逆时针旋转 90° 得到的三角形，标注点 A 的对应点 A′；

(2)画出 △ABC 绕着点 B 逆时针旋转 45° 得到的 △A′BC′；

(3)画出 △ABC 绕着点 A 逆时针旋转 45° 得到的 △AB′C′.

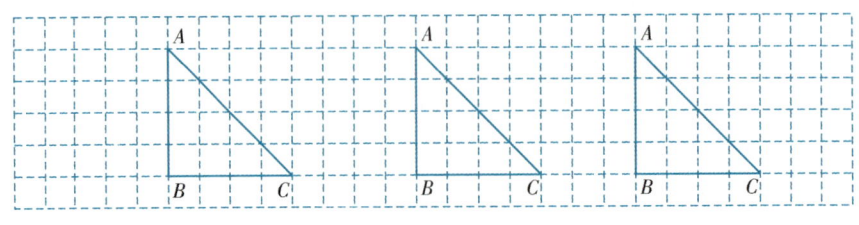

图 3

第二阶段：直观体验旋转角的度数，学会说话.

4. (1)如图 4，△ABC 经过怎样的旋转可以得到 △DBE？

(2)如图 5，△ACE 经过怎样的旋转可以得到 △DCB？

(3)如图 6，矩形 ABCD 经过怎样的旋转可以得到矩形 FGCE？

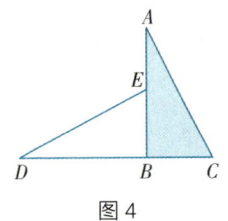

图 4

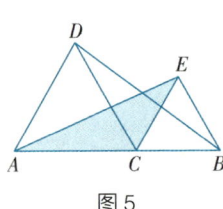

图 5

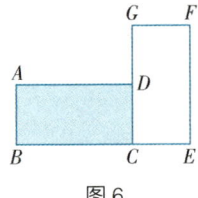

图 6

5. 看图填空、感悟：

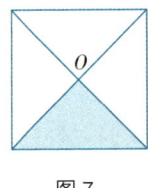

图 7

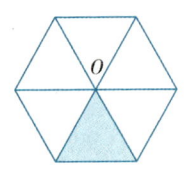

图 8

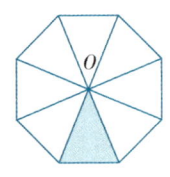

图 9

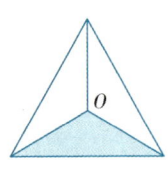

图 10

(1)如图 7，正方形绕着它的中心至少旋转_____度就可以与它的初始位置重合；正方形绕着它的中心每旋转_____度就可以与它的初始位置重合.

(2)如图 8，正六边形绕着它的中心至少旋转_____度就可以与它的初始位置重合.

(3)如图 9，正八边形绕着它的中心每旋转_____度就可以与它的初始位置重合.

（4）如图 10，等边三角形绕着它的中心每旋转_____度就可以与它的初始位置重合.

第三阶段：特例体验——图形在旋转的过程中，对应线段所在直线的夹角等于旋转角.

6. （1）如图 11，证明 $\angle DGC = \angle DBA$；

（2）如图 12，证明 $\angle DGA = \angle DCA$；

（3）如图 13，证明 $\angle ACF = \angle BCG$.

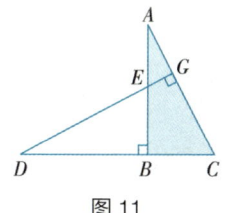

图 11

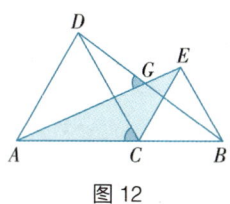

图 12

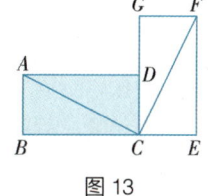

图 13

这节课设计的 6 道题目，都是将熟悉的图形换了一个角度再学习，学生都可以按照要求完成. 在做题的过程中，始终贯穿着一句话：哪个图形绕着哪个点向哪边旋转多少度与另一个图形重合(得到另一个图形).

目标明确，图形熟悉，反复强调一句话. 这样的课堂，肯定是高效的.

13　已知边边边，作高不设高

我们已经知道，已知一个直角三角形除直角外的两个元素(至少一个元素是边)，就可以求得其他元素.

已知一个斜三角形的三个元素(至少一个元素是边)，就可以求得其他元素了.

我把解三角形的方法归纳为三句口诀.

一、已知边角边，作高先求高

例1　如图1，已知△ABC中，AB＝4，BC＝6，∠B＝60°，求△ABC的周长和面积.

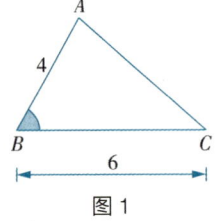
图1

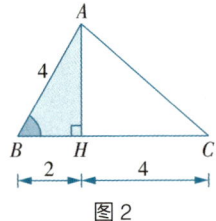
图2

如图2，作BC边上的高AH，先解Rt△ABH各边长，再用勾股定理求AC的长，那么△ABC的周长、面积都可以求得了.

二、已知角边角，作高先设高

例2　如图3，已知△ABC中，BC＝7，∠B＝45°，$\tan C = \dfrac{4}{3}$，求△ABC的面积.

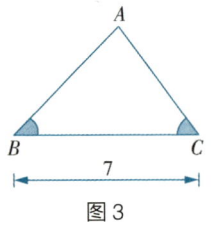
图3

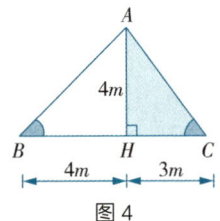
图4

如图4，作BC边上的高AH，那么AH是两个直角三角形的公共直角边. 设AH＝4m，那么BH＝4m，CH＝3m. 由BC＝7m＝7，得m＝1. 随之所有的元素都可以求得了.

三、已知边边边，作高不设高

例 3 如图 5，已知 △ABC 中，AB = 4，BC = 6，AC = 5，求 △ABC 的面积.

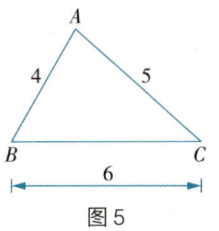

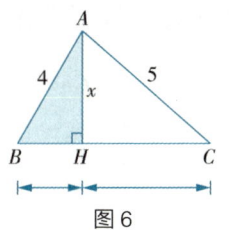

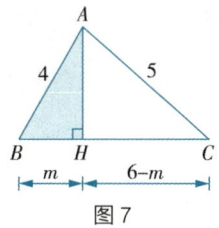

图 5　　　　　　　　图 6　　　　　　　　图 7

如图 6，作 BC 边上的高 AH，如果设 AH = x，那么根据 BC = BH + CH = 6，得到的方程 $\sqrt{4^2-x^2}+\sqrt{5^2-x^2}=6$，实在不好解啊.

如图 7，如果设 BH = m，CH = 6 − m，根据 $AH^2 = AH^2$，得 $4^2 - m^2 = 5^2 - (6-m)^2$. 这是一元一次方程啊，有唯一解.

这个方程有唯一解的几何意义是什么呢? 已知边边边，三角形是稳定的、唯一的，因此它的高是确定的、唯一的.

这三句口诀，赋予了七年级判定三角形全等的条件新的意义. 如果已知角角边，根据三角形的内角和，可以转化为已知角边角.

口诀的第二句"已知角边角，作高先设高"，就是几何测量、计算的模型.

人教版九年级下册第二十八章"锐角三角函数"的数学活动 2"利用测角仪测量塔高"，就是用"已知角边角，作高先设高"的方法.

例 4　如图 8，在 △CDE 中，已知 ∠ECD = α，∠EDC 的外角等于 β，CD = m. 求 CD 边上的高.

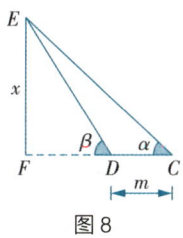

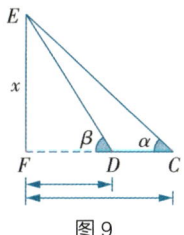

图 8　　　　　　　　　图 9

如图 9，设 CD 边上的高 EF = x. EF 是 Rt△ECF 和 Rt△EDF 的公共直角边.

在 Rt△ECF 中，由 $\tan\alpha = \dfrac{EF}{CF}$，得 $CF = \dfrac{x}{\tan\alpha}$.

在 Rt△EDF 中，由 $\tan\beta = \dfrac{EF}{DF}$，得 $DF = \dfrac{x}{\tan\beta}$.

由 $CD = CF - DF = m$，得 $\dfrac{x}{\tan \alpha} - \dfrac{x}{\tan \beta} = m$.

所以 $x = m\left(\dfrac{1}{\tan \alpha} - \dfrac{1}{\tan \beta}\right) = m(\cot \alpha - \cot \beta)$.

最后要注意，塔高 $EO = EF + CA$，CA 是眼睛到地面的距离（如图 10 所示）.

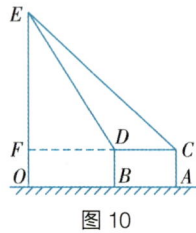

图 10

这三句口诀——全面、准确、实用，我在全国多地讲课时，都给老师们介绍过.

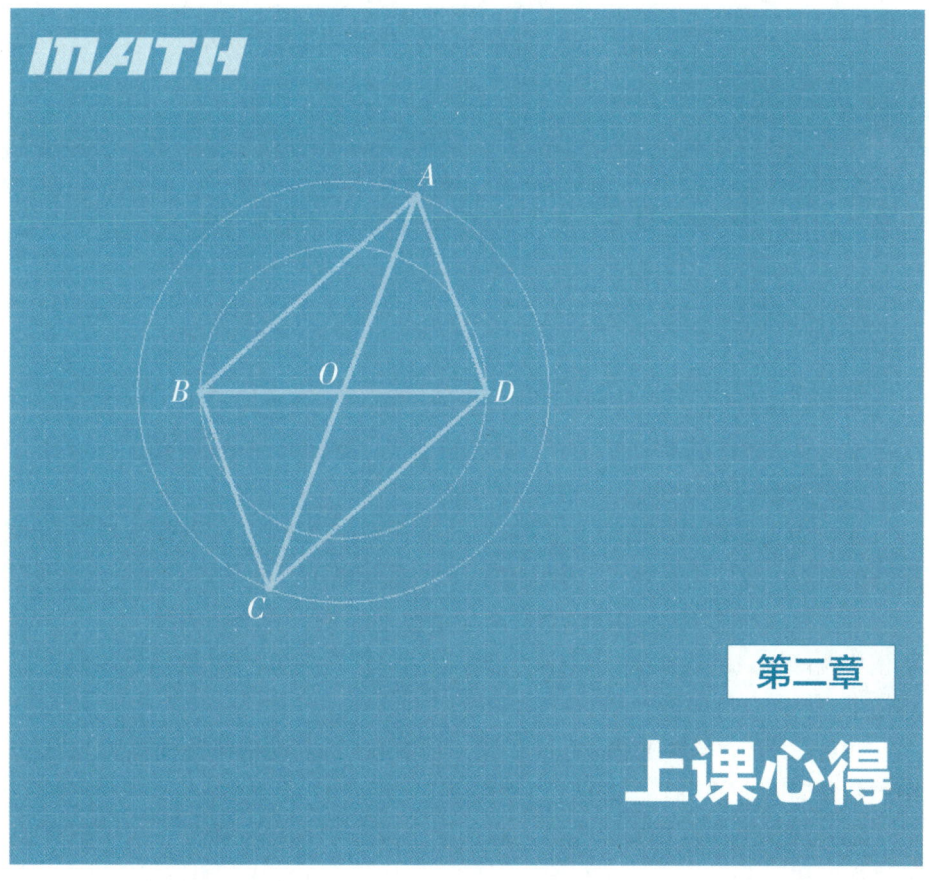

MATH

第二章

上课心得

代数、几何、函数、概率、统计，内容不同.

新课、习题课、专题课、试卷讲评课，形式不同.

概念题、计算题、解方程、说理证明题，书写格式不同.

几位老师上同一节课，风格不同，这叫作同课异构.

同一位老师上同一节课，感受不同，这叫作与时俱进.

就如同世上没有两片完全相同的树叶，

也没有两节完全相同的数学课.

教无定法，贵在得法，努力上好每一节课，

这叫作不忘初心.

14 两个概念课的教学

在初中数学课程中，函数和平面直角坐标系这两个概念，各需要一课时讲解．原因是函数的概念很抽象，而平面直角坐标系的附带概念很多．

"函数的概念"教学设计

人教版函数的定义是这样的：一般地，在一个变化过程中，如果有两个变量 x 与 y，并且对于 x 的每一个确定的值，y 都有唯一确定的值与其对应，那么我们就说 x 是自变量，y 是 x 的函数．

我初为人师第一次给学生上"函数的概念"这节课时，领着学生反复朗读函数的概念．我以为读熟了，背会了，学生就学懂了．

其实这个概念对于初中学生来说，是很抽象的，也有一些绕口．等学习了正比例函数、一次函数、反比例函数以后，学生基本上就把函数的概论都忘记了．

我第二次上"函数的概念"这节课，是 2000 年主动请缨给渭南市城区初中的数学老师上的一节公开课．

我开门见山给在场的师生讲：我们这节课学习函数的概念，这个概念比较难懂，我们先学会说一句话，"……随……的变化而变化"（大屏幕上显示）．

第一阶段：借用几何画板的技术优势，领读，学习说话．

1. （屏幕上，如图 1）正方形的边长为 AB，点 A 是定点，点 B 可以拖动．我领读：在正方形的边长变大的过程中，正方形的周长也变大．简单地说，正方形的周长随边长的变化而变化．具体地说，正方形的周长随边长的增大而增大．也可以说，正方形的周长是边长的函数，边长是自变量．

（继续领读）在正方形的边长变大的过程中，正方形的面积也变大．简单地说，正方形的面积随边长的变化而变化．具体地说，正方形的面积随边长的增大而增大．也可以说，正方形的面积是边长的函数，边长是自变量．

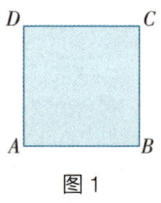
图1

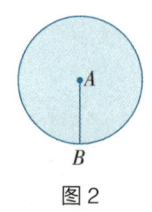
图2

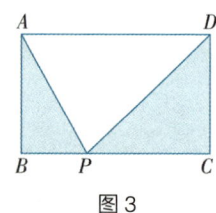
图3

2.（屏幕上，如图 2）圆的半径为 AB，圆心 A 是定点，点 B 可以拖动．我领读：在半径变大的过程中，圆的周长也变大．简单地说，圆的周长随半径的变化而变化．具体地说，圆的周长随半径的增大而增大．也可以说，圆的周长是半径的函数，半径是自变量．

（继续领读）在半径变大的过程中，圆的面积也变大．简单地说，圆的面积随半径的变化而变化．具体地说，圆的面积随半径的增大而增大．也可以说，圆的面积是半径的函数，半径是自变量．

3.（屏幕上，如图 3）矩形 $ABCD$ 是确定的，点 P 是 BC 边上的一个动点．我领读：在点 P 由 B 向 C 运动变化的过程中，$\triangle ABP$ 的面积在增大．可以说，$\triangle ABP$ 的面积随 BP 的增大而增大．

（继续领读）在点 P 由 B 向 C 运动变化的过程中，$\triangle DCP$ 的面积在_____．可以说，$\triangle DCP$ 的面积随 BP 的增大而_____．（学生基本上感悟到了，正确填空并跟读）

（继续领读）可以说，$\triangle ABP$ 的面积是 BP 的函数，BP 是自变量．也可以说，$\triangle DCP$ 的面积是 BP 的函数，BP 是自变量．

不能浪费课件资源，我进一步提问：在点 P 由 C 向 B 运动变化的过程中，（我领读）$\triangle DCP$ 的面积随 CP 的增大而_____，$\triangle ABP$ 的面积随 CP 的增大而_____．

第二阶段：回归课本，把课本上的例题、练习题的情景，领读带读，继续学习说话.

4．汽车的速度为 60 千米/时，行驶路程随时间的增大而_____．可以说，速度一定，路程是时间的函数，时间是自变量．

5．电影票每张 10 元，售出 x 张，票房收入为 y 元．票房收入 y 随售出张数 x 的增大而_____．可以说，票价一定，票房收入 y 是售出张数 x 的函数，x 是自变量．

6．用 10 米长的绳子围成一个矩形，设矩形的长为 x 米，宽为 y 米，那么 y 随 x 的增大而_____．可以说，周长一定的矩形，宽 y 是长 x 的函数，x 是自变量．

（多问一句）长随宽的增大而_____．

第三阶段：突破上面例题的局限性，把抽象的"运动变化"具体化.

7．在座的 40 名同学，每人都有一个学号，我们按照学号由小到大的顺序排列，每个同学报一下自己的身高．

我领读：每一个人的身高是确定的．在学号由小到大的变化过程中，身高随学号的变化而变化. 可以说, 身高是学号的函数, 学号是自变量.

(继续领读)每一个人的体重是确定的. 在学号由小到大的变化过程中, 体重随学号的变化而变化. 可以说, 体重是学号的函数, 学号是自变量.

(继续领读)每一个人这次考试的数学成绩是确定的. 在学号由小到大的变化过程中, 成绩随学号的变化而变化. 可以说, 成绩是学号的函数, 学号是自变量.

学生又列举了几个随学号变化的函数关系, 例如手机号码、家庭住址等.

8. 四月份有 30 天, 每天中午 12：00 实验室的气温有记录, 是确定的.

我领读：每天中午 12：00 实验室的气温随日期的变化而变化. 可以说, 气温是日期的函数, 日期是自变量.

9. 某路公交车共有 20 个站点, 我们按照顺序排号. 一趟公交车从起点到终点, 每个站点上车的人数是确定的. 可以说, 上车人数随站点序号的变化而变化.

顺便问一句, 第 20 站上车的人数是多少？

第四阶段：解读函数的概念, 在理解中背诵, 在背诵中理解.

强调两点：一是有变化的过程；二是有两个量在变化, 一个量随另一个量改变.

第五阶段：学生提问.

意外发生了.

一个学生提问：一个孩子一个妈, 可不可以说妈妈是孩子的函数？

我看到了这个班里有一对双胞胎, 马上意识到他后面想说什么. 果然他看我没有回答, 接着问道：可不可以说孩子是妈妈的函数？

全场响起了热烈的掌声. 我并不认为这是挑战我, 我很欣慰这个同学提出了这么美妙的一个问题.

后来我还在几个场合上过这节课. 有一次家长听课, 家长们也一起大声跟我读.

我的感悟是, 函数的概念是抽象的, 学生对"运动变化"的理解容易局限于物理上的机械运动, 而这里的"运动变化"是一个哲学概念.

我的经验是, 领读、带读, 体验、感悟.

关于"平面直角坐标系"一节课的故事

记得在 2010 年上海世博会期间，上海师范大学郑炼教授带着他的研究生团队，到浦东新区听一节公开课，课题是"平面直角坐标系"第一课时.

那时很流行一些词句，例如态度、情感、价值观，数学来源于生活，探究等.

上课的老师自然而然会利用教室里学生座位的排和列，联系生活情景进行探究，不断提问. 一节 40 分钟的课，很快就过去了.

课后座谈交流的时候，大家对这节课给了很高的评价. 我也肯定大家的评价.

郑炼教授指着我说：坐在对面的这位老师，你怎么不发言？

于是我开始了发言. 我说：

这节课我也上过，我上得很传统. 这节课有大大小小共 11 个概念，我先在黑板的左侧从上到下写出这 11 个概念的名称，再逐一领着同学们学习、认识.

这 11 个概念是：

(1)实数与数轴上的点是一一对应的；(2)横轴；(3)纵轴；(4)平面直角坐标系；(5)原点(坐标原点)；(6)坐标轴；(7)直角坐标平面；(8)有序实数对；(9)坐标；(10)横坐标；(11)纵坐标.

为讲解这 11 个概念，我在黑板上边画边介绍，(2)(3)(4)(5)(6)(7)是直观的，一带而过的. (8)是重点、难点，用有序实数对表示点的位置. 从而感悟(1)和(8)是呼应的，有序实数对与坐标平面内的点是一一对应的.

(8)就像仅有一句台词、一个镜头的演员一样，是为(9)服务的. 课本上说，点 P 所对应的有序实数对叫作点 P 的坐标，记作 $P(a, b)$，其中 a 叫作横坐标，b 叫作纵坐标.

有了坐标的概念，有序实数对再也没有露过面.

这节课的训练重点是根据点的位置写出点的坐标，难点是如何确定"有序".

我教给同学们的口诀是，先写 x 后写 y，先向 x 轴看再向 y 轴看. 意思是过这个点向 x 轴作垂线，垂足对应的数就是 a. 向 y 轴作垂线，垂足对应的数就是 b.

更难的是 x 轴上的点，y 轴上的点，如何写"有序实数对".

最特别也最好记的是坐标原点的坐标.

这节课是第一课时, 还没有涉及象限的概念. 我选 9 个代表性的点给同学们示范有序实数对的写法, 分别在四个象限、四个半轴和坐标原点, 可以让同学们总结 9 个代表性的点的符号特征.

我的话讲完了.

郑炼教授说他很赞同我的教法, 让同学们心中有数, 知道这节课学习了什么, 重点训练什么.

接着郑炼教授问我: 你怎么这么熟悉教材?

我说: 我看到预告, 公开课上"平面直角坐标系"这节课, 我是赶过来蹭课学习的. 这章教材是我参与编写的, 我想多看看大家是怎么上课的.

郑炼教授再次肯定了我, 鼓励了我.

关于这章教材, 我再说一说.

2004 年上海市初中数学从六年级起用二期课改新教材. 2005 年在编写七年级教材时, 主编邱万作老师抽我参与教材编写. 此前上海的老教材中, 平面直角坐标系没有独立成章, 只在讲二元一次方程组的几何意义的时候, 穿插了一节课. 我给编写组建议, 把"平面直角坐标系"独立成章. 邱万作老师当场表态说可以, 就让我和史荣铨老师负责编写, 当时考虑到篇幅不能太短, 就把用坐标表示点的平移、对称、旋转加了进去.

因为我年轻, 电脑操作比较熟练, 所以史荣铨老师让我写出初稿, 我俩一起打磨了三次, 才给编写组提交了稿件. 我们的稿件绘图准确, 全稿基本上没有修改.

但是有一个概念的表述, 我和邱老师因观点不同, 在书面上发生了点不愉快.

我在写稿的时候, 用了"两点间的距离", 邱老师修改为"两点的距离". 我以为邱老师不小心删掉了, 第二稿又用了"两点间的距离", 邱老师又修改为"两点的距离". 第三稿我又用了"两点间的距离", 最终课本定稿的时候是"两点的距离". 我后来想, 其实没有关系, 只要读者没有理解上的歧义就好.

15 新法则课的教学

新法则课的教学，如同年轻人教老年人使用智能手机，你以为很简单的事情，对老年人来说，处处是困难. 因此，能预见老年人在使用中的各种障碍，就是高手.

"有理数的加法"的教学设计

我在全国多地和青年教师座谈的时候，经常问一个问题："有理数的加法"你教几个课时？回答多是三个课时，更有勇猛者回答两个课时.

我娓娓道来：

"有理数的加法"是学生很容易掉队的一节课，为什么呢？因为有理数的加法法则是文字表述最长的一个法则，按两个加数的关系分为六种情况，对具体的两个数相加，首先要辨别是六种情况中的哪一种.

我在教这节课的时候，设计了六个课时.

第一课时是关键，分两个阶段.

第一阶段要让学生体会法则的形成过程，大约需要 20 分钟.

有理数加法法则的形成过程，各个版本教材都采用了沿直线行走的例子.

我在座谈中发现了两个遗憾：一个是不讲法则的形成过程，直接背诵法则；另一个是法则的形成过程讲起来不顺畅.

我知道不顺畅的原因，在于没有给学生交代"三个约定"，就像体育比赛没有交代得分规则一样.

在直线上行走，三个约定：(1)起点约定为 0 米，停在起点东 10 米的地方，记作+10 米；停在起点西 8 米的地方，记作−8 米；(2)向东走 5 米记作+5 米，向西走 7 米记作−7 米；(3)接着走约定为加法，用"+"号连接.

情形一，从起点先向东走 5 米，接着再向东走 7 米，最终停在哪里？

列式并写出答案：(+5) + (+7) = +12 (米).

情形二，从起点先向西走 5 米，接着再向西走 7 米，最终停在哪里？

列式并写出答案：(−5) + (−7) = −12 (米).

情形三，从起点先向东走 5 米，接着再向西走 7 米，最终停在哪里？

列式并写出答案：(+5) + (−7) = −2 (米).

情形四，从起点先向西走 5 米，接着再向东走 7 米，最终停在哪里？

列式并写出答案：$(-5)+(+7)=+2$（米）.

情形五，从起点先向东走 5 米，接着再向西走 5 米，最终停在哪里？

列式并写出答案：$(+5)+(-5)=0$（米）， 停在起点.

情形六，从起点先向东走 5 米，接着原地踏步 1 分钟，最终停在哪里？

列式并写出答案：$(+5)+0=+5$（米）.

接下来提问：同学们想，还会有什么情况呢？

有同学把情形六的另外一种情况表达了一下：从起点先向西走 5 米，接着原地踏步 1 分钟，最终停在哪里？

在上面的活动之后，先归纳大类型：同号两个数相加；异号两个数相加；一个数和 0 相加.

再提问：同号两个数相加，结果的符号怎么判定？异号两个数相加，结果的符号怎么判定？一个数和 0 相加，结果是什么？

在归纳和提问的基础上，再引导同学们读课本上的法则，就不显得冗长，也不生涩难懂了.

第二阶段进行题组训练， 用简单的数字， 让学生熟悉法则.

【基础题】

1. 计算：

(1)$(+2)+(+5)=$　　　　　　(2)$(+10)+20=$

(3)$(-3)+(-6)=$　　　　　　(4)$(-20)+(-40)=$

2. 计算：

(1)$(+8)+(-8)=$　　　　　　(2)$(-31)+(+31)=$

(3)$(-3.14)+(+3.14)=$　　　　(4)$(+25)-25=$

3. 计算：

(1)$(+4)+(-1)=$　　　　　　(2)$(-8)+(+10)=$

(3)$12+(-5)=$　　　　　　　(4)$(-3)+6=$

4. 计算：

(1)$(+10)+(-12)=$　　　　　(2)$(-20)+(+10)=$

(3)$(-30)+25=$　　　　　　(4)$24+(-30)=$

5. 计算：

(1)$(+54)+(-54)=$　　　　　(2)$(-12)+12=$

(3)$(+0.6)+(-0.6)=$　　　　(4)$(-9.02)+9.02=$

6. 计算：

(1)(+234)+0 =

(2)(-123)+0 =

(3)0+9 =

(4)0+(-3.14) =

7. 计算：

(1)(-35)+(+33) =

(2)(+48)+(+12) =

(3)(+3.6)+(-12.6) =

(4)(-9.7)+(+15.7) =

(5)(-6.28)+6.28 =

(6)(+135)+(-135) =

(7)(-1.2)+(-1.2) =

(8)(-32)+(-21) =

(9)(-0.5)+(+1.5) =

(10)0+(-132) =

(11)(+98)+(-18) =

(12)(-35)+(+25) =

【提高题】

8. 下面 40 个数据是某次数学测验六(1)班 40 名同学的成绩(满分 100 分)：

85	97	96	91	90	90	100	98	95	93
92	88	90	89	92	94	93	86	91	90
79	92	90	89	90	86	90	97	90	86
96	85	98	90	99	100	95	100	90	98

我们来求全班这次考试的平均分：

第一步： 我们先目测这些成绩，大多在 90 分左右，我们以 90 分为基准，把 91 分记为+1 分，把 86 分记为-4 分. 把上表的 40 个数据对应填写在下表中：

-5	7								

第二步： 在上表中，把和为 0 的数画掉，再计算剩下的数的和，这些和为_____.

第三步： 由此可以计算出全班这次考试的平均分为_____分.

我们回头欣赏这节课的题组设计，前 6 组题目，每组题目对应法则中的一种情况。第 7 组题目 12 道，需要先辨别类型，再默读法则：符号怎么办？绝对值是多少？

这些题目中不设置"偏难怪"的数字，目的是让学生熟悉法则的六种情况。你可以想象到，全班学生全部做对了。

而第 8 题，学生则会在题设的引导下，独立完成好。

接下来我继续讲：第二课时将小数、同分母分数引进来，继续题组训练，目标是继续熟悉法则，熟练六选一。

第三课时训练异分母分数加法、小数与分数的混合运算。

第四课时训练三个数、四个数、五个数相加，数字简单，利用加法交换律、结合律进行简便运算。

第五课时训练整数、小数、分数的混合运算，灵活利用加法交换律、结合律进行简便运算。

第六课时训练有理数加法应用题。

我讲完了对这节课的设计，参与座谈的老师都觉得有道理。我最后再问了两个问题：六个课时下来，学生还会掉队吗？如果再上"有理数的减法"，你觉得需要几个课时？

有的老师受到我上面分析的影响，认为需要三四个课时。

我笑笑说，只需要一个课时，一句话讲完新课，继续训练。

一句话就是有理数减法法则：减去一个数，等于加上这个数的相反数。啊，一句话又回到了有理数的加法。

"二次根式的化简"题组设计

还是那句话，法则课高效不高效，训练到位不到位，学生兴奋不兴奋，就看题组设计得漂亮不漂亮。请欣赏这节课的题组设计。

1. 把下列二次根式化为最简二次根式：

(1) $\sqrt{8} =$ (2) $\sqrt{18} =$ (3) $\sqrt{32} =$ (4) $\sqrt{50} =$

(5) $\sqrt{72} =$ (6) $\sqrt{98} =$ (7) $\sqrt{\dfrac{1}{2}} =$ (8) $\sqrt{\dfrac{1}{8}} =$

(9) $\sqrt{\dfrac{1}{18}} =$ (10) $\sqrt{\dfrac{1}{50}} =$ (11) $\sqrt{\dfrac{1}{72}} =$ (12) $\sqrt{\dfrac{1}{200}} =$

2. 把下列二次根式化为最简二次根式：

(1) $\sqrt{12} =$　　　(2) $\sqrt{27} =$　　　(3) $\sqrt{48} =$

(4) $\sqrt{75} =$　　　(5) $\sqrt{108} =$　　　(6) $\sqrt{300} =$

(7) $\sqrt{\dfrac{3}{16}} =$　　　(8) $\sqrt{\dfrac{1}{3}} =$　　　(9) $\sqrt{\dfrac{1}{27}} =$

3. 把下列二次根式化为最简二次根式：

(1) $\sqrt{20} =$　　(2) $\sqrt{24} =$　　(3) $\sqrt{28} =$　　(4) $\sqrt{40} =$

(5) $\sqrt{44} =$　　(6) $\sqrt{45} =$　　(7) $\sqrt{52} =$　　(8) $\sqrt{54} =$

(9) $\sqrt{56} =$　　(10) $\sqrt{60} =$　　(11) $\sqrt{63} =$　　(12) $\sqrt{68} =$

(13) $\sqrt{76} =$　　(14) $\sqrt{80} =$　　(15) $\sqrt{84} =$　　(16) $\sqrt{88} =$

(17) $\sqrt{90} =$　　(18) $\sqrt{92} =$　　(19) $\sqrt{96} =$　　(20) $\sqrt{98} =$

(21) $\sqrt{99} =$　　(22) $\sqrt{125} =$　　(23) $\sqrt{180} =$　　(24) $\sqrt{500} =$

4. 把下列二次根式化为最简二次根式：

(1) $\sqrt{\dfrac{3}{2}} =$　　(2) $\sqrt{\dfrac{2}{3}} =$　　(3) $\sqrt{\dfrac{4}{3}} =$　　(4) $\sqrt{\dfrac{3}{4}} =$

(5) $\sqrt{\dfrac{2}{5}} =$　　(6) $\sqrt{\dfrac{5}{2}} =$　　(7) $\sqrt{\dfrac{9}{10}} =$　　(8) $\sqrt{\dfrac{10}{9}} =$

懂的人看了这组题目，都会觉得妙哉！

　　第 1 组都是 $\sqrt{2}$ 的同类二次根式．第 2 组都是 $\sqrt{3}$ 的同类二次根式．第 3 组前 21 个，被开方数是 20~99，除了平方数以及前 3 组涉及过的，就剩这 21 个数可以化简了．第 4 组体验一下被开方数互为倒数，结果是同类二次根式．

“分数的除法”课后交流

　　上海的初中是四年制，“分数的除法”在六年级第一学期学习．

　　我听了同事上的一节课，他是学校新引进的奥数教练，给六年级学生讲新课“分数的除法”，例题、练习题都是奥数水平的．他累，学生也累．

　　听课 40 分钟，课后我和他交流 2 小时．我说：

　　法则课的第一课时，可以用简单的数字让学生尽快熟悉法则．学生在训练过程中可能遇到的问题，老师都要事先预见到．

　　“分数的除法”既是新课，也可以看作复习课．因为分数的除法法则，就一句话：除以一个数，等于乘以这个数的倒数.

我们俩一起梳理一下，两个数相除，有多少种情况。

真分数÷真分数　真分数÷假分数　真分数÷带分数
假分数÷真分数　假分数÷假分数　假分数÷带分数
带分数÷真分数　带分数÷假分数　带分数÷带分数
整数÷真分数　整数÷假分数　整数÷带分数　整数看作分母为 1 的分数
真分数÷整数　假分数÷整数　带分数÷整数　整数看作分母为 1 的分数

在这 15 种情况中，我们必须选几种类型作为例题。

此外，设计的例题，必须考虑结果. 结果是真分数、假分数、整数. 真分数要化为最简分数，假分数要化为带分数(沪教版教材规定的)，整数防止写成分母为 1 的分数.

必须强调，计算过程中如果有带分数，第一步先把带分数化为假分数.

按照上面的这些思路，我们俩商讨，最后设计了 8 个例题.

(1) 真分数÷单位分数，结果为假分数：$\dfrac{3}{8} \div \dfrac{1}{4}$.

(2) 真分数÷带分数，结果为单位分数：$\dfrac{3}{4} \div 1\dfrac{1}{2}$.

(3) 假分数÷带分数，结果为整数：$\dfrac{9}{2} \div 2\dfrac{1}{4}$.

(4) 带分数÷带分数，结果为真分数：$2\dfrac{1}{3} \div 3\dfrac{1}{2}$.

(5) 整数 1÷假分数，结果为真分数：$1 \div \dfrac{3}{2}$.

(6) 整数÷带分数，结果为整数：$8 \div 1\dfrac{1}{3}$.

(7) 真分数÷整数，结果为真分数：$\dfrac{4}{5} \div 4$.

(8) 带分数÷整数，结果为假分数：$4\dfrac{1}{3} \div 3$.

对应全部 15 种情况，我们设计了 60 道课堂训练题. 6 道题一组，全班每名学生至少上黑板一次展示了自己的解题过程.

满脸的兴奋，满满的自豪. 减负，从高效课堂做起.

16 "一元二次方程的公式法"是容易掉队的一节课

我是在 2012 年春季的一个偶然的机会意识到这个问题的.

朋友托我给他的孩子辅导一次数学. 这样的辅导我一般不提前备课, 形象地说, 就是坐堂应诊, 孩子有什么问题我就解答什么问题.

这是个漂亮的女孩子, 我问她数学有什么问题, 孩子说不知道有什么问题. 我心里有数, 问题可多了.

我翻看她最近的作业本, 其中用求根公式解一元二次方程的 8 道题, 没有一道是正确的, 但是每道题目都写了.

我问孩子求根公式会不会默写? 她表示没有问题, 滚瓜烂熟.

我再仔细看了一遍 8 道题的解题过程, 每一道题目都是直接代入.

我领着孩子把这 8 道题目重新做了一遍, 先把解题四步骤整整齐齐写在纸上:

第一步, 根据一般式, 写出 a、b、c. 如果不是一般式, 先化为一般式. 如果是分数系数, 先化为整数系数.

第二步, 计算 b^2-4ac 的值. 如果是负数, 直接写原方程无实数根.

第三步, 代入公式. 如果能化为最简二次根式, 多写一步. 如果 $b^2-4ac=0$, 就写 ±0.

第四步, 分别写 x_1, x_2, 能约分必须约分. 如果是 ±0, 就写 $x_1=x_2$.

我们把上面的四步简单写成:

第一步, 写出 a、b、c.

第二步, 计算 b^2-4ac 的值.

第三步, 代入公式.

第四步, 分别写 x_1, x_2.

上下对照一下, 就会理解孩子为什么会遇到这样那样的困难. 对孩子们来说, 困难在于每一步后面都有"如果", 这就是分类讨论思想.

两个小时, 这个孩子把这 8 道题目做了三遍. 第一遍听我讲. 第二遍她独立做了一遍, 几乎没有问题. 第三遍在一张干干净净的作业纸上, 再认认真真写了一遍, 我给每道题目画上一个大大的红色对号. 孩子被自己的作业感动了.

2016 年 9 月我在渭南初级中学进行陪伴式教研, 我给九年级 13 位数学老师上了示范课"一元二次方程的公式法".

我提前预见了下面四个问题,并在课前半分钟进行了热身训练——四个二次根式的化简,我印象很深的是被开方数为180.

第一步如果是分数系数,那么第三步代入公式时就会出现繁分数运算.卡住了.

第二步 b^2-4ac 的值已经是负数了,还要代入公式,第三步不知道该咋办了.

第三步二次根式化简卡住了. 课前半分钟热身,事先排除困难.

第四步约分,分子上是两项,只有前面一项与分母约分.

我在黑板上写好课题"一元二次方程的公式法",问大家预习了没有,求根公式能不能背出来. 我把求根公式写在课题的后面.

我开门见山告诉同学们,这节课我们倒着上,先训练用公式解方程,再推导公式是怎么来的. 这节课我讲4道例题,今天的作业共12道题目,包括这4道例题,我们争取课堂上能完成8道题目.

其实这12道题目都是课本上的,分散在例题、练习、习题、复习题中.

我精心选了4道例题:

第1题是一般式, 整数系数, $b^2-4ac>0$. 这道例题的功能是教会一般的书写步骤.

第2题是一般式, 分数系数, $b^2-4ac>0$.

第3题不是一般式, 整数系数, $b^2-4ac=0$.

第4题不是一般式, 一次项系数含有根号, $b^2-4ac<0$.

我把黑板平分为4列,将4道例题并列写在黑板上,4道题目同步讲,边讲边写.

学生可能会遇到的困难我基本上都预见了. 我现身说法,给学生讲标点符号的重要性,例如"$x_1=3$,$x_2=2$",写成"$x_1=3x_2=2$"就不对了.

第一轮课堂训练,就是把黑板上的4道例题独立做一遍,遇到困难可抬头看黑板.

第二轮课堂训练,就是做其他8道题目,谁先做完4道题目,奖励上黑板写一道题目. 这样发动群众教群众的做法,非常好. 因为学生暴露的有些问题,老师也没有预见到.

距离下课5分钟,大部分同学做完了8道题目,近一半同学做了10道,有 3 名同学做完了全部 12 道题目.

我喊停了课堂训练，说离下课还有 300 秒，我们把求根公式推导一下.

我把黑板擦干净，心中有数，总共 7 行，每行都要领着学生大声读.

用配方法解方程：$ax^2+bx+c=0(a\neq0)$	领读：明确目标，用 a、b、c 表示 x
$x^2+\dfrac{b}{a}x=-\dfrac{c}{a}$	二次项系数化为 1，常数项移到右边
$x^2+\dfrac{b}{a}x+\left(\dfrac{b}{2a}\right)^2=\dfrac{b^2}{4a^2}-\dfrac{c}{a}$	配方：两边加上一次项系数一半的平方. 两边形式不一样
$\left(x+\dfrac{b}{2a}\right)^2=\dfrac{b^2}{4a^2}-\dfrac{4ac}{4aa}=\dfrac{b^2-4ac}{4a^2}$	左边公式，右边通分
	（事先预留一行）
$x+\dfrac{b}{2a}=\pm\dfrac{\sqrt{b^2-4ac}}{2a}$	两边开方
$x=-\dfrac{b}{2a}\pm\dfrac{\sqrt{b^2-4ac}}{2a}=\dfrac{-b\pm\sqrt{b^2-4ac}}{2a}$	移项，同分母分式加减

提问：开方的时候，如果 $b^2-4ac<0$ 怎么办？于是在预留的一行，加上"当 $b^2-4ac\geq0$ 时".

我问学生能不能记住两个数字："**加上一次项系数一半的平方**"共 12 个字，推导过程共 7 行.

离下课还有 1 分半，我给学生卖了一个关子，说再来一种推导方法.

用配方法解方程：$ax^2+bx+c=0(a\neq0)$	领读：明确目标，用 a、b、c 表示 x
$4a^2x^2+4abx=-4ac$	各项同时乘以 $4a$，常数项移到右边
$4a^2x^2+4abx+b^2=b^2-4ac$	配方：两边同时加上 b^2
$(2ax+b)^2=b^2-4ac$	左边公式
	（事先预留一行）
$2ax+b=\pm\sqrt{b^2-4ac}$	两边开方
$x=\dfrac{-b\pm\sqrt{b^2-4ac}}{2a}$	先移项，再除以 $2a$，得 x

再次让学生记住，这种推导方法也是 7 行.

刻意让学生记住一些数字，是我的习惯，也是我的经验.

这是一节高效的课，当天的作业全班全部过关，没有一个人掉队.

17 用题组以练代教十字相乘法因式分解

用语言很难顺畅表达十字相乘法因式分解.

我在黑板上写好课题，然后写下了第 1 组题目：

1. 计算并感悟：

(1)$(x+2)(x+3)=$ (2)$(x-2)(x-3)=$

(3)$(x+2)(x-3)=$ (4)$(x-2)(x+3)=$

(5)$(x+1)(x+6)=$ (6)$(x-1)(x-6)=$

(7)$(x+1)(x-6)=$ (8)$(x-1)(x+6)=$

引导学生感悟：（Ⅰ）计算结果的常数项是+6 或-6.

（Ⅱ）我们似乎看到了有理数加法和有理数乘法法则：同号两数相乘得正，和的符号与两数的符号相同；异号两数相乘得负，和的符号与绝对值较大的数的符号相同.

接着第 2 组题目、第 3 组题目同时训练.

2. 如何分解因式，从 12 开始感悟：哪两个整数的积等于+12?

(1)$x^2-7x+12=$ ←这两个整数的和等于-7

(2)$x^2+7x+12=$ ←这两个整数的和等于+7

(3)$x^2+8x+12=$ ←这两个整数的和等于+8

(4)$x^2-8x+12=$ ←这两个整数的和等于-8

(5)$x^2-13x+12=$ ←这两个整数的和等于-13

(6)$x^2+13x+12=$ ←这两个整数的和等于+13

3. 如何分解因式，从-12 开始感悟：哪两个整数的积等于-12?

(1)$x^2+11x-12=$ ←这两个整数的和等于+11

(2)$x^2-11x-12=$ ←这两个整数的和等于-11

(3)$x^2-4x-12=$ ←这两个整数的和等于-4

(4)$x^2+4x-12=$ ←这两个整数的和等于+4

(5)$x^2+x-12=$ ←这两个整数的和等于+1

(6)$x^2-x-12=$ ←这两个整数的和等于-1

有一个事实是毋庸置疑的，那就是这 12 道题目中，没有两道题目的结果是相同的．因此这两组题目的训练进度一定要缓慢，给学生留出足够的时间去感悟、尝试．

有道是，十字相乘法就是"十字凑成法"．凑得快不快，全在熟能生巧．

接下来进行第 4、5、6 组训练．

4. 分解因式，以 +5、−5 为例感悟．

(1) $x^2-6x+5=$ (2) $x^2+6x+5=$

(3) $x^2-4x-5=$ (4) $x^2+4x-5=$

5. 分解因式，以 +8、−8 为例感悟．

(1) $x^2-9x+8=$ (2) $x^2+9x+8=$

(3) $x^2-6x+8=$ (4) $x^2+6x+8=$

(5) $x^2-7x-8=$ (6) $x^2+7x-8=$

(7) $x^2-2x-8=$ (8) $x^2+2x-8=$

6. 分解因式，以 +16、−16 为例感悟．

(1) $x^2+17x+16=$ (2) $x^2+10x+16=$

(3) $x^2-8x+16=$ (4) $x^2+15x-16=$

(5) $x^2-6x-16=$ (6) $x^2-16=$

上面三组训练做得越来越快，学生争先恐后到黑板上展示自己的结果．台上台下互动，自我纠错．

第 7 组是本节课的终极训练、比赛．

7. 因式分解：

(1) $x^2+3x-4=$ (2) $x^2-3x-4=$

(3) $x^2+8x-20=$ (4) $x^2-5x-24=$

(5) $x^2+12x+27=$ (6) $x^2+18x+80=$

(7) $x^2-x-90=$ (8) $x^2-25x+100=$

(9) $x^2-29x+100=$ (10) $x^2-20x+100=$

这节课同学们做了 48 道题目，不叫苦不觉累，都是自豪感、成就感．

今天课后没有作业．

18 几何入门从学习画图、 说话开始

万事开头难. 万事入门难.

回想我在初二刚刚学习几何和物理的时候，总想着今天的课程、作业咋没有计算题？ 这个问题我纠结了很长一段时间.

后来我做老师，教学生学习几何的时候，都先告诉学生，几何入门从学习画图、学习说话开始. 我都是领着学生大声读，反复读.

说话是指图形语言、文字语言和数学语言的相互转换. 举几例如下.

1. 如图 1，看图说话：直线 l 经过点 P. 点 P 在直线 l 上.

2. 如图 2，看图说话：直线 AB 经过点 C. 点 C 在直线 AB 上. A、B、C 三点在同一条直线上. 点 C 在线段 AB 上. 点 B 在线段 AC 的延长线上. 点 A 在线段 BC 的延长线上. 点 A 在线段 CB 的反向延长线上.

3. 如图 3，看图说话：直线 a 和直线 b 相交于点 P. 点 P 是直线 a 和直线 b 的交点. 点 P 既在直线 a 上，也在直线 b 上. **两条直线相交，有且只有一个交点**.

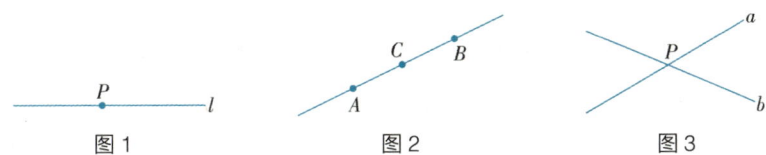

图 1　　　　　　图 2　　　　　　图 3

4. 文字语言：**过直线外一点有且只有一条直线与已知直线垂直.**

请你画图：如图 4、图 5，过点 P 向直线 l 画垂线 m，垂足为 D. 数学表达为_____.

看图说话：过直线 l 外的点 P 有且只有一条直线 m 与直线 l 垂直，垂足为 D. 记作 $m \perp l$，垂足为 D. 也可以记作 $PD \perp l$，垂足为 D.

图 4　　　　　　　　图 5

5. 文字语言：**过直线上一点有且只有一条直线与已知直线垂直.**

请你画图：如图 6、图 7，过直线 l 上的点 P 画直线 l 的垂线 m. 数学表

达为_____.

看图说话：过直线 l 上的点 P 有且只有一条直线 m 与直线 l 垂直，垂足为 P. 记作 $m \perp l$，垂足为 P.

图 6　　　　　　　　　图 7

6. 文字语言：过直线外一点有且只有一条直线与已知直线平行.

请你画图：如图 8、图 9，过点 P 画直线 l 的平行线 m. 数学表达为_____.

看图说话：过直线 l 外的点 P 有且只有一条直线 m 与直线 l 平行. 记作 $m \mathbin{/\mkern-5mu/} l$.

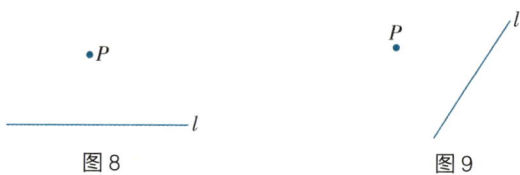

图 8　　　　　　　　　图 9

7. 文字语言：联结直线外一点与直线上各点的所有线段中，垂线段最短. 可简单说成：垂线段最短.

请你画图：如图 10，在直线 l 上画 6 个点 A、B、C、D、E、F，画线段 PA、PB、PC、PD、PE、PF. 如果 PD 是最短的线段，请标记一下.

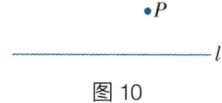

图 10

8. 请你画图：如图 11、图 12，过点 P 向 AB 画垂线，垂足为 D. 数学表达为_____. 过点 P 画 AB 的平行线与 AC 交于点 E. 数学表达为_____.

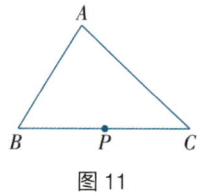
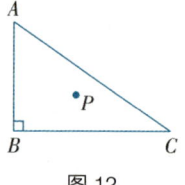

图 11　　　　　　　　　图 12

在领读第 4、5、6 题黑体字的时候，我让学生边读边数，都是 21 个字.

刻意让学生记住"21"这个数字，每当说理需要的时候，我就提示说"21个字"，同学们就心照不宣、朗朗上口读出来了.

几何入门就是看图说话，需要大声读.

对学生来讲，概率是一门新课.

概率的经典事件是五把"扌"：抽、摸、掷、抛、摇，即随机抽扑克牌、摸袋子里的球、掷骰(tóu)子、抛硬币、摇转盘.

人教版这样给出概率的定义：我们用事件所包含的各种可能的结果个数在全部可能的结果总数中所占的比，表示事件发生的概率.

沪教版这样给出概率的计算：一般地，如果一个试验共有 n 个等可能的结果，事件 A 包含其中的 k 个结果，那么事件 A 的概率 $P(A)=\dfrac{\text{事件} A \text{包含的可能结果数}}{\text{所有可能结果总数}}=\dfrac{k}{n}$.

读起来生涩难懂，教起来绕口，听起来头晕.

"概率初步"这一章，我对教材进行了重整，第一课时直接计算概率.

第一阶段，解释课题.

我分三步书写课题.

先写"概率". 给学生讲，概率就是一个数字，用 P 表示. 书写"$0 \leqslant P \leqslant 1$".

再补充写好"事件的概率". 在事件两个字下面标注：抽、摸、掷、抛、摇.

再补充完整课题"等可能事件的概率". 啥是"等可能事件"呢？我们举例感悟.

第二阶段，感悟什么是"等可能事件".

1. 我手里握了一个粉笔头，你们猜握在左手还是右手？

A. 左手　　　B. 右手　　　C. 都有可能

2. 袋子里有红、黄、蓝三个质地、大小相同的小球，随意摸出一只，可能是？

A. 红球　　　B. 黄球　　　C. 蓝球　　　D. 都有可能

3. 从扑克牌中(没有大小王)随意抽出一张，可能是？

A. 黑桃　　　B. 红心　　　C. 梅花　　　D. 方块　　　E. 都有可能

4. 空中落下的硬币，是正面朝上还是背面朝上？

A. 正面　　　B. 背面　　　C. 都有可能

5. 甲、乙、丙、丁四人打麻将，下一盘可能是谁赢？

A. 甲　　　　B. 乙　　　　C. 丙　　　　D. 丁　　　　E. 都有可能

第三阶段，用上面 5 个例子，感悟"等可能事件的概率".

1. 左手是双手之一，握在左手的概率等于二分之一.

2. 红球占所有球的三分之一，拿到红球的概率等于三分之一.

3. 黑桃是四种花色之一，抽到黑桃的概率等于四分之一.

4. 要么正面朝上，要么背面朝上，正面朝上的概率等于二分之一.

5. 甲是四人之一，下一盘甲赢的概率等于四分之一.

第四阶段，以抽扑克牌为例，继续感悟"概率等于部分占全体的几分之几".

我第一次用扑克牌讲概率时，万万没有想到，班里的大部分女生没有玩过扑克牌. 在后来的讲课中，我都要先在大屏幕上按照 4×13+2 的排列，把扑克牌先介绍一遍.

问题开始，大前提是把扑克牌(不含大小王)洗乱、理整齐，背面朝上，随机抽出一张牌.

1. 如果抽到的是方块，问方块占全部扑克牌的几分之几？

可以说，抽到方块的概率 $P = \dfrac{13}{52} = \dfrac{1}{4}$.

2. 如果抽到的是数字 6，问数字 6 占全部扑克牌的几分之几？

可以说，抽到数字 6 的概率 $P = \dfrac{4}{52} = \dfrac{1}{13}$.

3. 如果抽到的是花牌(J、Q、K 中的一张)，问花牌占全部扑克牌的几分之几？

可以说，抽到花牌的概率 $P = \dfrac{4 \times 3}{52} = \dfrac{3}{13}$.

通过三个例子，可以体验到，概率是一个分数，等于部分占全体的几分之几.

第五阶段，题组训练.

1. 掷骰子(骰子就是六面体，六个面上的数字分别是 1，2，3，4，5，6).

(1) 掷一枚骰子，点数 1 朝上的概率是_____.

(2) 掷一枚骰子，点数 2 朝上的概率是_____.

(3) 掷一枚骰子，奇数点朝上的概率是_____.

(4) 掷一枚骰子，合数点朝上的概率是_____.

(5) 掷一枚骰子，质数(素数)点朝上的概率是_____.

（6）掷一枚骰子，能被 3 整除的点朝上的概率是_____．

（7）掷一枚骰子，点数 2 或 3 朝上的概率是_____．

2. 抽扑克牌. 黑桃(黑色)、方块(红色)、梅花(黑色)、红心(红色)各 13 张，每个花色为 A，2，3，…，J，Q，K.

一副 52 张的扑克牌(无大小王)，从中任意抽出一张，共有 52 种等可能的结果.

（1）抽到红心的概率是_____．

（2）抽到梅花的概率是_____．

（3）抽到 A 的概率是_____．

（4）抽到 10 的概率是_____．

（5）抽到 5 的倍数的概率是_____．

（6）抽到 J、Q 或 K 的概率是_____．

（7）抽到黑色数字(黑桃或者梅花)的概率是_____．

3. 摸袋子里的球. 袋中有大小相同、颜色不同的红球 3 个，黄球 2 个，白球 1 个.

（1）随机摸一个球，摸到红球的概率是_____．

（2）随机摸一个球，摸到黄球的概率是_____．

（3）随机摸一个球，摸到白球的概率是_____．

（4）随机摸一个球，摸到黑球的概率是_____．（不可能的概率就是 0）

（5）随机摸一个球，摸到红球或白球的概率是_____．

4. 摇转盘. 圆盘等分成 12 块扇形，其中红色 4 块，黄色 3 块，白色 5 块. 指针绕着中心旋转.

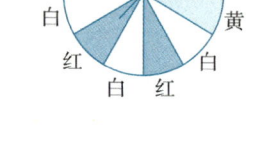

（1）指针落在红色区域的概率是_____．

（2）指针落在黄色区域的概率是_____．

（3）指针落在白色区域的概率是_____．

（4）指针落在红色或白色区域的概率是_____．

在抽、摸、掷、抛、摇这五个经典的概率事件中，抽、摸、掷、抛的部分占全体的几分之几，都是可数的. 摇转盘是扇形占圆面积的几分之几.

概率的计算公式虽然生涩难懂，但是怎样计算概率，学生们基本上都感悟到了，就是求部分占全体的几分之几.

"概率初步"这一章，我设计了五个课时.

第二课时，形象地称作"两次抽、摸、掷、抛、摇". 这节课教会学生用表格法求这个类型事件的概率. 例如一枚硬币抛两次，或者两枚硬币同时抛一次.

第三课时, 形象地称作"三次抽、摸、掷、抛、摇". 这节课教会学生用树状图求这个类型事件的概率.

第四课时, 回到课本, 从头温习一遍课本. 重点感悟生活中的必然事件、不可能事件、随机事件. 最有意思的是成语中的概率事件, 例如旭日东升、日落西山、瓮中捉鳖、守株待兔、大海捞针、刻舟求剑等.

第五课时, 做题. 我把全国各地中考试题中的概率填空题、选择题、解答题汇编成册. 2016 年 9 月我在渭南初级中学进行陪伴式教研, 全年级 24 个班的同学人手一册 36 页的概率汇编, 整个教学楼里全天都在讨论概率的题目, 其他学科的老师羡慕嫉妒但没有恨.

最后再说一句, 学生们做完、做好 36 页的"中考试题中的概率汇编", 等到中考复习的时候, 概率就不再占用教学课时了.

20 用表格理解分式方程应用题

应用题的情景如果是两个比较量(例如甲和乙,现在与原来,计划与实际,小明和小强等)完成同样的事情,求工作效率、速度、时间等,一般都可以列分式方程.

用表格理解分式方程应用题比较直观.书写一般包括设、列、解、验、答等五步.

这类分式方程大致分为三类,以人教版八年级上册第十五章"分式"中的应用题为例,我们一起欣赏一下用表格理解应用题的直观性.

类型一　时间相等

例1　甲、乙二人做某种机械零件.已知甲每小时比乙多做 6 个,甲做 90 个所用的时间与乙做 60 个所用的时间相等,求甲、乙每小时各做零件多少个?

表 1

	效率	工作量	时间	等量关系
甲	$(x+6)$ 个/时	90 个		所用时间相等
乙	x 个/时	60 个		

例2　改良玉米品种后,迎春村玉米平均每公顷增加产量 a t,原来产 m t 玉米的一块土地,现在的总产量增加了 20 t.原来和现在玉米的平均每公顷产量各是多少?

表 2

	每公顷产量	总产量	面积	等量关系
原来	x t/hm^2	m t		面积相等
现在	$(x+a)$ t/hm^2	$(m+20)$ t		

例1和例2的情景虽不同,但本质没有区别,时间$=\dfrac{工作量}{效率}$相当于面积$=\dfrac{总产量}{每公顷产量}$.

类型二 时间差（和）为定值

例3 八年级学生去距学校 10 km 的博物馆参观，一部分同学骑自行车先走，过了 20 min 后，其余同学乘汽车出发，结果他们同时到达. 已知汽车的速度是骑车学生速度的 2 倍，求骑车学生的速度.

表3

	速度	路程	时间	等量关系
骑自行车	x km/min	10 km		骑车比乘汽车多用 20 min
乘汽车	$2x$ km/min	10 km		

表 3 把关系呈现得一目了然，根据"骑车时间－乘汽车时间 = 20 min"列方程.

例4 一台收割机的工作效率相当于一个农民工作效率的 150 倍，用这台机器收割 10 hm² 小麦比 100 个农民人工收割这些小麦少用 1 h，这台收割机每小时收割多少公顷小麦？

表4

	效率	工作量	时间	等量关系
1 个农民	x hm²/h	10 hm²		100 个农民用时
1 台收割机	$150x$ hm²/h	10 hm²		比 1 台收割机用时多 1 h

这道题目有一个陷阱，"100 个农民用时－1 台收割机用时 = 1 h"，那么 100 个农民用时该怎么表示呢？是 $\dfrac{100 \times 10}{x}$ 还是 $\dfrac{10}{100x}$？

例5 一辆汽车开往距离出发地 180 km 的目的地，出发后第一小时内按原计划的速度匀速行驶，一小时后以原来速度的 1.5 倍匀速行驶，并比原计划提前 40 min 到达目的地. 求前一小时的行驶速度.

表5

	速度	行驶路程	时间	等量关系
按照前一小时的速度走完后半程	x km/h	$(180-x)$ km	A	提速以后少用 40 min
按照一小时后的速度走完后半程	$1.5x$ km/h	$(180-x)$ km	B	（即 $A-B=40$ min）

这道例题有两个障碍：一是造成 40 min 的时间差，在于后半程提速，和

前半程没有关系. 二是两个比较量表述起来文字较长, 但是这样的表述不容易发生理解上的歧义.

类型三 总工作量

例6 张明 3 h 清点完一批图书的一半, 李强加入清点另一半图书的工作, 两人合作 1.2 h 清点完另一半图书. 如果李强单独清点这批图书需要几小时?

表6

	总工作量	单独完成	效率	工作时间	工作量	等量关系
张明	看作 1	需要 6 小时		1.2 h		合作 1.2 h 完成
李强	看作 1	需要 x 小时		1.2 h		总工作量的一半

从表6可以看到, 这类题目关系比较复杂, "效率"承前启后. 把总工作量看作 1, 李强的效率可表示为 $\frac{1}{x}$, 那么李强工作 1.2 h 的工作量就是 $\frac{1.2}{x}$.

如果应用题中有两个比较量, 就适合用表格来理解应用题. 填表的过程, 要确定未知数的个数. 填完表格, 方程或方程组的类型就一目了然了.

我在 2008 年教过的一个班级中有一个学生, 他解类型一与类型二的应用题, 总喜欢列二元二次方程组. 例如例题 1 我教学生列分式方程 $\frac{90}{x+6} = \frac{60}{x}$, 他设时间为 y (没有单位), 列方程组 $\begin{cases} (x+6)y = 90, \\ xy = 60. \end{cases}$

再如例题 3 我教学生列分式方程 $\frac{10}{x} - \frac{10}{2x} = 20$, 他设骑自行车的时间为 y min, 列方程组 $\begin{cases} xy = 10, \\ 2x(y-20) = 10. \end{cases}$

列整式方程的好处是不需要像分式方程那样检验增根. 我表扬了这位同学, 但是没有充分肯定他的个性. 为什么呢?

这位同学在每次语文考试时, 都有一个个性特征, 就是写作文前, 喜欢写一两行"题记". 他的这一特点很受语文老师喜爱, 语文老师经常表扬他写的作文, 所以他的语文成绩总是领先的.

我提醒过这位同学, 数学的个性没有错, 因为数学题先看结果对不对. 语文的个性没有标准, 萝卜青菜各有所爱. 结果在全区统一模拟考试的时候,他的语文成绩不如平时，验证了我的规劝是对的.

话说回来，对于初中生来讲，应用题是很难的，因为应用题的情景离孩子们的生活很遥远.

城里的孩子吃着面包、面条却不知道小麦是什么，"亩产小麦多少斤"对他们来说几乎全是新概念：亩产？小麦？斤？

乡下的孩子没有见过火车，也不知道地铁是什么，"时速 120 千米"对他们来说不可想象，因为没有参照.

我离开乡下到城里生活 40 多年了，前两年一位年轻老师问我："马老师要不要拿铁?"我一头雾水，我该说要还是不要？拿铁去干什么？尴尬之后我才知道，"拿铁"是一种咖啡.

所以说，理解应用题对初中生来说，存在很多的障碍.

用表格理解应用题是一个好方法.

21 图解一元一次方程行程问题

　　人教版七年级上册第三章"一元一次方程"的应用题共有 69 道，分布在例题、练习、习题、复习题以及问题、探究等. 其中行程问题 11 道，包括相遇问题、追及问题、顺风逆风行驶问题、穿越隧道问题等.

　　我教行程问题，是用画线段图的方法，结合大声领读，这样可以帮助学生理解题意. 举几个例子.

　　例 1　（相遇问题）两辆汽车从相距 84 km 的两地相向而行，甲车的速度比乙车的速度快 20 km/h，半小时后两车相遇，两车的速度各是多少？

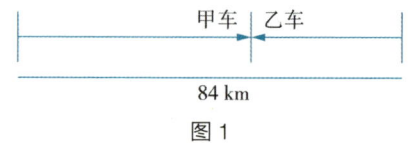

图 1

　　这个线段图一目了然，甲、乙两车的路程和等于 84，路程＝速度×时间.

　　例 2　（相遇问题）王力骑自行车从 A 地到 B 地，陈平骑自行车从 B 地到 A 地，两人都沿同一公路匀速前进，已知两人在上午 8 时同时出发，到上午 10 时，两人还相距 36 km，到中午 12 时，两人又相距 36 km. 求 A、B 两地间的路程.

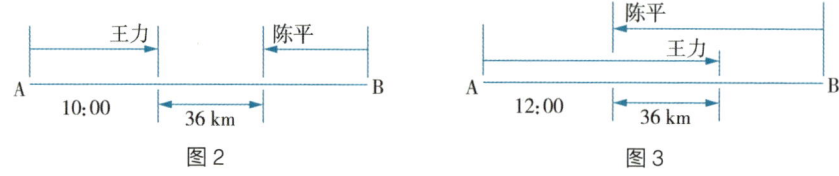

图 2　　　　　　　　　　　图 3

　　这道题目要画两个线段图，才能把两个 36 km 揭示清楚，分别是 10:00 和 12:00 时的状态.

　　领读：图 2 表示，出发 2 小时后，两人离相遇还相距 36 km. 换句话说，出发 2 小时后，两人一共走了（全程−36）km.

　　图 3 表示，出发 4 小时后，两人相遇后又相距 36 km. 换句话说，出发 4 小时后，两人一共走了（全程+36）km.

　　两个线段图，两段领读，再加一个提问：哪个量保持不变？

对了，两人的速度不变，速度和不变，所以 $\dfrac{全程-36}{2}=\dfrac{全程+36}{4}$.

例3 （相遇问题）小刚和小强从 A、B 两地同时出发，小刚骑自行车，小强步行，沿同一条线路相向匀速而行. 出发后 2 h 两人相遇. 相遇时小刚比小强多行进 24 km，相遇后 0.5 h 小刚到达 B 地. 两人的行进速度分别是多少？相遇后经过多长时间小强到达 A 地？

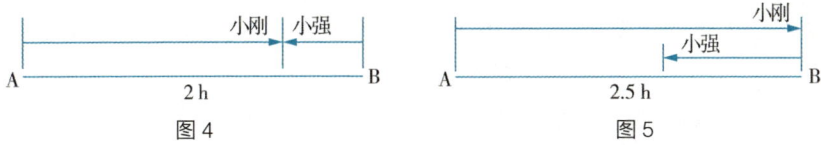

图4　　　　　　　　　　　图5

这道题目要画两个线段图，分别是 2 h 和 2.5 h 的状态.

大声领读：出发 2 h 后两人相遇，相遇时小刚比小强多行进了 24 km.

提问：这句话是什么意思？

哦，隐含条件，小刚比小强每小时多行进了 12 km.

再领读：图 4 表示两人 2 h 一起走完全程. 图 5 表示小刚一个人 2.5 h 可以走完全程.

例4 （环形上的相遇问题）运动场的跑道一圈长 400 m. 小健练习骑自行车，平均每分钟骑 350 m；小康练习跑步，平均每分钟跑 250 m. 两人从同一处同时反向出发，经过多长时间后首次相遇？又经过多长时间再次相遇？

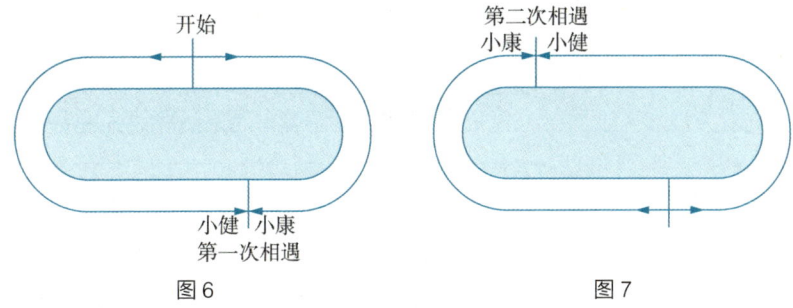

图6　　　　　　　　　　　图7

大声领读：第一次相遇，就是两人的路程和等于一圈长 400 m. 第二次相遇，就是两人的路程和又等于一圈长 400 m.

例5 （追及问题）跑得快的马每天走 240 里，跑得慢的马每天走 150 里. 慢马先走 12 天，快马几天可以追上慢马？

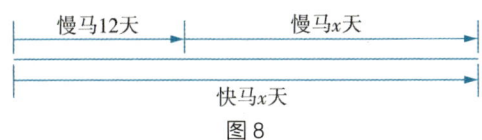

图8

大声领读：快马 x 天走的路程，相当于慢马 $(12+x)$ 天走的路程.

例6 （穿越隧道）一列火车匀速行驶，经过一条长 300 m 的隧道需要 20 s 的时间. 隧道的顶上有一盏灯，垂直向下发光，灯光照在火车上的时间是 10 s.

（1）设火车的长度为 x m，用含 x 的式子表示：从车头经过灯下到车尾经过灯下，火车所走的路程和这段时间内火车的平均速度.

（2）设火车的长度为 x m，用含 x 的式子表示：从车头进入隧道到车尾离开隧道，火车所走的路程和这段时间内火车的平均速度.

（3）上述问题中火车的平均速度发生变化了吗？

（4）求这列火车的长度.

2019 年 9 月我在中央民族大学附中呼和浩特分校和数学老师一起教研这道题目，我问年轻老师，准备怎么给学生讲这道题目.

第（1）题和第（2）题的文字，已经把大家搞晕了. 其实我也被搞晕了.

我在黑板上给老师画了下面三幅图.

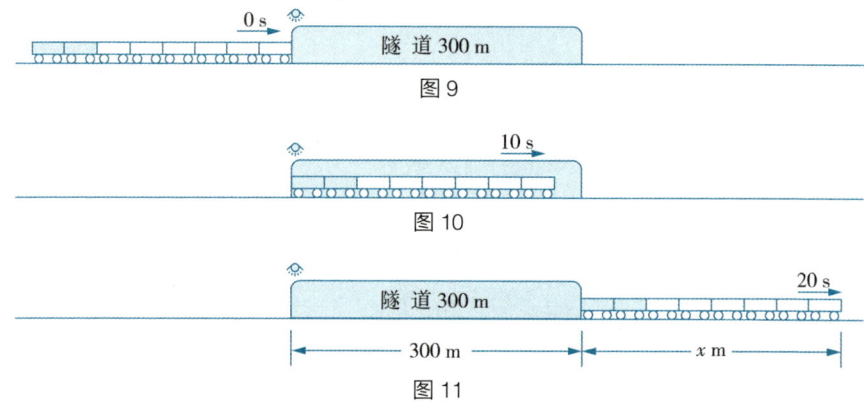

图 9

图 10

图 11

我解释说：图 9，隧道的顶上有一盏灯，灯在什么位置呢？不妨放在隧道入口处. 图 10，表示火车全部进入隧道用了 10 秒钟. 图 11，表示火车从开始进入到全部从隧道出来用了 20 秒钟. 因为速度不变，所以 $\dfrac{x}{10} = \dfrac{x+300}{20}$.

如果编者不设置（1）（2）（3）题，直接问火车的长度，可能难度还小一些.

画图可能浪费时间，但是我喜欢画图，这是数形结合的数学思想，思想指导行动. 这也是传说中的磨刀不误砍柴工.

我再感慨一下. 在有限的教学时间内，能把课本上这 69 道题目做完、做好，并融会贯通，就很不容易了，建议老师们不要丢开课本去教学.

22 两节课的前半段不能轻视

新课基本上都是分为前后两段的，例如几何课先讲定理的证明，再利用定理进行证明. 再如代数课先讲法则的形成，公式的推导，然后进行课堂训练.

"圆的面积"和"一次函数的图像"这两节课的前半段课，往往被轻视，忽略了它们的重要性.

"圆的面积"前半段课蕴含了重要的数学思想

平行四边形可以割补为长方形，两个全等的三角形可以拼成一个平行四边形，两个全等的梯形也可以拼成一个平行四边形，这是学生对转化的数学思想的直观认识.

但是圆怎么割补也不能拼成长方形、平行四边形或者三角形、梯形啊！

沪教版"圆的面积"在初中(六年级)学习. 不论哪个版本的教材，"圆的面积"这章有一页几十年来从没有缺过，就是书的后面附带的一张纸，纸上把一个圆 16 等分，供学生学习圆的面积时拼图.

这个拼图的过程，不可跨越，是经典.

经典不可替代，技术可以让思想更完美. 这节课蕴含了两个重要的数学思想，一个是转化的思想，一个是微积分的思想.

在没有信息技术支持的年代，大家只能通过 16 等分拼图，体验转化的思想. 有了几何画板的支持，我们可以更好地体验微积分的数学思想.

我引领学生动手操作并领读：(如图 1)把一个圆 16 等分，拼成一个近似的平行四边形，这个平行四边形的底近似于圆周长的一半，平行四边形的高相当于圆的半径.

这个近似的平行四边形的面积＝底×高＝$\pi r \cdot r = \pi r^2$，所以圆的面积＝πr^2.

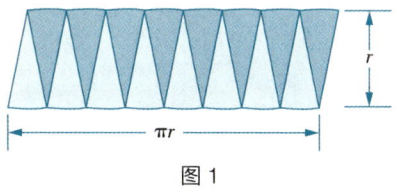

图 1

63

我再用几何画板演示把一个圆 n 等分，$n=18$，20，22，…，40，….

领读：（如图2）当 $n=20$ 时，更接近平行四边形．（如图3）当 $n=40$ 时，几乎就是平行四边形．

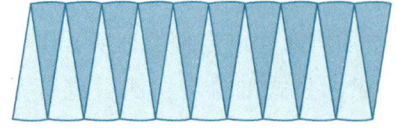

图2

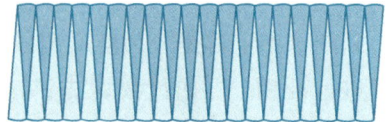

图3

我用几何画板演示，让学生直观体验了微积分的数学思想．我刻意加重语气，近似、更接近、几乎就是，让学生体验了微积分．

关于这节课的后半段，就是用公式计算圆的面积．

临近下课的时候，我抛出一个问题：半径为 2 厘米的圆的周长和面积是多少？

提这个问题的目的，老师们一听就懂．周长和面积不是同名量，不能比较大小．可以说周长和面积的值相等．

"一次函数的图像"前半段课是探究所有函数图像的方法

在没有几何画板等信息技术手段支持的年代，已知一个函数的解析式，要探究它的图像，就是描点法．

用描点法画函数的图像，先要把从数到形的道理给学生讲一下，也就是一一对应．

我通俗地讲：例如正比例函数 $y=2x$，自变量 x 可以取无数个值，那么就分别对应无数个 y 的值，每一组 x 和它对应的 y 都可以写成一个有序实数对 $(x，y)$，这样就对应了坐标平面内的一个点，无数个点连在一起，就是函数 $y=2x$ 的图像．

这节课分两个阶段，第一阶段我们用描点法画正比例函数 $y=2x$ 的图像．

我浏览了几个版本的教材，描点法画函数图像的第一步列表，表格都是两行，我在讲课的时候，刻意把表格设计为三行（如表1所示）．

表1

x	…	−3	−2	−1	0	1	2	3	…
$y=2x$	…								
$(x，y)$	…								

我刻意多加了一行，老师一看就明白．第二步描点，点在哪里呢？坐标与平面内的点是一一对应的．有序实数对叫作点的坐标．

第三步，连线．得出结论：正比例函数的图像是一条直线．

第二阶段，既然正比例函数的图像是一条直线，那么根据"两点确定一条直线"，我们以后再画正比例函数的图像时，只需要描出两个点就行了．

下面我和大家交流一下这节课第二阶段的课堂训练．我请学生在印好的作业单上，画了 10 组正比例函数的图像．为了防止学生在描点时浪费时间，我在作业单上画好了 9 个带网格的坐标系(如图 4)．

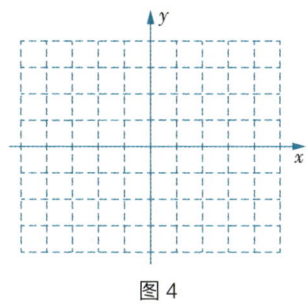

图 4

第 1 组，在同一坐标系中画 $y=x$ 和 $y=-x$ 的图像．我引导学生先统一认识：用哪两个点确定直线？画好以后，把解析式写在对应的直线旁．

第 2 组，画 $y=2x$ 和 $y=-2x$ 的图像．用原点和哪个点确定直线？

第 3 组，画 $y=\frac{1}{2}x$ 和 $y=-\frac{1}{2}x$ 的图像．用原点和哪个点确定直线？

在这里要统一认识，寻求最佳点．因为系数的分母是 2，所以 x 取 2 最简单．也就是说，过原点$(0，0)$和点$(2，1)$确定直线 $y=\frac{1}{2}x$；过原点$(0，0)$和点$(2，-1)$确定直线 $y=-\frac{1}{2}x$．

第 4 组，画 $y=\frac{2}{3}x$ 和 $y=-\frac{2}{3}x$ 的图像．

第 5 组，画 $y=\frac{3}{2}x$ 和 $y=-\frac{3}{2}x$ 的图像．

第 6 组，画 $y=\frac{3}{4}x$ 和 $y=-\frac{3}{4}x$ 的图像．

第 7 组，画 $y=\dfrac{4}{3}x$ 和 $y=-\dfrac{4}{3}x$ 的图像.

第 8 组，在同一坐标系中画 $y=x$，$y=2x$ 和 $y=\dfrac{1}{2}x$ 的图像.

第 9 组，在同一坐标系中画 $y=-x$，$y=-2x$ 和 $y=-\dfrac{1}{2}x$ 的图像.

第 10 组，如何画 $y=\sqrt{3}x$ 和 $y=\dfrac{\sqrt{3}}{3}x$ 的图像呢？

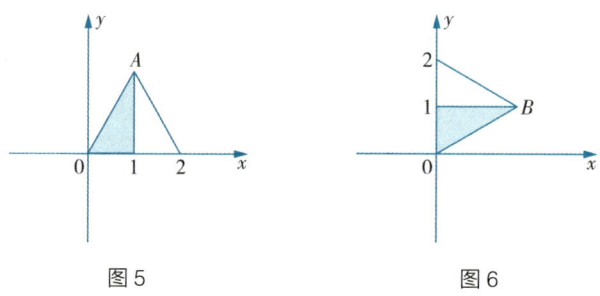

图 5   图 6

我在作业单上印好了图 5、图 6 这两幅图，引导学生理解数形结合.

第一步，边长为 2 的等边三角形的高等于____，所以 A(____，____)，B(____，____).

第二步，过原点(0，0)和点(1，____)确定直线 $y=\sqrt{3}x$.

第三步，直线 OA 就是正比例函数 $y=\sqrt{3}x$ 的图像. 也就是说，直线 $y=\sqrt{3}x$ 经过原点，与 x 轴正半轴的夹角是 $60°$.

同样使用数形结合，直线 OB 就是正比例函数 $y=\dfrac{\sqrt{3}}{3}x$ 的图像. 也就是说，直线 $y=\dfrac{\sqrt{3}}{3}x$ 经过原点，与 x 轴正半轴的夹角是 $30°$.

这 10 组训练题的奥妙尽在不言中，训练过程中没有任何障碍.

这节课的最后，在提问中升华：请同学们数一数，哪些直线从左到右是升高的？读作 y 随 x 的增大而增大. 哪些直线从左到右是降低的？读作 y 随 x 的增大而减小.

正比例函数的性质自然而然诞生了.

23 让学生体验抛硬币正面朝上的概率

抛一枚硬币，落地后正面朝上的概率是二分之一．概率是一个理论值，怎样设计一个活动，让学生体验这个概率值呢？我发动全班学生一起参与，一起体验．

第一步， 活动改良，操作训练．全班 36 人，每人准备一枚一元面值的硬币，在桌面上旋转，然后用手随机捂停．热身训练半分钟．

事先设计好电子表格，自动求和，自动求正面朝上的次数占总次数的百分比(显示为小数，小数点后面保留 4 位)．

第二步， 分次收集数据．

第一次，每人旋转 10 下硬币，逐人报告正面朝上的次数，输入电子表格．得到第一个百分比(显示为小数)，记录在黑板上．

第二次，每人再旋转 10 下硬币，逐人报告正面朝上的次数，输入电子表格．前两次的数量相加，得到第二个百分比(显示为小数)，记录在黑板上．

以此类推，进行了 10 次的数据收集，得到了 10 个百分比(显示为小数)．

第三步， 分析数据．

我印象很深刻，10 个百分比(显示为小数)，小数点后面第一位都是 4，10 个小数逐渐增大，但是没有达到 0.5．

第四步， 实验小结．

我们做了 3600 次实验，正面朝上占总次数(3600)的百分比接近 0.5．如果我们做 36000 次实验，或者更多次实验，这个百分比会越来越接近 0.5．0.5 就是抛硬币正面朝上的概率．

关于数据收集的准确性，每一个同学每次必须旋转 10 下，不能多也不能少．为了防止硬币在旋转过程中掉下桌面，活动开始前进行半分钟热身训练是必要的．

我有个困惑，也想请读者们帮我答疑一下．

这个实验我先后在 4 个班进行过 4 次，疑惑的是，收集数据得到的实验结果都是从 0.4 向 0.5 趋近，为什么不会从 0.6 向 0.5 趋近呢？

是偶然还是必然？

24 复习课"平行四边形的定义"

学校指定我上一节中考复习公开课，我拟定了课题"平行四边形的定义"。我利用几何画板和黑板相结合，设计、挑选了8道例题。

例1 本题我用四种方法画平行四边形 $ABCD$。

我在黑板上画了4个相同的图形（如图1所示），我边说边画，这个图不是 $\angle ABC$，是有公共端点的两条线段 BA 和 BC。我以 BA、BC 为邻边画一个平行四边形 $ABCD$，用四种画法，然后请大家回答我：哪一种画法的依据是平行四边形的定义？

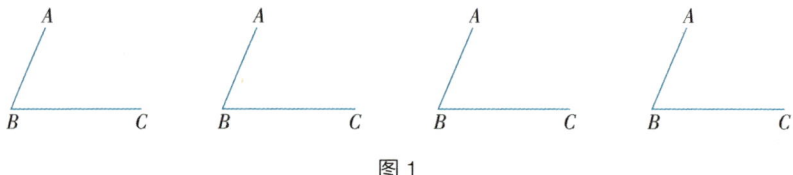

图1

我边说边画。（如图2所示）第一种画法，过点 A 画 BC 的平行线，过点 C 画 AB 的平行线，两条直线相交，有且只有一个交点 D。

第二种画法，过点 A 画 BC 的平行线，以 A 为圆心、BC 为半径画弧，与直线交于点 D。

第三种画法，以 A 为圆心、BC 为半径画弧，以 C 为圆心、BA 为半径画弧，两条弧交于点 D。

第四种画法，作 AC 的中点 O，在 BO 的延长线上截取 $OD = OB$。

画完图提问：哪一种画法的依据是平行四边形的定义？大家一起朗读了每一种画法的依据，我侧耳细听，在第一个图形中写了一个"叫"字，在其他三个图形中各写了一个"是"字。我说，定义的描述词是"叫"，定义是唯一的，只能"叫"一次。判定可以有多个，描述词是"是"。

我再补充说，定义具有双重性，既可以当作判定，也可以当作性质。

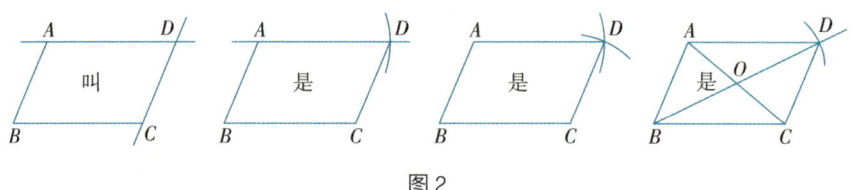

图2

例2 我利用几何画板揭示了矩形、菱形和正方形是特殊的平行四边形.

构造如图 3 所示的几何画板课件，平行四边形 $ABCD$ 的顶点 A 在以 B 为圆心的四分之一圆上，A、C 两点是可动点.

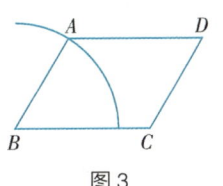　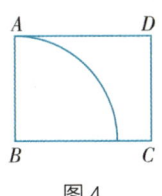　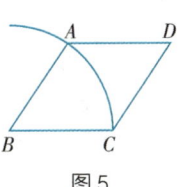　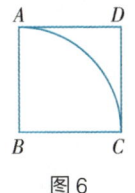

　　图 3　　　　　　　图 4　　　　　　　图 5　　　　　　　图 6

如图 4，当 $\angle ABC = 90°$ 时，四边形 $ABCD$ 是矩形，依据是矩形的定义.

如图 5，当点 C 落在圆弧上时，四边形 $ABCD$ 是菱形，依据是菱形的定义.

如图 6，既是矩形又是菱形的四边形 $ABCD$ 是正方形.

这个课件很好地揭示了一般性与特殊性的关系.

例3 我利用几何画板和同学们研讨了 $\triangle ABC$ 对四边形 $ADEF$ 的形状的影响.

如图 7，点 A 在直线 BC 的上方，以 $\triangle ABC$ 的三边为等边三角形的边，在直线 BC 上方作等边三角形 ABD、等边三角形 ACF 和等边三角形 BCE. 这个课件中点 A 是主动点，点 B、C 是定点.

问题 1，求证四边形 $ADEF$ 是平行四边形.

问题 2，如果四边形 $ADEF$ 是矩形，那么 $\triangle ABC$ 需要满足什么条件？这样的三角形有多少个？

问题 3，如果四边形 $ADEF$ 是菱形呢？

问题 4，如果四边形 $ADEF$ 是正方形呢？

问题 5，什么情况下四边形 $ADEF$ 不存在？

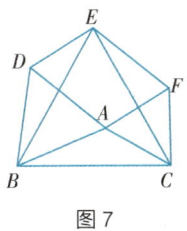　　　　　　　　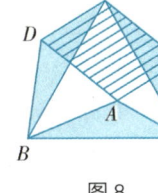

　　图 7　　　　　　　　　　　　　图 8

如图 8，绕着点 B 旋转 $\triangle ABC$ 得到 $\triangle DBE$. 绕着点 C 旋转 $\triangle ABC$ 得到 $\triangle FEC$. 于是 $DE = AC = AF$，$EF = BA = DA$. 根据四边形 $ADEF$ 的两组对边分别

相等，可证它是平行四边形.

如图 9 所示，根据矩形的定义，只要 $\angle DAF = 90°$，四边形 $ADEF$ 就是矩形，所以只要满足 $\angle BAC = 150°$ 就可以了. 根据同弧所对的圆周角相等，可知点 A 有无数个，在图 9 中的弧 BC 上.

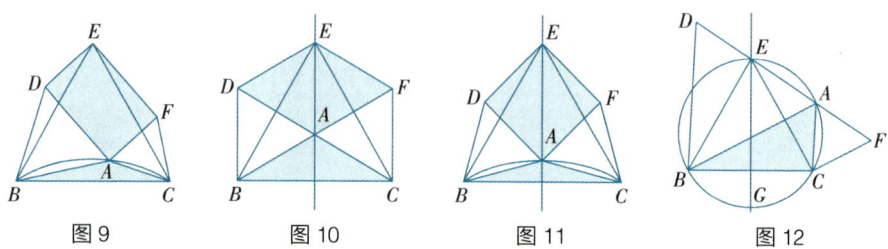

图 9　　　　　　图 10　　　　　　图 11　　　　　　图 12

如图 10 所示，根据菱形的定义，只要满足 $AB = AC$，那么 $AD = AF$，四边形 $ADEF$ 就是菱形. 只要点 A 在 BC 的垂直平分线上就可以了.

如图 11 所示，既是矩形又是菱形的四边形就是正方形，因此这样的 $\triangle ABC$ 只有一个，必须满足 $\angle BAC = 150°$，且 $AB = AC$.

如图 12 所示，当 $\angle BAC = 60°$ 时，E、A、F 三点共线，此时四边形 $ADEF$ 不存在. 只要点 A 在等边三角形 BCE 的外接圆上，在 BC 的上方，就满足 $\angle BAC = 60°$，满足这个条件的 $\triangle ABC$ 有无数个.

例 4　本题也是利用几何画板结合板书完成的.

如图 13，把两张长和宽分别是 8 和 2 的长方形纸条重叠，绕着长方形的中心旋转上面的那张纸条，旋转角 α 满足 $0° < \alpha \leqslant 90°$. 如果重合部分是四边形，求重合部分面积的最大值和最小值.

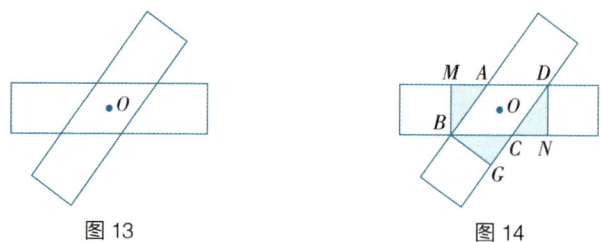

图 13　　　　　　　　　　图 14

如图 14 所示，重合部分的四边形 $ABCD$ 显然是一个菱形. 首先四边形 $ABCD$ 的两组对边分别平行，它是平行四边形.

有学生提出根据"角边角"证明 $\triangle CGB \cong \triangle AMB$，得到邻边 $CB = AB$.

也有学生提出根据"角角边"证明 $\triangle CGB \cong \triangle CND$，得到邻边 $CB = CD$.

我提出面积法，四边形 $ABCD$ 可以"横看成岭侧成峰"，根据 $S_{\text{平行四边形}} =$

$BC \cdot BM = BA \cdot BG$，而 $BM = BG$，所以 $BC = BA$.

菱形 $ABCD$ 的高就是纸条的宽，等于 2，为定值. 所以菱形 $ABCD$ 的边长最小时，面积也最小，这就是正方形 $ABCD$（如图 15 所示）.

如图 16，菱形 $ABCD$ 的边长最大时，面积也最大，此时 BD 就是矩形的对角线. 此时需要板书：设菱形的边长为 m，根据勾股定理，得 $m^2 = 2^2 + (8-m)^2$.

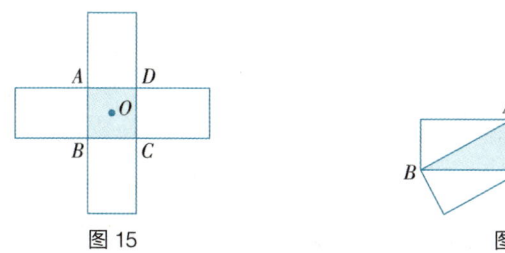

图 15　　　　　　　　　　图 16

例 5　用几何画板探究四边形的中点四边形的形状. 本书另有一篇文章专题研究这个问题，此处省略.

例 6　本题是在黑板上画图、演算的.

如图 17，在四边形 $ABCD$ 中，$AB /\!/ DC$，$\angle A = 90°$，$AB = 8$，$AD = 4$，$BC = 5$. 动点 P 从点 A 向点 B 以每秒 2 个单位的速度运动，动点 Q 从点 C 向点 D 以每秒 1 个单位的速度运动，当其中一个点到达终点时，另一个点也停止运动. 设运动的时间为 t 秒.

（1）如果四边形 $APQD$ 是矩形，求 t 的值；

（2）如果四边形 $PBCQ$ 是平行四边形，求 t 的值；

（3）改变点 P 的速度，使得四边形 $PBCQ$ 能成为菱形，求点 P 改变以后的速度.

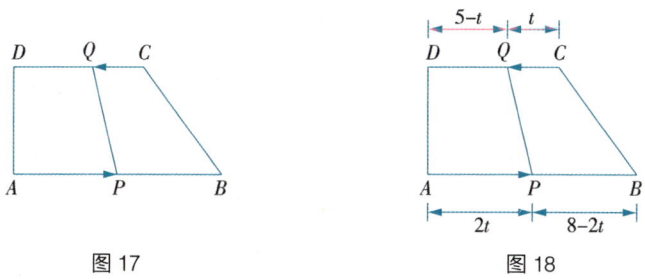

图 17　　　　　　　　　　图 18

解决双动点问题，先画线段图（如图 18 所示）.

第（1）题，如果四边形 $APQD$ 是矩形，那么 $AP = DQ$ 就可以了. 所以 $2t = $

5−t.

第(2)题, 如果四边形 PBCQ 是平行四边形, 那么 BP=CQ. 所以 8−2t=t.

第(3)题, 如图 19, 如果四边形 PBCQ 是菱形, 因为边长 BC=5 是确定的, 所以 CQ=BP=5. 所以点 Q 运动的时间为 5 秒, AP=3.

所以点 P 的速度应该改为路程 AP÷时间 =3÷5=0.6 个单位长度/秒.

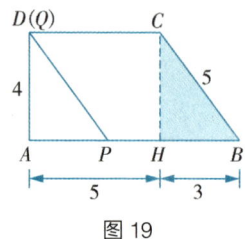

图 19

解这 3 个问题, 其中第(1)(3)题分别用了矩形、菱形的定义.

例7 没有用到定义, 让对角线客串了一下.

如图 20, 直线 AB、CD 都经过原点 O, 直线 AB 与双曲线交于 A、B 两点, 直线 CD 与双曲线交于 C、D 两点. 那么四边形 ACBD 可能是矩形吗? 可能是菱形吗?

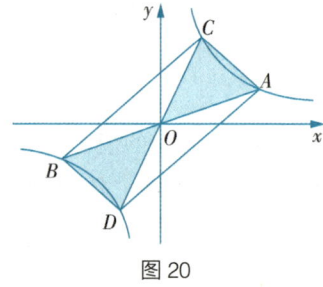

图 20

因为点 A 与点 B, 点 C 与点 D 分别关于原点中心对称, 所以 AB 与 CD 互相平分, 四边形 ACBD 是平行四边形.

只要 OA=OC, 四边形 ACBD 就是矩形, 依据是对角线相等的四边形是矩形. 此时 A、C 两点关于直线 $y=x$ 对称.

点 A 和点 C 在双曲线上, 点 A 可以无限接近 x 轴但是永不相交, 点 C 可以无限接近 y 轴但是永不相交, 因此 OA 与 OC 不可能垂直, 所以四边形 ACBD 不可能成为菱形. 依据是菱形的对角线互相垂直平分.

例8 再用几何画板, 从对角线的角度, 揭示了矩形、菱形、正方形是特殊的平行四边形.

构造如图 21 所示的课件，AC、BD 分别是两个同心圆的直径，点 A 和点 D 是主动点. 根据 AC 与 BD 互相平分，可得四边形 ABCD 是平行四边形.

如图 22，拖动点 A，当 AC⊥BD 时，四边形 ABCD 是菱形.

如图 23，拖动点 D 落到大圆上，此时 AC＝BD，四边形 ABCD 是矩形.

如图 24，既是矩形又是菱形的四边形 ABCD 是正方形.

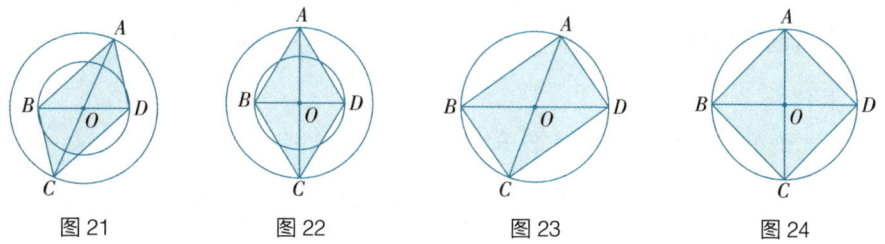

图 21　　　　　　图 22　　　　　　图 23　　　　　　图 24

关于这节复习课的几个故事.

我第一次在学校上公开课的时候，确定课题为"平行四边形的定义"，学校网站发布了公开课的时间表. 上完课以后，一位陌生的老师找我，说他非常好奇，一个定义怎么就能上一节课？于是他悄悄地来到我们学校听了这节课. 他是卢湾初级中学主任吴多来，他极力邀请我去他们学校又上了一次这节课.

2014 年 3 月我随华东师大出版社倪明社长去长沙市参加书展，湖南省教科院赵雄辉副院长邀请我在湘仪中学给岳麓区的初中数学老师上了这节课. 赵雄辉老师在点评的时候说，听了马老师这节课，他更加坚信，数学老师就是要在解题中研究解题.

魏超群教授从 2008 年开始多次邀请我去辽宁省多地给数学老师讲课. 他第一次听我在海城市教师进修学校给全市数学老师讲这节课的时候，非常兴奋. 后来他多场次指定我讲这节课，说这节课对老师们的启发会很大.

数学老师就是要在解题中研究解题.

25 一个习题一节课——中点四边形

所有版本的教材，在平行四边形一章学完三角形的中位线以后，都有这样一道题目：顺次联结四边形各边中点得到的四边形是平行四边形.

这道题目可以作为"矩形、菱形、正方形是特殊的平行四边形"的典型题，足够上一节专题课.

先看看我给学生设计的作业单.

导学语　顺次联结四边形各边中点得到的四边形叫做这个四边形的中点四边形.

1. 如图 1，四边形 $ABCD$ 中，E、F、G、H 分别是 AB、BC、CD、DA 的中点，那么 EH 与 FG 的关系是_____.

2. 如图 2，E、F、G、H 分别是 AB、BC、CD、DA 的中点，那么四边形 $EFGH$ 的形状是_____.

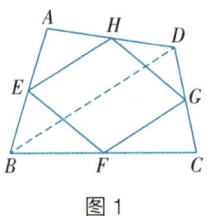
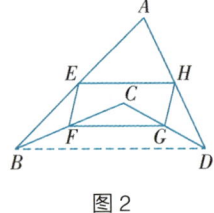
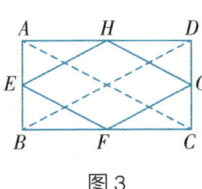

图1　　　　　　　图2　　　　　　　图3

3. 如图 3，矩形 $ABCD$ 的中点四边形是_____.

4. 如图 4，等腰梯形 $ABCD$ 的中点四边形是_____.

5. 如图 5，四边形 $ABCD$ 的对角线 $AC=BD$，它的中点四边形是_____.

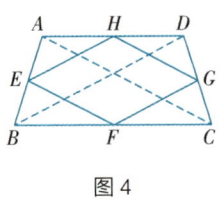
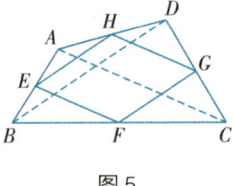
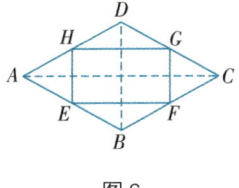

图4　　　　　　　图5　　　　　　　图6

6. 如图 6，菱形 $ABCD$ 的中点四边形是_____.

7. 如图 7，四边形 $ABCD$ 的对角线 $AC \perp BD$，它的中点四边形是_____.

8. 如图 8，E、F、G、H 分别是 AB、BC、CD、DA 的中点，$AC \perp BD$，四边形 $EFGH$ 是_____.

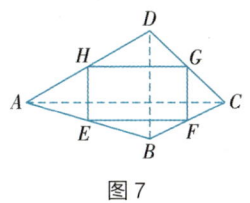

图 7

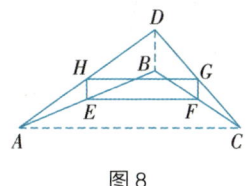

图 8

9. 如图 9，正方形 $ABCD$ 的中点四边形是_____.

10. 如图 10、图 11，四边形 $ABCD$ 的对角线 AC 与 BD 垂直且相等，它的中点四边形是_____.

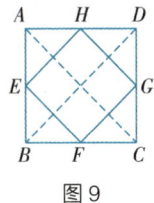

图 9

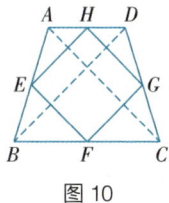

图 10

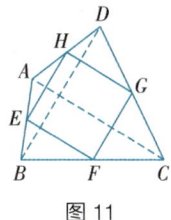

图 11

结论 中点四边形的形状由原四边形的对角线的位置关系和数量关系确定.

(1)原四边形的对角线相等，它的中点四边形是_____;

(2)原四边形的对角线互相垂直，它的中点四边形是_____;

(3)原四边形的对角线互相垂直且相等，它的中点四边形是_____.

两个经典邂逅 11. 如图 12、图 13，$\triangle ABD$ 和 $\triangle ACE$ 是等边三角形，将 $\triangle BAE$ 绕着点 A 顺时针旋转 $60°$ 可以得到_____，因此 BE 与 DC 的数量关系是_____.

如图 14，点 G、H、M、N 分别是 DB、BC、CE、ED 的中点，那么四边形 $GHMN$ 就是四边形_____的中点四边形，它的形状是_____.

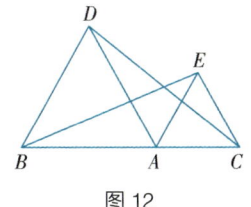

图 12

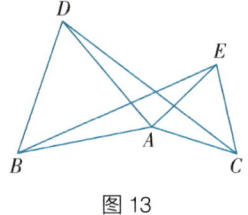

图 13

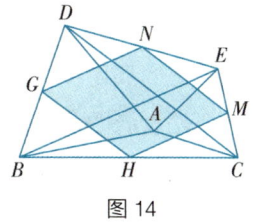

图 14

两个经典邂逅 12. 如图 15、图 16，已知正方形 $ABCD$ 和正方形 $CEFG$，将 $\triangle BCG$ 绕着点 C 顺时针旋转＿＿＿＿°可以与 $\triangle DCE$ 重合，所以 BG 与 DE 的关系是＿＿＿＿.

如图 17，点 M、N、P、Q 分别是 DB、BE、EG、GD 的中点，那么四边形 $MNPQ$ 就是四边形＿＿＿＿的中点四边形，它的形状是＿＿＿＿.

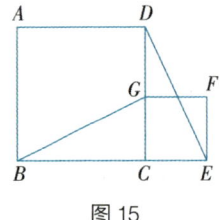

图 15

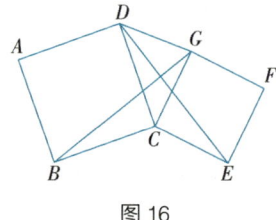

图 16

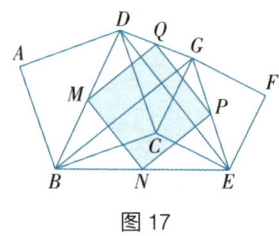

图 17

两个经典一般化 13. 如图 18，等腰三角形 ABC 和等腰三角形 ADE，$AB=AC$，$AD=AE$，且 $\angle BAC = \angle DAE = \alpha$，将 $\triangle BAD$ 绕着点 A 顺时针旋转 α 可以得到＿＿＿＿，因此 BD 与 CE 的数量关系是＿＿＿＿，BD 与 CE 的夹角等于＿＿＿＿.

如图 19，点 G、H、M、N 分别是 CB、BE、ED、DC 的中点，那么四边形 $GHMN$ 就是四边形＿＿＿＿的中点四边形，它的形状是＿＿＿＿.

如图 20，如果四边形 $GHMN$ 是正方形，那么 $\angle BAC = $＿＿＿＿°.

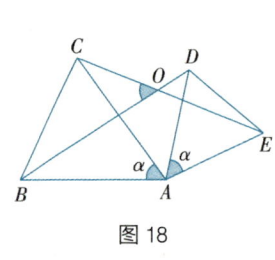

图 18

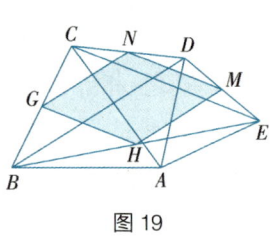

图 19

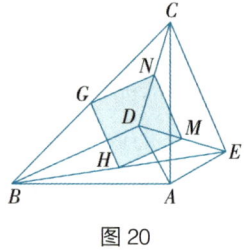

图 20

以上是我设计的这节课的作业单.

我确定的目标，是让学生发现原四边形的对角线对它的中点四边形的形状的影响，所以前 10 道题目分为三组，每组都有特殊的图形和一般的图形.

最初的那份作业单，只有前面 10 道题目和结论，描出了原四边形各边的中点但是没有顺次首尾联结，这样在课堂上就浪费了许多时间.

后来修订为这份作业单，前面 10 道题目大大节约了时间，也很快得到了一般性的结论. 后来这份作业单又增加了第 11、12、13 题，为了便于同学们发现原四边形的对角线的数量、位置关系，我把原四边形的对角线所在的图形先分离出来. 啊! 原来是经典的全等三角形问题.

大家会不会质疑我这份作业单，一节课 40 分钟怎么可以完成这么多内容?

一切皆有可能，就看老师是不是学生肚子里的"蛔虫".

第三章

作业心得

我在给几个学校的青年教师做教学培训时说，

人教版每本书里的练习题、习题、复习题总数为 320 多道，

按照学生写作业的格式要求，

老师先把这 320 多道题目认认真真做一遍，

就会敬畏课本，发现深奥，预见学生可能犯的错误.

如果把备课、上课、批改作业的时间按照 2：3：5 分配，

老师累，学生苦.

如果调整为 5：3：2，学生兴奋，老师则先苦后甜.

26　描点连线，先苦后甜

在学习"平面直角坐标系"第一节课的时候，学生必须过好的一关，就是根据坐标描点.

学生描了若干个点，老师怎样批改作业呢？

看看我设计的作业单，你先看答案，一下子就能明白了.

1. 如图1，5个点顺次首尾联结成一个五角星.

2. 如图2，7个点顺次首尾联结成一个箭头.

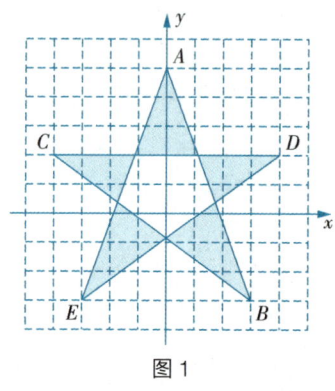

图1

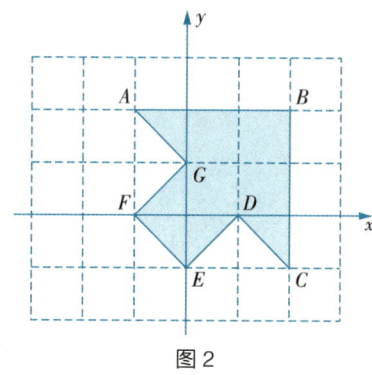

图2

3. 如图3，12个点顺次首尾联结成一个"上"字.

4. 如图4，$A \rightarrow L$ 等12个点顺次首尾联结，$M \rightarrow P$ 等4个点顺次首尾联结，$Q \rightarrow T$ 等4个点顺次首尾联结，形成一个"中"字.

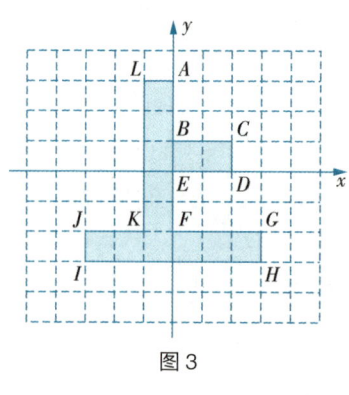

图3

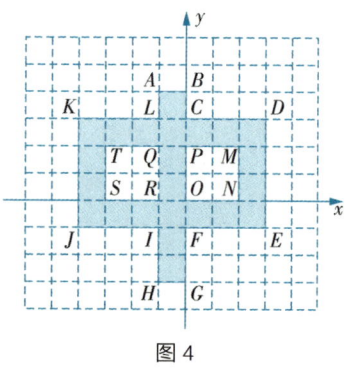

图4

这样的作业，学生喜欢，画完就知道自己做对了，露出甜甜的笑容.

这样的作业，老师设计的时候辛苦，批改起来那叫一个爽，这叫先苦后甜.

27 学生可以自我纠错的作业

在"十字相乘法因式分解"这节课后，我给学生布置了三组作业题.

1. 因式分解：常数项是 ± 72.

(1) $x^2+73x+72=$ (2) $x^2-73x+72=$

(3) $x^2+38x+72=$ (4) $x^2-38x+72=$

(5) $x^2+27x+72=$ (6) $x^2-27x+72=$

(7) $x^2+22x+72=$ (8) $x^2-22x+72=$

(9) $x^2+18x+72=$ (10) $x^2-18x+72=$

(11) $x^2+17x+72=$ (12) $x^2-17x+72=$

(13) $x^2+71x-72=$ (14) $x^2-71x-72=$

(15) $x^2+34x-72=$ (16) $x^2-34x-72=$

(17) $x^2+21x-72=$ (18) $x^2-21x-72=$

(19) $x^2+14x-72=$ (20) $x^2-14x-72=$

(21) $x^2+6x-72=$ (22) $x^2-6x-72=$

(23) $x^2+3x-72=$ (24) $x^2-3x-72=$

2. 请在括号内填写一个不超过 100 的正整数，使得这个二次三项式可以因式分解.

(1) $x^2+x-($ $)=$ (2) $x^2-x-($ $)=$

(3) $x^2+x-($ $)=$ (4) $x^2-x-($ $)=$

(5) $x^2+x-($ $)=$ (6) $x^2-x-($ $)=$

(7) $x^2+x-($ $)=$ (8) $x^2-x-($ $)=$

(9) $x^2+x-($ $)=$ (10) $x^2-x-($ $)=$

(11) $x^2+x-($ $)=$ (12) $x^2-x-($ $)=$

(13) $x^2+x-($ $)=$ (14) $x^2-x-($ $)=$

(15) $x^2+x-($ $)=$ (16) $x^2-x-($ $)=$

(17) $x^2+x-($ $)=$ (18) $x^2-x-($ $)=$

3. 请在括号内填写一个不超过 100 的正整数，使得这个二次三项式可以因式分解.

(1) $x^2+2x-($ $)=$ (2) $x^2-2x-($ $)=$

(3) $x^2+2x-($ $)=$ (4) $x^2-2x-($ $)=$

$(5)\, x^2+2x-(\qquad)=$

$(6)\, x^2-2x-(\qquad)=$

$(7)\, x^2+2x-(\qquad)=$

$(8)\, x^2-2x-(\qquad)=$

$(9)\, x^2+2x-(\qquad)=$

$(10)\, x^2-2x-(\qquad)=$

$(11)\, x^2+2x-(\qquad)=$

$(12)\, x^2-2x-(\qquad)=$

$(13)\, x^2+2x-(\qquad)=$

$(14)\, x^2-2x-(\qquad)=$

$(15)\, x^2+2x-(\qquad)=$

$(16)\, x^2-2x-(\qquad)=$

$(17)\, x^2+2x-(\qquad)=$

$(18)\, x^2-2x-(\qquad)=$

可以肯定的是，没有两道题目的答案是一样的，因此学生做这些题目的时候，会自我纠错. 如果能发现一些规律，那就更有收获了.

我们再一起看看这组作业的"知识增长点"在哪里？

如图 1 是反比例函数 $y=\dfrac{72}{x}$ 的图像. 如果用描点法画这个函数的图像，那么描的整数点，对应的就是第 1 组题中的(1)—(12)题.

如图 2 是二次函数 $y=x^2+x+n$ 的图像，$n=-2$，-6，-12，-20，-30. 这 5 条抛物线的对称轴都是 $x=-\dfrac{1}{2}$，可以上下平移互相重合，每一条抛物线与 x 轴的交点的横坐标之和都等于-1. 这 5 条抛物线对应第 2 组题中的(1)(3)(5)(7)(9)题.

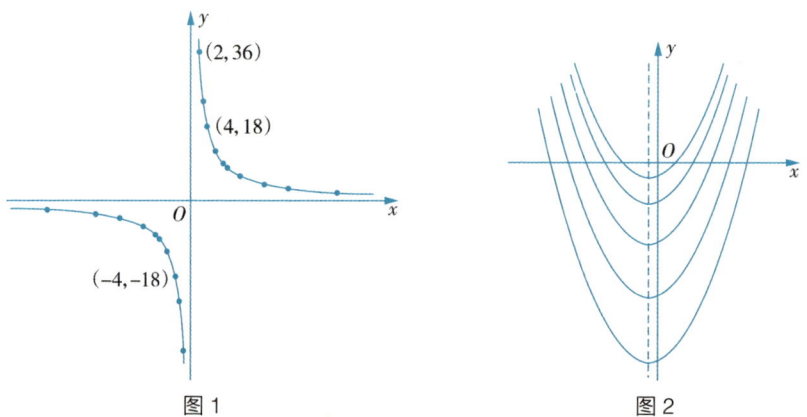

图 1　　　　　　　　　　　　图 2

十字相乘法因式分解虽题目简单，但思想丰富. 你想想它与有理数的加法法则、乘法法则有什么联系呢？

两数相乘，积的符号怎么确定？绝对值怎么办？

两数相加，和的符号怎么确定？绝对值怎么办？

十字相乘法，就是"十字凑成法".

28 不要无端浪费学生的时间

记得 1970 年代我们上学的时候，写数学作业时经常和老师讨价还价：应用题能不能不抄题啊？

1990 年代我做老师了，同样面临学生和我讨价还价这样的问题. 这个时候我在想，老师为什么一定要学生抄写题目呢？可能是为了复习的时候，或者纠错的时候，方便看题.

其实老师们都想多了，学生写作业就是为了完成任务，写完了就翻篇了.

2003 年我到上海工作，条件和老家相比天壤之别，给学生印作业单很方便.

这样的话，我就不需要无端浪费学生的时间，可以把许多事情前置在作业单里.

1. 关于一元二次方程的应用题，我整理了 12 页的专项训练册，分门别类整理，印在一起. 其中数字问题 8+5 题，面积问题 4+14 题，增长率问题 4+8 题，握手、互赠礼品问题 2+8 题，黄金分割、其他问题 2+7 题. "8+5 题"是指温习课本 8 个小知识，训练 5 道题，其他同理.

2. 根据坐标描点，给出网格. 这样就不需要学生来来回回、横看竖看去瞄准了.

3. 探究"中点四边形"需要的一组共 13 个图，把图形全部给出，让学生直接发现结论.

4. 画三角形的外接圆，直接把一组三角形画在网格中，其中两边的垂直平分线借助网格就可以方便找到. 这组三角形包括锐角三角形、直角三角形和钝角三角形，后续目的是发现外心在不在三角形内部. 还有两个图是寻找一段弧所在圆的圆心，有两条弦的垂直平分线是容易借助网格完成的.

5. 画一次函数的图像专题训练，在同一坐标系中画两条直线，把网格给学生画好，不要为找点而浪费时间. 一节课可以画完 12 组，顺便还能把性质体验了.

6. 我编印了 36 页"中考试题中的概率汇编"，中考复习的时候，概率就不再占用课时了.

7. 画图形的平移、旋转，给出网格，学生就不用量来量去了.

8. 讲练压轴题的时候，直接给出足够学生探索用的备用图.

其实不用再举例了，我只是把学校提供的便利发挥到了极致. 我几乎每天都有编写的资料印发给学生，一是节约时间，二是训练量可以成倍增长.

资料收集、整理得多了，我就有了话语权.

做着做着感觉自己就是专家了.

29 "平行四边形"一章的证明书写

几何证明的书写,学生最喜欢的莫过于全等三角形的证明了,大大的一个括号,就像一个主心骨.

但到了平行四边形这一章,几何证明的书写就混乱起来了,老师批作业就要耗费大量的时间.

我们先梳理一下原因:

原因一,证法不唯一,书写自然就不相同了. 例如证明菱形,有人用定义,有人用四条边相等,有人用对角线互相垂直平分.

原因二,因果关系多样. 书写过程中:有一因一果,一因两果甚至一因三果;有两因一果,两因两果;最难的是三因一果和跨行联因.

两果或三果,当即要用到的可能只有一果,其他的是为后续准备的,这就会产生跨行联因.

两因一果最典型的例子就是等量代换.

两因两果最典型的例子就是等腰三角形的三线合一,等腰三角形是大前提,再加上"一线"小前提,就可以得到其他"两线".

三因一果最典型的例子就是"等角的余角相等". 因为 $\angle 1 + \angle 2 = 90°$,$\angle 3 + \angle 4 = 90°$,$\angle 1 = \angle 3$,所以 $\angle 2 = \angle 4$.

"一线三等角"问题中,就有一个三因一果证明角度相等.

再举个跨行联因的例子,用定义证明菱形,前半部分证明平行四边形,后半部分证明邻边相等,最后一步的两因就是跨行联因.

沪教版平行四边形(含矩形、菱形、正方形)一章安排在八年级下学期,学习这一章的时候正好跨越了"五一"长假,我是这样整合这一章教学的:

第一轮,讲知识,讲题目. 让学生背诵定义、定理;让学生跟我画图,特别是不改变已知条件,改变位置再画图;让学生把计算题都做会;让学生思考证明题.

第二轮,布置五一长假作业. 我给学生印制了一张作业单,把课本上、练习册上和教辅书上的平行四边形的题目分类并编号,要求学生每人准备一个新本子，把 71 道题目整整齐齐抄写好，画好图，每页一题.

第三轮，先讲后写，写好再讲. 先讲证明思路，然后在黑板上书写证明过程. 写好以后，再讲段落关系，即一因一果，两因一果，两因两果，跨行联因等.

让学生照抄证明过程，71 道题目大约用了 10 节课.

每天的作业之一就是把当天的证明题再抄写一遍，我设计的作业单上把图形的位置关系改变一下，把字母改变一下，证明过程完全相同，而且作业单上每个题目画线限行 (háng) 书写. 这样批改作业基本上就是走个形式.

作业之二就是每天坚持做几道选择填空题和一两道动态说理题.

引领学生前行，潜移默化影响学生. 71 道题目，足矣.

30 "三视图"的教学

2016年9、10月，我在渭南初级中学做陪伴式教研，给九年级的学生编写了校本教材《数学作业》。

中秋节假期前，我编写了《三视图》专册训练。我在封面写道：

今年中秋干什么？

1天时间，

做完这本专册，

稳赢中考数学第2题。

《三视图》不教也会，

自学自悟加互学，

胜过老师教新课。

这是初中数学最后一章，

我们不必等，

中秋节1天就取胜。

师生一心，

中考必胜。

陕西省中考数学近十年的第2题都是三视图，我从全国各地的中考试题中整理了63道这样的题目，印制了一本专项训练的册子。

三视图问题，老师讲不如学生自己悟。如果老师要点拨的话，只有一个问题，俯视图的圆有圆心和没有圆心，是有区别的。

问题1 （2010 陕西 04）如图1是由正方体和圆锥组成的几何体，它的俯视图是( )。

 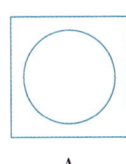 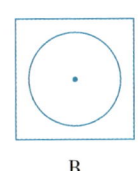 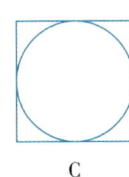 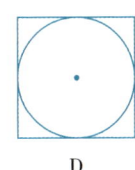

A   B   C   D

图1

问题2 （2013 陕西 02）如图 2 的几何体是由一个圆柱和一个长方体组成的，则它的俯视图是（　　）.

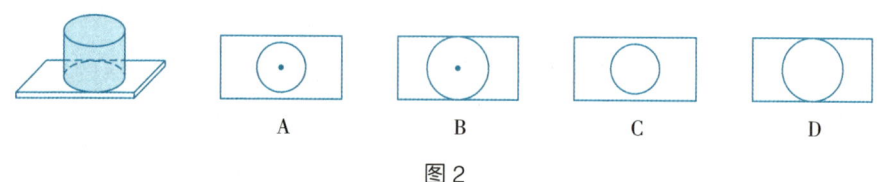

A　　　　B　　　　C　　　　D

图 2

问题3 （2015 陕西 02）如图 3 是一个螺母的示意图，它的俯视图是（　　）.

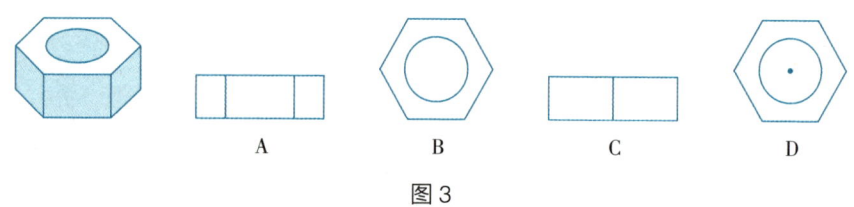

A　　　　B　　　　C　　　　D

图 3

《三视图》专册训练共 12 页，根据页面容量共收集整理了 63 道题目.

第一组专项训练是正方体组成的三视图，包括了正方体的展开图.

第二组是球、柱、锥、台的三视图.

第三组是陕西省中考真题汇编(2008—2016).

相信学生、放飞学生，学生一定会比老师飞得更高.

31 性质相同方法相通的一组问题

在学习了平行四边形的中心对称性质以后, 我给学生整理了一组问题.

问题 1 如图 1, 已知平行四边形 *ABCD*, 请你画一条直线, 平分这个平行四边形的面积. 你可以画多少条这样的直线?

问题 2 如图 2, 从一张长方形的纸片 *ABCD* 中剪去一个长方形 *DEFG*, 得到一张六边形的纸片 *ABCEFG*, 请你画一条直线, 平分这个六边形纸片的面积.

问题 3 如图 3, 请你画一条直线, 平分这个图形.

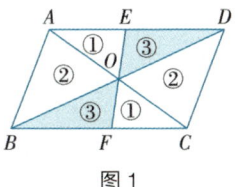
图 1

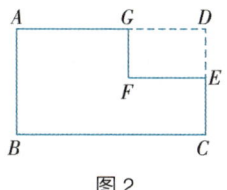
图 2

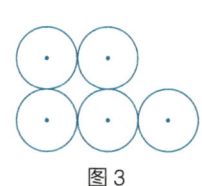
图 3

这组题目, 逐层深入, 由直到曲, 都是平行四边形中心对称性质的应用.

问题 1 中, 平行四边形是中心对称图形, 经过对称中心的任意一条直线都平分平行四边形的周长和面积. 如图 1 所示, 直线 *EF* 平分平行四边形 *ABCD* 的周长和面积.

如图 4~图 6, 我们可以把问题 2 的六边形 *ABCEFG* 通过割补, 转化为两个矩形, 经过两个矩形对称中心的直线平分这个六边形纸片的面积.

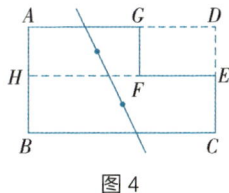
图 4

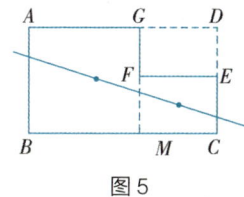
图 5

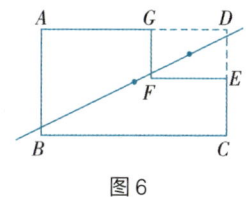
图 6

像图 4~图 6 那样, 我们可以化曲为直, 构造图 7、图 8、图 9 解决问题 3.

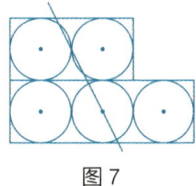
图 7

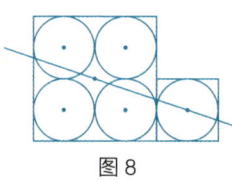
图 8

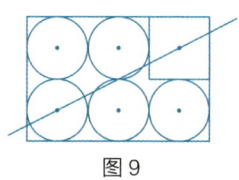
图 9

这组题目, 性质相同, 方法相通.

MATH

第四章

解题心得

没有量的积累就不会有质的突破，
要问我为什么有那么多的解题经验，
是因为我每年 6 月份要做完全国各地 100 多份中考数学试题，
已经坚持 20 年了。
我讲过网络直播课"为什么说上海中考数学可以挑战满分"，
我在陕西多所学校讲过"陕西中考数学高分攻略".
我之所以自信，
是因为我把连续 15 年的试题进行了归类整理、比较研究.

32 三边关系倒过来读更有用

其实三角形的三边关系倒着读更有用：第三边小于两边之和，大于两边之差.

如图 1，已知 $AB=5$，$AC=3$，那么 BC 的最大值、最小值是多少？

我们把 BC 看作 $\triangle ABC$ 的第三边，那么 BC 小于两边之和，大于两边之差，即 $2<BC<8$.

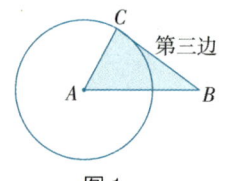

图 1

当点 C 落在线段 AB 上时，BC 的最小值为 2；

当点 C 落在 BA 的延长线上时，BC 的最大值为 8.

求一条线段的最大值、最小值，如果能找到第三个点围成一个三角形，这个三角形的两条边长是确定的，那么把待求最大值、最小值的这条线段看作这个三角形的第三边就好了.

例 1 如图 2，已知 $A(-3，0)$、$B(1，3)$ 两点，$\odot B$ 与 y 轴相切，点 C 是 $\odot B$ 上的一点，求 AC 的最大值和最小值.

如图 3，在 $\triangle ABC$ 中，$AB=5$，$BC=1$，把 AC 看作 $\triangle ABC$ 的第三边.

当点 C 落在线段 AB 上时，AC 的最小值等于 $5-1=4$；

当点 C 落在线段 AB 的延长线上时，AC 的最大值等于 $5+1=6$.

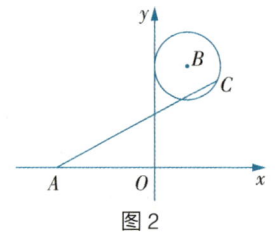

图 2

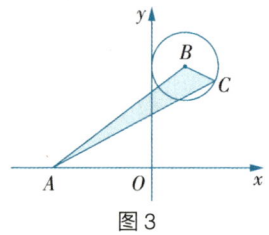

图 3

例 2 如图 4，在四边形 $ABDC$ 中，$\angle ACB=\angle BDC=90°$，$AC=4$，$BC=6$，求 AD 的最大值和最小值.

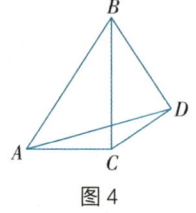

图 4

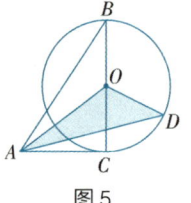

图 5

如图 5，$Rt\triangle ABC$ 是确定的，点 D 在以 BC 为直径的 $\odot O$ 上. 在 $\triangle AOD$

中，$AO=5$，$DO=3$，把 AD 看作 $\triangle AOD$ 的第三边，那么 $2<AD<8$．

所以 AD 的最大值是 8，最小值是 2．

例 3　如图 6，已知正方形 $ABCD$ 的边长为 2，点 E、F 分别在边 AB、BC 上，且 $AE=BF$，DE 与 AF 交于点 G，求 CG 的最小值．

如图 7，首先证明 AF 与 DE 垂直，垂足为 G．因此点 G 在以 AD 为直径的半圆 O 上．

在 $\triangle COG$ 中，$OG=1$，$OC=\sqrt{5}$，把 CG 看作 $\triangle COG$ 的第三边，那么 $CG>\sqrt{5}-1$．

因此当点 G 落在线段 OC 上时，CG 取得最小值 $\sqrt{5}-1$．

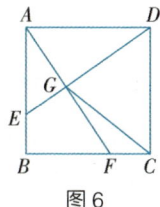

图 6

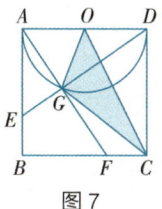

图 7

错了！错了！错了！点 G 落不到线段 OC 上．

如图 8，当点 E 与点 B 重合时，CG 取得最小值等于 $\sqrt{2}$；如图 9，当点 E 与点 A 重合时，CG 取得最大值等于 $2\sqrt{2}$．

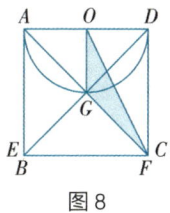

图 8

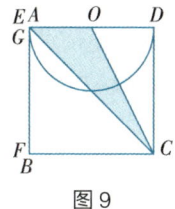

图 9

如果把点 E、F 分别放在直线 AB、BC 上，且 AF 与 DE 垂直，垂足为 G．那么 CG 的最小值为 $\sqrt{5}-1$（如图 10 所示），最大值为 $\sqrt{5}+1$（如图 11 所示）．

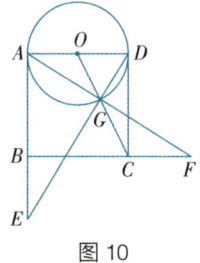

图 10

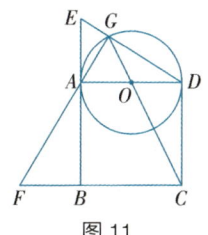

图 11

看来还要具体问题具体分析啊．

33 两个黄金分割数

浦东新区数学教研员黄家礼老师送给我一本他的著作《几何明珠》，其中

一篇文章介绍了两个黄金分割数 $\sqrt{1-\sqrt{1-\sqrt{1-\sqrt{1-\sqrt{\cdots}}}}}$ 和 $\cfrac{1}{1+\cfrac{1}{1+\cfrac{1}{1+\cdots}}}$.

第一次见到这两个数的时候，我惊呆了．这怎么来的呢？

我想到了课本上证明 $0.\dot{9}=1$ 的过程．

设 $x=0.\dot{9}$，那么 $10x=9.\dot{9}$．两式相减，得 $9x=9$．所以 $x=1$.

于是我借用这个方法，设 $x=\sqrt{1-\sqrt{1-\sqrt{1-\sqrt{1-\sqrt{\cdots}}}}}$．那么 $x^2=1-x$.
看到了方程 $x^2+x-1=0$，我就笑了．

设 $x=\cfrac{1}{1+\cfrac{1}{1+\cfrac{1}{1+\cdots}}}$，那么 $x=\cfrac{1}{1+x}$．变形，整理，得 $x^2+x-1=0$，我又笑了．

我在想，是谁第一个构造出这两个黄金分割数的？他是怎么想到的呢？
其实，由方程 $x^2+x-1=0$，变形，得 $x^2=1-x$.

两边开平方，得 $x=\sqrt{1-x}$．进而得到 $x=\sqrt{1-\sqrt{1-\sqrt{1-\sqrt{1-\sqrt{\cdots}}}}}$，需要脑洞大开．

由方程 $x^2+x-1=0$，变形，得 $x(1+x)=1$.

两边同时除以 $1+x$，得 $x=\cfrac{1}{1+x}$．进而得到 $x=\cfrac{1}{1+\cfrac{1}{1+\cfrac{1}{1+\cdots}}}$，也需要脑洞

大开．

我联想到了二次三项式 $ax^2+bx+c(a\neq0)$ 的因式分解．
如果顺着推导，那么

$$ax^2+bx+c=a\left(x^2+\frac{b}{a}x+\frac{c}{a}\right)=a\left[x^2+\frac{b}{a}x+\left(\frac{b}{2a}\right)^2-\frac{b^2}{4a^2}+\frac{c}{a}\right]$$

$$= a\left(\left(x+\frac{b}{2a}\right)^2 - \frac{b^2-4ac}{4a^2} \right) = a\left(x+\frac{b}{2a}-\frac{\sqrt{b^2-4ac}}{2a} \right)\left(x+\frac{b}{2a}+\frac{\sqrt{b^2-4ac}}{2a} \right)$$

$$= a\left(x-\frac{-b+\sqrt{b^2-4ac}}{2a} \right)\left(x-\frac{-b-\sqrt{b^2-4ac}}{2a} \right) = a(x-x_1)(x-x_2).$$

如果倒着推导，也很有意思.

我们知道，如果一元二次方程 $ax^2+bx+c=0\,(a\neq 0)$ 有两个根 x_1 和 x_2，那么 $x_1+x_2=-\dfrac{b}{a}$，$x_1 x_2=\dfrac{c}{a}$.

由 $x=x_1$，$x=x_2$，得 $x-x_1=0$，$x-x_2=0$. 所以 $(x-x_1)(x-x_2)=0$.

所以 $x^2-(x_1+x_2)x+x_1 x_2=0$. 所以 $x^2+\dfrac{b}{a}x+\dfrac{c}{a}=0$. 于是得到 $ax^2+bx+c=0$.

显然 $(x-x_1)(x-x_2)=ax^2+bx+c$ 是不对的，二次项系数配不平. 因为上面最后一步给等式两边同时乘以 a 了，所以 $a(x-x_1)(x-x_2)=ax^2+bx+c$ 就对了.

我不知道上面的联想关联性大不大，我当时是这么想的，它们都有构造的成分.

老师要允许、鼓励学生天马行空. 要不怎么会有一群蝴蝶扇动翅膀就能影响热带雨林气候的"蝴蝶效应"呢?

34　黄金分割点

如图1，已知点 P 是线段 AB 上的一点，如果 $AP^2 = BP \cdot AB$，那么点 P 叫作线段 AB 的黄金分割点，$\dfrac{AP}{AB}$（或 $\dfrac{BP}{AP}$）的值就是黄金分割数.

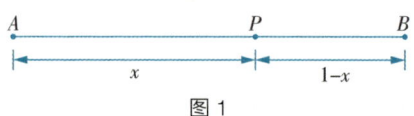

图1

设 $AB = 1$，$AP = x$，$BP = 1-x$. 根据黄金分割点的定义，得 $x^2 = (1-x) \times 1$.

解得 $x = \dfrac{\sqrt{5}-1}{2}$. 所以 $\dfrac{AP}{AB} = \dfrac{BP}{AP} = \dfrac{\sqrt{5}-1}{2}$. 黄金分割数就是 $\dfrac{\sqrt{5}-1}{2} \approx 0.618$.

已知黄金分割点，可以写出两条线段的比值是黄金分割数. 反过来，已知黄金分割数，就可以判定黄金分割点.

例1　根据黄金分割点的定义，可以求得黄金分割数. 反过来，根据黄金分割数，怎样找到线段 AB 的黄金分割点 P 呢？

我们分析黄金分割数 $\dfrac{\sqrt{5}-1}{2}$，可知 1、2、$\sqrt{5}$ 正好是直角三角形的三边长.

如图2，设 $AB = 2$，构造 $\mathrm{Rt}\triangle ABC$，使得 $\angle B = 90°$，$BC = 1$，那么 $AC = \sqrt{5}$. 以点 C 为圆心，CB 为半径画弧交 AC 于点 D. 以点 A 为圆心，AD 为半径画弧，与线段 AB 的交点就是线段 AB 的黄金分割点 P.

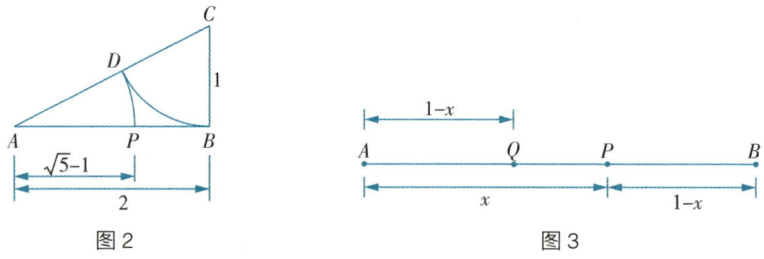

图2　　　　　　　　　　　图3

例2　如图3，根据对称性，线段 AB 有两个黄金分割点 P 和 Q，那么点 Q 又是线段 AP 的黄金分割点，点 P 又是线段 BQ 的黄金分割点.

因为 $AQ = BP = 1-x$，所以 $\dfrac{AQ}{AP} = \dfrac{1-x}{x} = \dfrac{1}{x} - 1 = \dfrac{2}{\sqrt{5}-1} - 1 = \dfrac{\sqrt{5}+1}{2} - 1 = \dfrac{\sqrt{5}-1}{2}$.

所以点 Q 是线段 AP 的黄金分割点. 同理点 P 也是线段 BQ 的黄金分割点.

听马老师说数学

例 3 顶角为 36° 的等腰三角形称作黄金三角形，这是因为底边与腰的比等于黄金分割数.

如图 4，在 $\triangle ABC$ 中，$AB = AC$，$\angle A = 36°$，BD 是 $\triangle ABC$ 的角平分线，那么 $\triangle BDC \backsim \triangle ABC$.

设 $AB = AC = 1$，$AD = BD = BC = x$，那么 $DC = 1 - x$.

由 $\dfrac{BD}{DC} = \dfrac{AB}{BC}$，得 $\dfrac{x}{1-x} = \dfrac{1}{x}$. 解得 $x = \dfrac{\sqrt{5}-1}{2}$. 所以 $\triangle ABC$ 是黄金三角形.

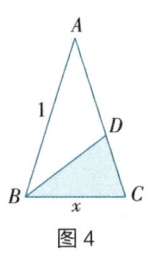

图 4

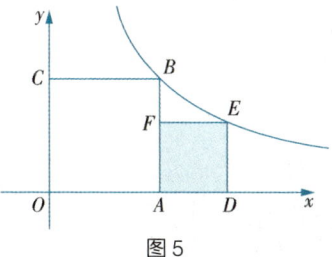

图 5

例 4 如图 5，正方形 $OABC$ 的顶点 B 和正方形 $ADEF$ 的顶点 E 在双曲线 $y = \dfrac{1}{x}$ 上，那么点 A 是线段 OD 的黄金分割点，点 F 是线段 AB 的黄金分割点.

已知 $B(1，1)$，设正方形 $ADEF$ 的边长为 m，那么 $E(1+m，m)$.

所以 $m(1+m) = 1$. 整理，得 $m^2 + m - 1 = 0$. 解得 $m = \dfrac{\sqrt{5}-1}{2}$.

由 $\dfrac{AF}{BA} = \dfrac{AD}{OA} = \dfrac{\sqrt{5}-1}{2}$，可知点 A 是线段 OD 的黄金分割点，点 F 是线段 AB 的黄金分割点.

例 5 矩形的短边与长边的比等于黄金分割数，这样的矩形称作黄金矩形. 如图 6，矩形 $ABCD$、矩形 $CDEF$、矩形 $DEGH$、矩形 $EGNM$、矩形 $GNPQ$ 都是黄金矩形，图中的圆弧连成的线称作黄金螺线.

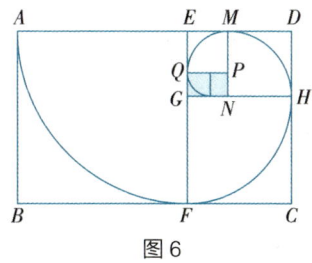

图 6

生活中充满美. 黄金分割特别美.

35 解分式方程一定要验根吗

沪教版老教材有这样一道解方程题：$2(x^2+1)-\dfrac{5}{x^2+1}=9$.

这是一道分式方程题，但是解方程的过程没有验根. 这道题目没有布局在分式方程那节教材里，而是布局在简单的高次方程一节中.

解分式方程为什么要验根？这道方程为什么没有验根？

解分式方程首先要通过去分母转化为整式方程.

怎样去分母呢？

在分式方程的两边同时乘以一个整式（通常是分式方程的最简公分母）. 根据等式的基本性质，这个最简公分母不能为 0. 但是我们事先并不知道这个最简公分母会不会是 0，所以整式方程的解，有可能会使得这个最简公分母的值为 0.

所以分式方程要验根.

验根的方法就是看整式方程的根是否使得最简公分母的值为 0. 最简公分母的值不等于 0，这个整式方程的根就是原分式方程的根；最简公分母的值等于 0，这个整式方程的根就是原分式方程的增根（顾名思义，多出来的根）.

回头再看这个分式方程的分母 x^2+1，不论 x 为何值，分母的值都是正数. 因此去分母的时候，我们明明白白知道分式方程的两边同时乘以正数，没有违背等式的基本性质，所以这个分式方程不用验根.

其实有些类型的分式方程根本就不会产生增根.

例 1 解分式方程 $\dfrac{6}{x-1}=\dfrac{5}{x+4}$，根据比例的基本性质，内项之积等于外向之积，等价于整式方程 $\dfrac{x+4}{5}=\dfrac{x-1}{6}$. 这样的方程不会产生增根.

但是分式方程 $\dfrac{3}{x^2-1}=\dfrac{1}{x^2-x}$，不等价于整式方程 $\dfrac{x^2-1}{3}=\dfrac{x^2-x}{1}$. 这是因为 x^2-1 和 x^2-x 有公因式 $x-1$. 增根就是由 $x-1=0$ 得到的.

例2 解分式方程 $2x+1=\dfrac{2}{x-1}$，变形，得 $(2x+1)(x-1)=2$. 两个因式的

积等于 2，这两个因式不会为 0. 这样的方程不会产生增根.

例3 分式方程 $x+\dfrac{1}{x}=\dfrac{5}{2}$ 不会产生增根. 互为倒数的两数的和等于正数，

这两个数怎么可能是 0 呢?

课本是静的，我们的思维是活的.

课本上的每一道题都值得精雕细琢.

36 二元二次方程组的解有几个

一般情况下，二元二次方程组的解的个数，是由两个方程的次数决定的．如果两个方程都是二次的，那么方程组有 $2 \times 2 = 4$ 个解．如果一个方程是二次的，另一个是一次的，那么方程组有 $2 \times 1 = 2$ 个解．

下面我以沪教版八年级教材中的题目为例，介绍一下二元二次方程组的解的个数的几何意义．

例1 方程组 $\begin{cases} x^2 + 4xy + 4y^2 = 9, \\ x^2 + xy = 0 \end{cases}$ 中的两个方程都可以因式分解，原方程组

可以化为 4 个方程组 $\begin{cases} x + 2y - 3 = 0, \\ x = 0, \end{cases}$ $\begin{cases} x + 2y - 3 = 0, \\ x + y = 0, \end{cases}$ $\begin{cases} x + 2y + 3 = 0, \\ x = 0, \end{cases}$ $\begin{cases} x + 2y + 3 = 0, \\ x + y = 0. \end{cases}$

把这 4 个方程组变形一下，就是

$\begin{cases} y = -\dfrac{1}{2}x + \dfrac{3}{2}, \\ x = 0, \end{cases}$ $\begin{cases} y = -\dfrac{1}{2}x + \dfrac{3}{2}, \\ y = -x, \end{cases}$ $\begin{cases} y = -\dfrac{1}{2}x - \dfrac{3}{2}, \\ x = 0, \end{cases}$ $\begin{cases} y = -\dfrac{1}{2}x - \dfrac{3}{2}, \\ y = -x. \end{cases}$

每一个方程组的几何意义就是两条直线相交，4 个方程组的几何意义就是 4 个交点 A、B、C、D（如图 1 所示）．

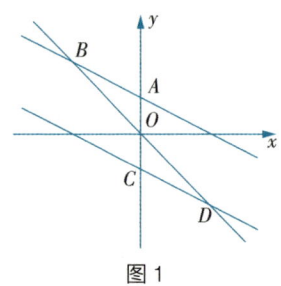

图 1

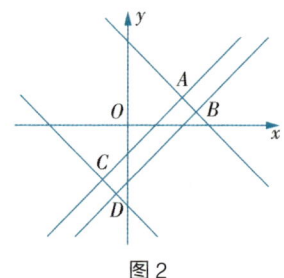

图 2

例2 方程组 $\begin{cases} x^2 + 2xy + y^2 = 9, \\ (x - y)^2 - 3(x - y) + 2 = 0 \end{cases}$ 和例 1 的类似，也是 4 条直线 4 个交点 A、B、C、D（如图 2 所示）．

例3 方程组 $\begin{cases} (x - y)(x + y) = 0, \\ x^2 + y^2 = 8 \end{cases}$ 可以化为两个方程组 $\begin{cases} x - y = 0, \\ x^2 + y^2 = 8 \end{cases}$ 和 $\begin{cases} x + y = 0, \\ x^2 + y^2 = 8. \end{cases}$

听马老师说数学

每个方程组的几何意义就是直线与圆相交，直线经过圆心，直线与圆有两个交点. 所以这个方程组有 4 个解，对应图 3 中的点 A、B、C、D.

例 4 方程组 $\begin{cases} x^2-3xy+2y^2=0, \\ x^2+y^2=5 \end{cases}$ 和例 3 的类似，也是两条直线与圆有 4 个交点 A、B、C、D（如图 4 所示）.

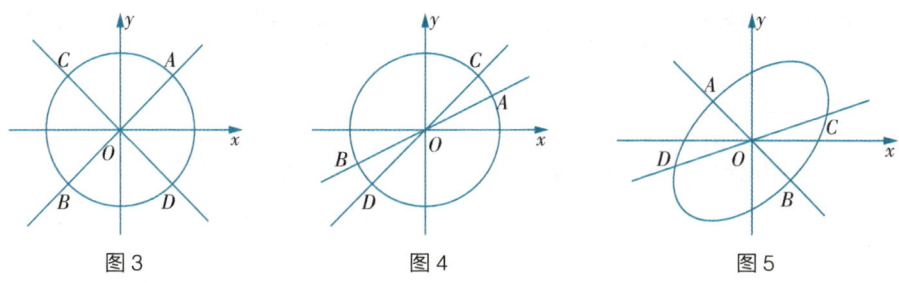

图 3   图 4   图 5

例 5 方程组 $\begin{cases} x^2-2xy-3y^2=0, \\ x^2-xy+y^2=3 \end{cases}$ 可以化为 $\begin{cases} x+y=0, \\ x^2-xy+y^2=3 \end{cases}$ 和 $\begin{cases} x-3y=0, \\ x^2-xy+y^2=3. \end{cases}$

每个方程组的几何意义就是椭圆与直线相交有两个交点. 所以这个方程组有 4 个解，对应图 5 中的点 A、B、C、D.

例 6 方程组 $\begin{cases} x^2+2y^2-1=0, \\ x-y+1=0 \end{cases}$ 的几何意义就是椭圆与直线相交有两个交点，对应图 6 中的点 A、B.

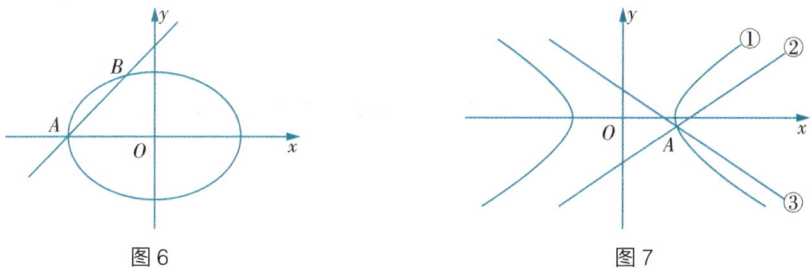

图 6   图 7

例 7 方程组 $\begin{cases} 4x^2-9y^2=15 & ① \\ 2x-3y=5 & ② \end{cases}$ 理论上有两个解，事实上它是个例外.

它的几何意义是双曲线①与一条直线②的关系，如图 7 所示，直线与双曲线仅有一个交点 A.

事实上，方程①的左边因式分解，含有 $(2x-3y)$. 代入方程②，原方程

组就是 $\begin{cases} 2x+3y=3, & ③ \\ 2x-3y=5. & ② \end{cases}$ 这个方程组的几何意义就是两条直线②和③相交于点 A.

凡事都可能有意外，二元二次方程组的解的个数也有一般性和特殊性.

下面我再以大家熟悉的情景，介绍几个二元二次方程组的解的个数情况.

例 8　方程组 $\begin{cases} x^2+y^2=1, \\ y=x+2 \end{cases}$ 的几何意义就是圆与直线没有交点，如图 8 所示.

例 9　方程组 $\begin{cases} y=x^2-1, \\ y=-x-2 \end{cases}$ 的几何意义就是抛物线与直线没有交点，如图 9 所示.

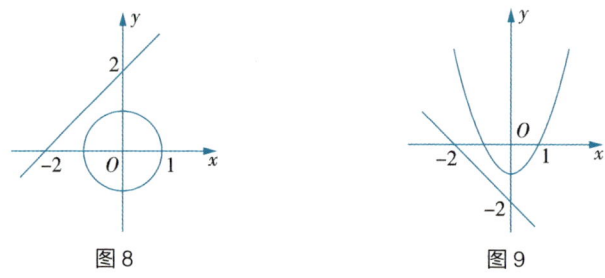

图 8　　　　　　　　　　图 9

例 10　方程组 $\begin{cases} xy=1, \\ y=-x \end{cases}$ 的几何意义就是双曲线与直线没有交点，如图 10 所示.

例 11　方程组 $\begin{cases} x^2+y^2=1, \\ xy=2 \end{cases}$ 的几何意义就是圆与双曲线没有交点，如图 11 所示.

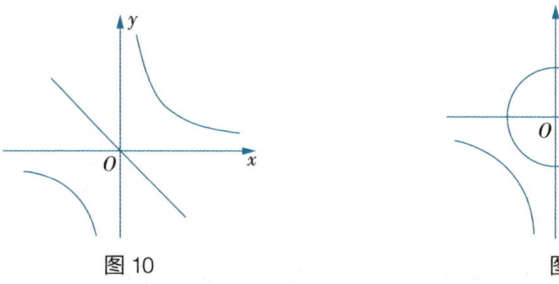

图 10　　　　　　　　　　图 11

例12 方程组 $\begin{cases} x^2+y^2=3, \\ y=x^2-4 \end{cases}$ 的几何意义就是圆与抛物线没有交点，如图12 所示.

例13 方程组 $\begin{cases} xy=1, \\ y=x^2-1 \end{cases}$ 的几何意义就是双曲线与抛物线仅有一个交点，如图13 所示.

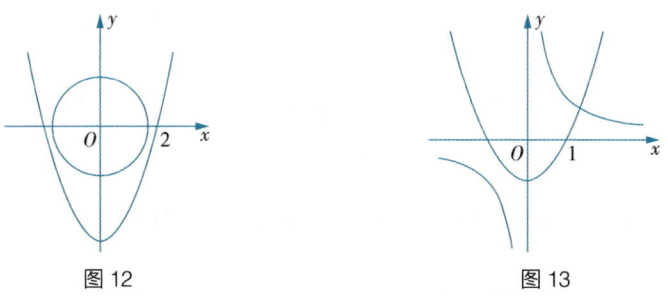

图 12   图 13

把图11中的圆向右平移，圆与双曲线的交点可能是1个或2个.

把图12中的圆向下平移，圆与抛物线的交点可能是1个、2个、3个或4个.

把图13中的抛物线向下平移，抛物线与双曲线的交点可能是2个或3个.

理解二元二次方程组的解的个数，数形结合真好.

37 用二次函数讨论几个面积的最值问题

面积就像神一样存在，不论哪个年级的题目，不论大题还是小题，不论考试还是竞赛，到处都有面积问题.

以人教版九年级教材中的题目为例，我们用二次函数讨论几个面积的最值问题.

周长一定的矩形，正方形时面积最大

例1 用总长 60 m 的篱笆围成矩形场地，矩形面积 S 随矩形一边长 l 的变化而变化. 当 l 是多少米时，场地的面积 S 最大？

如图 1 所示，矩形的边长 $AB+BC=30$，面积 S 随 l 变化的函数图像如图 2 所示，当 $l=15$ m 时，矩形 $ABCD$ 的面积 S 最大，最大值是 225 m^2.

这是一个经典结论：**周长一定的矩形，正方形时面积最大**.

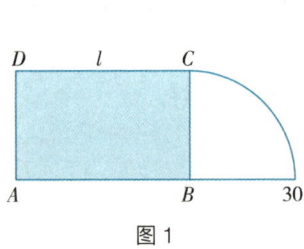

图 1

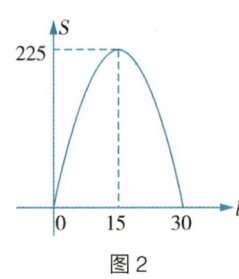

图 2

例2 已知矩形的周长为 36 cm，矩形绕它的一条边旋转形成一个圆柱. 矩形的长、宽各为多少时，旋转形成的圆柱的侧面积最大？

如图 3 所示，设圆柱的底面半径为 x cm，那么圆柱的高为 $(18-x)$ cm.

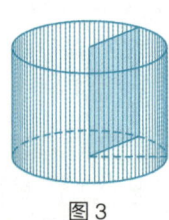

图 3

所以 $S_{侧}=$ 底面周长×高 $=2\pi x(18-x)=-2\pi(x^2-18x)$.

当 $x=9$ 时，S 取得最大值，最大值是 162π（如图 4 所示）.

经典结论：**周长一定的矩形，正方形时旋转得到的圆柱体的侧面积最大**.

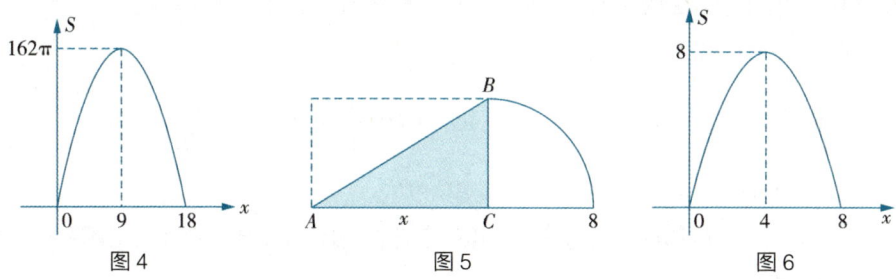

图 4　　　　　　　　　图 5　　　　　　　　　图 6

例3　已知直角三角形两条直角边的和为 8，两条直角边各为多少时，这个直角三角形的面积最大？

如图 5 所示，$S=\dfrac{1}{2}x(8-x)=-\dfrac{1}{2}(x^2-8x)$.

当 $x=4$ 时，S 取得最大值，最大值是 8（如图 6 所示）.

经典结论：**两条直角边的和为定值的直角三角形，等腰直角三角形时面积最大**.

如果我们把这个直角三角形 ABC 补为矩形，那么结论就是：周长一定的矩形，正方形时面积最大.

例4　如图 7，点 E、F、G、H 分别位于正方形 $ABCD$ 的四条边上. 四边形 $EFGH$ 也是正方形. 当点 E 位于何处时，正方形 $EFGH$ 的面积最小？

如图 8，以 $\triangle AEH$ 为例，两条直角边的和为定值（等于正方形的边长），那么当 $\triangle AEH$ 是等腰直角三角形时，面积最大.

此时点 E 是 AB 的中点，大正方形 $ABCD$ 减去 4 个最大的直角三角形，小正方形 $EFGH$ 的面积最小（如图 9 所示）.

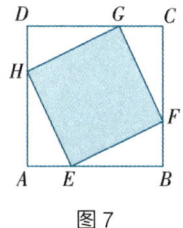
图 7

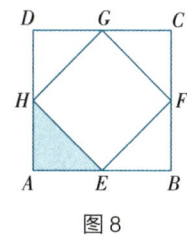
图 8

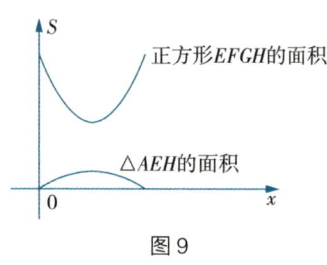
图 9

经典结论：**正方形 $ABCD$ 内接正方形 $EFGH$，当点 E 是 AB 的中点时，四边形 $EFGH$ 面积最小.**

例 5　如图 10，四边形 $ABCD$ 的两条对角线 AC、BD 互相垂直，$AC+BD=10$. 当 AC、BD 的长是多少时，四边形 $ABCD$ 的面积最大？

设 $AC=x$，那么 $BD=10-x$.

所以 $S_{\text{四边形}ABCD}=S_{\triangle DAC}+S_{\triangle BAC}=\dfrac{1}{2}AC\cdot BD=\dfrac{1}{2}x(10-x)=-\dfrac{1}{2}(x^2-10x)$.

当 $x=5$ 时，S 取得最大值. 此时 $AC=BD$.

经典结论：**对角线互相垂直且和为定值的四边形，当对角线相等时，四边形面积最大.**

事实上，如果我们通过平移把点 D 与点 C 重合，线段 DB 平移后对应线段 CE（如图 11 所示），那么 $\triangle ACE$ 就是直角边的和为定值的直角三角形（如图 12 所示），当它是等腰直角三角形时，$\triangle ACE$ 的面积最大.

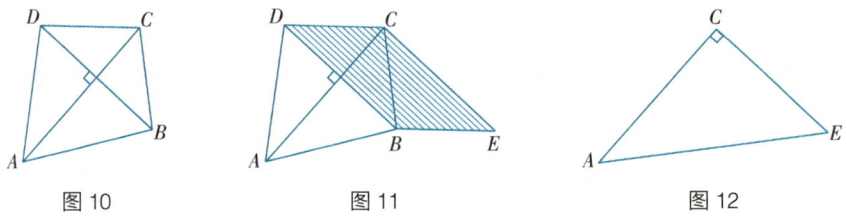

| 图 10 | 图 11 | 图 12 |

如果我们通过平移，使得 AC 与 BD 互相垂直平分，那么四边形 $ABCD$ 就是菱形（如图 13 所示）. 当 $AC=BD$ 时，四边形 $ABCD$ 就是正方形（如图 14 所示）.

又是一个经典结论：**对角线的和为定值的菱形，正方形时面积最大.**

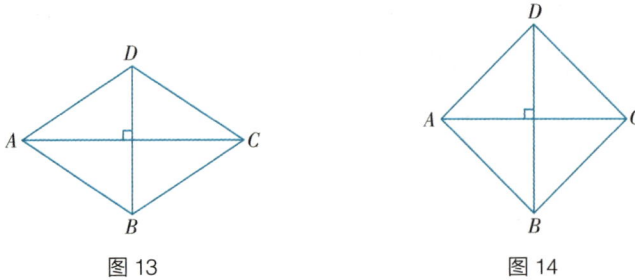

| 图 13 | 图 14 |

直角三角形的内接矩形，什么时候面积最大

例6 一块三角形材料如图 15 所示，$\angle A = 30°$，$\angle C = 90°$，$AB = 12$. 用这块材料剪出一个矩形 $CDEF$，其中点 D、E、F 分别在 BC、AB、AC 上. 要使剪出的矩形 $CDEF$ 的面积最大，点 E 应选在何处？

在 $\triangle ABC$ 中，$\angle A = 30°$，$AB = 12$，所以 $BC = 6$.

在 $Rt\triangle EBD$ 中，$\angle DEB = 30°$，设 $EB = x$，那么 $DB = \dfrac{1}{2}x$，$ED = \dfrac{\sqrt{3}}{2}x$.

所以 $S_{矩形CDEF} = \dfrac{\sqrt{3}}{2}x\left(6 - \dfrac{1}{2}x\right) = -\dfrac{\sqrt{3}}{4}(x^2 - 12x)$.

当 $x = 6$ 时，S 取得最大值（如图 16 所示）.

经典结论：**三角形 ABC 内接矩形 $CDEF$，当点 E 是 AB 的中点时，矩形 $CDEF$ 的面积最大（如图 17 所示）.**

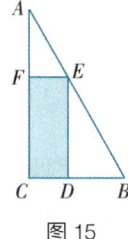
图 15

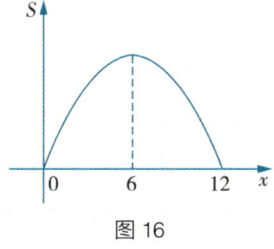
图 16

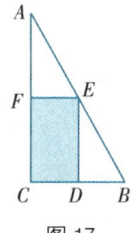
图 17

例7 如图 18，点 E、F、G、H 分别在菱形 $ABCD$ 的四条边上，$BE = BF = DG = DH$，联结 EF、FG、GH、HE，得到矩形 $EFGH$. 设 $AB = a$，$\angle A = 60°$，当 BE 为何值时，矩形 $EFGH$ 的面积最大？

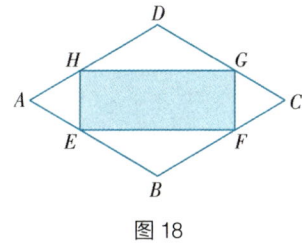
图 18

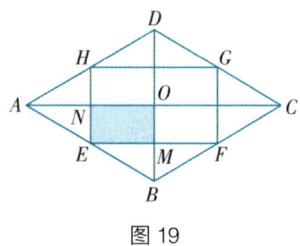
图 19

如图 19，设对角线 AC、BD 交于点 O，BD 与 EF 交于点 M，AC 与 EH 交

107

于点 N.

现在我们看到了 $Rt \triangle ABO$ 的内接矩形 $EMON$. 当点 E 是 AB 的中点时，$Rt \triangle ABO$ 的内接矩形 $OMEN$ 的面积最大.

经典结论：**菱形 $ABCD$ 内接矩形 $EFGH$，当点 E 是 AB 的中点时，矩形 $EFGH$ 的面积最大.**

再说篱笆与墙的故事

例8　（1）如图 20，用一段长为 30 m 的篱笆围成一个一边靠墙的矩形菜园，墙长为 18 m. 这个矩形的长、宽各为多少时，菜园的面积最大，最大面积是多少？

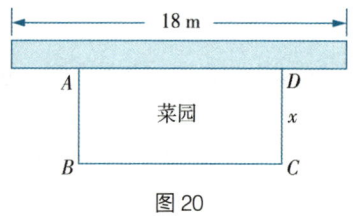
图 20

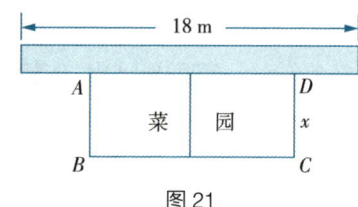
图 21

因为 $S = x(30-2x) = -2(x^2-15x)$，

所以当 $x = 7.5$ 时，S 取得最大值. 此时 $BC = 15$，$BC = 2AB$.

（2）如图 21，如果用这段 30 m 的篱笆围成两个相邻的一边靠墙的矩形菜园，墙长为 18 m. 问 x 为何值时，菜园的面积最大，最大面积是多少？

因为 $S = x(30-3x) = -3(x^2-10x)$，

所以当 $x = 5$ 时，S 取得最大值. 此时 $BC = 15$，$BC = 3AB$.

（3）如图 22，如果用这段 30 m 的篱笆围成三个相邻的一边靠墙的矩形菜园，墙长为 18 m. 问 x 为何值时，菜园的面积最大，最大面积是多少？

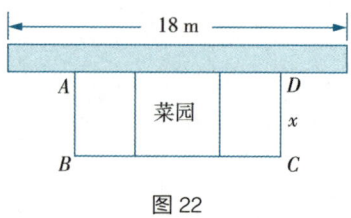
图 22

因为 $S = x(30-4x) = -4\left(x^2 - \dfrac{15}{2}x\right)$，

所以当 $x=\dfrac{15}{4}$ 时，S 取得最大值. 此时 $BC=15$，$BC=4AB$.

(4) 如图 23，如果用这段 30 m 的篱笆围成四个相邻的一边靠墙的矩形菜园，墙长为 18 m. 问 x 为何值时，菜园的面积最大，最大面积是多少？

因为 $S=x(30-5x)=-5(x^{2}-6x)$，

所以当 $x=3$ 时，S 取得最大值. 此时 $BC=15$，$BC=5AB$.

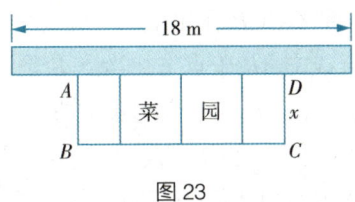

图 23

从上面四个问题解答的过程，我们可以看到，**如果矩形 *ABCD* 的面积最大，那么与墙平行的一边 *BC* 的长等于与墙垂直的几条边的和.**

近几年,一道堪称教科书式的热点问题,在中考数学压轴题中高频出现.

问题和结论: 如图 1、图 2,抛物线与直线交于 A、B 两点,直线 AB 把抛物线分为封闭的部分和开放的部分,在封闭部分的抛物线上有一个动点 P,如果△PAB 的面积最大,那么点 P 在哪里?

过点 P 作 y 轴的平行线交 AB 于点 E,当点 E 是 AB 的中点时,△PAB 的面积最大. 也就是说,点 P 在 AB 的中点的正上方(或正下方).

2019 年,海南省、山西省、滨州市、绵阳市、沈阳市、自贡市、娄底市、襄阳市、衡阳市等省市的中考压轴题中,都考了这一问题.

2018 年盐城市的压轴题中,更是对这一结论进行了一般化的证明.

2020 年,在我做过的 90 多道压轴题中,这一问题又高频出现,而且各具创新.

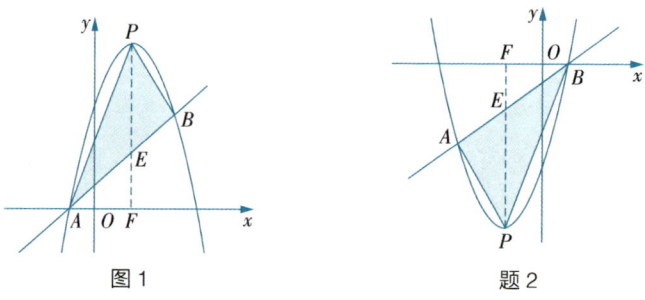

图 1   题 2

例 1 [2020 年达州市第 25 题第(3)题]如图 3,已知直线 $y = \frac{1}{2}x - 2$ 与 x 轴交于点 A,与 y 轴交于点 B,抛物线 $y = \frac{1}{2}x^2 + bx + c$ 过 A、B 两点,点 M 为直线 AB 下方抛物线上一点,当△MAB 的面积最大时,求点 M 的坐标.

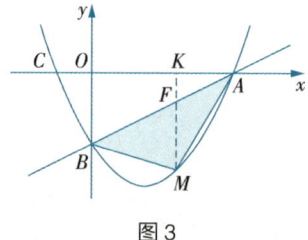

图 3

如图3，作 $MK \perp x$ 轴于 K，交 AB 于点 F.

已知 $B(0, -2)$，$A(4, 0)$，直线 AB 为 $y = \dfrac{1}{2}x - 2$，抛物线为 $y = \dfrac{1}{2}x^2 - \dfrac{3}{2}x - 2$.

设 $M\left(m, \dfrac{1}{2}m^2 - \dfrac{3}{2}m - 2\right)$，$F\left(m, \dfrac{1}{2}m - 2\right)$.

所以 $FM = \left(\dfrac{1}{2}m - 2\right) - \left(\dfrac{1}{2}m^2 - \dfrac{3}{2}m - 2\right) = -\dfrac{1}{2}m^2 + 2m = -\dfrac{1}{2}(m-2)^2 + 2$.

因为 $S_{\triangle ABM} = S_{\triangle BFM} + S_{\triangle AFM} = \dfrac{1}{2}MF(x_A - x_B) = 2MF = -(m-2)^2 + 4$，所以当 $m = 2$ 时，$\triangle MAB$ 的面积最大. 此时 $M(2, -3)$，F 是 BA 的中点.

例2 ［2020年襄阳市第25题第(2)题］如图4，直线 $y = -\dfrac{1}{2}x + 2$ 交 y 轴于点 A，交 x 轴于点 C，抛物线 $y = -\dfrac{1}{4}x^2 + bx + c$ 经过点 A、C，且交 x 轴于另一点 B，在直线 AC 上方的抛物线上有一点 M，求四边形 $ABCM$ 面积的最大值及此时点 M 的坐标.

因为 A、B、C 三点是确定的，所以 $\triangle ABC$ 的面积为定值. 如果四边形 $ABCM$ 面积最大，那么 $\triangle MAC$ 的面积也最大. 当点 M 在 AC 的中点的正上方时，$\triangle MAC$ 的面积最大，此时四边形 $ABCM$ 的面积也最大.

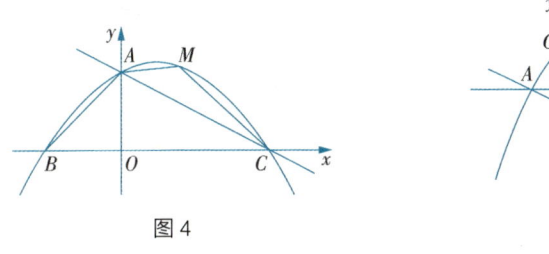

图4　　　　　　　　　　图5

例3 ［2020年重庆市B卷第25题第(2)题］如图5，在平面直角坐标系中，抛物线 $y = ax^2 + bx + 2\,(a \neq 0)$ 与 y 轴交于点 C，与 x 轴交于 A、B 两点(点 A 在点 B 的左侧)，且 A 点坐标为 $(-\sqrt{2}, 0)$，直线 BC 的解析式为 $y = -\dfrac{\sqrt{2}}{3}x + 2$. 过点 A 作 $AD \parallel BC$，交抛物线于点 D，点 E 为直线 BC 上方抛物线上一动点，联结 CE、EB、BD、DC，求四边形 $BECD$ 面积的最大值及相应的点 E 的坐标.

图中 A、B、C、D 四个点是确定的，点 E 是动点，所以 $\triangle BCD$ 的面积是定值. 要求四边形 $BECD$ 面积的最大值，其实就是求 $\triangle ECB$ 面积的最大值. 当点 E 在 CB 的中点的正上方时，$\triangle ECB$ 的面积最大.

　　事实上，根据同底等高的三角形面积相等，可知 $\triangle BCD$ 的面积等于 $\triangle BCA$ 的面积.

　　例 4　[2020 年乐山市第 26 题第 (2)①题] 如图 6，抛物线 $y=ax^2+bx+c$ 与 x 轴交于 $A(-1,0)$、$B(5,0)$ 两点，C 为抛物线的顶点，抛物线的对称轴交 x 轴于点 D，联结 BC，且 $\tan\angle CBD=\dfrac{4}{3}$. 设 P 是抛物线的对称轴上的一个动点，过点 P 作 x 轴的平行线交线段 BC 于点 E，过点 E 作 $EF\perp PE$ 交抛物线于点 F，联结 FB、FC，求 $\triangle BCF$ 面积的最大值.

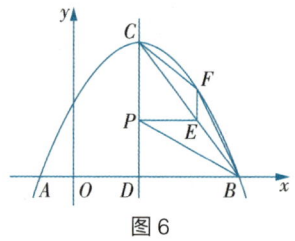

图 6

　　这道题本意是点 P 为主动点，点 E 是点 P 的从动点，点 F 是点 E 的从动点. 但是求 $\triangle BCF$ 面积的最大值，其实和点 P 没有什么关系，直接把点 F 看作主动点就好了. 当点 E 是 CB 的中点时，$\triangle BCF$ 的面积最大.

　　例 5　[2020 年绵阳市第 24 题第 (3) 题] 如图 7，已知直线 $y=-\dfrac{\sqrt{3}}{3}x+1$ 与 x 轴交于点 B，与抛物线 $y=-x^2+2\sqrt{3}x+1$ 交于 A、C 两点，若点 P 为抛物线上的动点，且在直线 AC 上方，当 $\triangle PAB$ 面积最大时，求点 P 的坐标及 $\triangle PAB$ 面积的最大值.

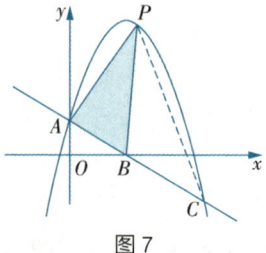

图 7

　　如图 7，联结 PC. 因为 A、B、C 三点是确定的，因此 $\triangle PAB$ 与 $\triangle PAC$ 的

面积比为定值. 当 $\triangle PAC$ 的面积最大时, $\triangle PAB$ 的面积也最大. 因此当点 P 在 AC 的中点的正上方时, $\triangle PAB$ 的面积最大.

例6 [2020 年枣庄市第 25 题第(2)题] 如图 8, 抛物线 $y = ax^2 + bx + 4$ 交 x 轴于 $A(-3, 0)$, $B(4, 0)$ 两点, 与 y 轴交于点 C, 联结 AC、BC. M 为线段 OB 上的一个动点, 过点 M 作 $PM \perp x$ 轴, 交抛物线于点 P, 交 BC 于点 Q, 过点 P 作 $PN \perp BC$, 垂足为点 N. 设点 M 的坐标为 $(m, 0)$, 请用含 m 的代数式表示线段 PN 的长, 并求出当 m 为何值时 PN 有最大值, 最大值是多少.

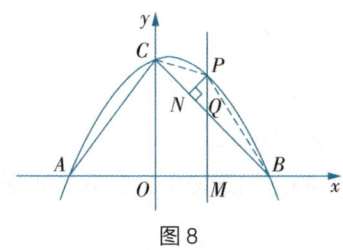

图 8

这道题目看似和面积问题没有什么关系. 如果联结 PC、PB, 那么 $\triangle PCB$ 面积最大的本质就是 PQ 最大.

这是因为直线 PM 把 $\triangle PCB$ 分成了以 PQ 为公共底边的两个三角形, $\triangle PCQ$ 和 $\triangle PBQ$ 的高的和 $OM + BM$ 为定值, 就是 C、B 两点间的水平距离.

再来看 $\text{Rt}\triangle PQN$, $\angle PQN$ 的大小是确定的, 所以 $\text{Rt}\triangle PQN$ 的形状是确定的, 当 PQ 取得最大值时, PN 也取得最大值.

结论是, 当 M 是 OB 的中点, 或 Q 是 CB 的中点时, PQ 取得最大值.

2021 年常德市、赤峰市、菏泽市、枣庄市、凉山州等地的中考试题中, 也考到了这个结论.

从 2008 年我第一次在中考试题中发现这个结论到现在, 经典永流传.

定弦对定角的三角形,什么时候面积最大?

例1 在 Rt△ABC 中,∠ACB = 90°,AB = 10,那么△ABC 的面积最大值是多少?

如图1,设 AB 边上的中线为 CO,那么 CO = 5 为定值.

设 AB 边上的高为 CH,那么 CH ≤ CO = 5.

如图2,当 CH 与 CO 重合时,△ABC 的面积最大,最大值为 25.

此时 CA = CB,△ABC 是等腰直角三角形.

典型结论:斜边为定值的直角三角形,在其为等腰直角三角形时面积最大.

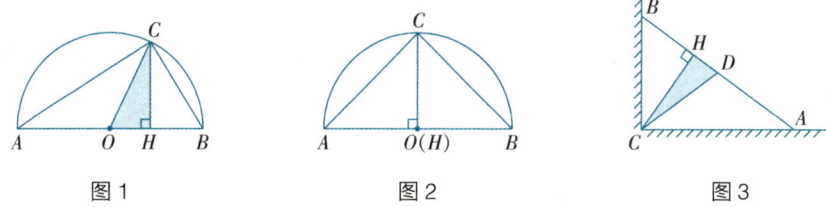

图1　　　　　　　　　图2　　　　　　　　　图3

例2 如图3,设梯子 AB = 10 米,梯子在下滑的过程中,直角三角形 ACB 的面积的最大值是多少?

这个问题也是**斜边为定值的直角三角形,在其为等腰直角三角形时面积最大**.

例3 如图4,在△ABC 中,已知 AB = 6,∠ACB = 60°,那么△ABC 的面积的最大值是多少?

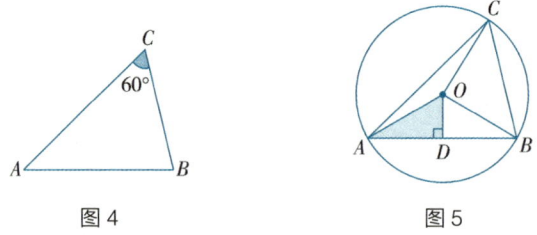

图4　　　　　　　　　图5

如图5,构造△ABC 的外接圆⊙O,根据同弧所对的圆周角等于圆心角的一半,可知∠AOB = 120° 为定值. 所以△AOB 是确定的.

作 $OD \perp AB$ 于 D. 在 Rt$\triangle AOD$ 中，$AD = 3$，所以 $OD = \sqrt{3}$，$OA = 2\sqrt{3}$.

如图 6，在 $\triangle COD$ 中，根据两边之和大于第三边，可知 $CD < OC + OD = 3\sqrt{3}$.

作 $CH \perp AB$ 于 H，那么 $CH < CD$.

所以 CH 的最大值为 $3\sqrt{3}$，此时 CD 经过点 O，点 H 与点 D 重合（如图 7 所示）.

所以 $CA = CB$，$\triangle ABC$ 是等边三角形，面积的最大值为 $9\sqrt{3}$.

典型结论：**定弦对定角的三角形，在其为等腰三角形时面积最大**.

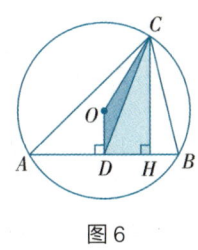
图 6

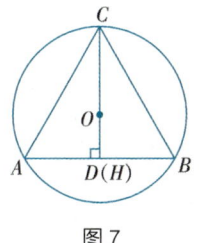
图 7

我们再来看两个一角为 45° 的三角形的面积最值问题.

例 4 如图 8，在 $\triangle ABC$ 中，已知 $AB = 6$，$\angle ACB = 45°$，那么 $\triangle ABC$ 的面积的最大值是多少？

和例 3 的解题过程一样，如图 9，构造 $\triangle ABC$ 的外接圆 $\odot O$，那么等腰直角三角形 AOB 是确定的. 因此半径 OA 和弦心距 OD 是确定的.

如图 10，高 $CH < CD < OC + OD = 3\sqrt{2} + 3$ 为定值.

如图 11，当点 H 与点 D 重合时，CH 取得最大值，$\triangle ABC$ 的面积也最大，最大值为 $9\sqrt{2} + 9$. 此时 $CA = CB$，$\triangle ABC$ 是等腰三角形.

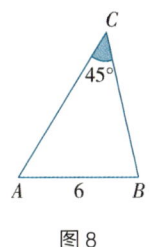
图 8

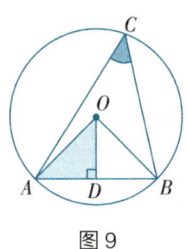
图 9

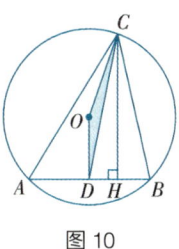
图 10

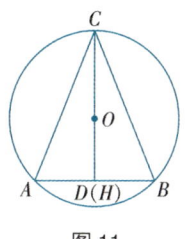
图 11

例 5 如图 12，正方形 $ABCD$ 的边长为 2，点 E、F 分别是边 BC、CD 上的点，且 $\angle EAF = 45°$，求 $\triangle AEF$ 面积的最小值.

如图 13，构造 △AEF 的外接圆 ⊙O，设 H 是 EF 的中点，那么 OH 是等腰直角三角形 EOF 斜边上的高，CH 是 Rt△ECF 斜边上的中线.

设 EF = 2m，那么 OH = CH = m，OE = OA = $\sqrt{2}m$.

根据两点之间线段最短，可知 AO + OH + CH 的最小值等于 AC. 此时 A、O、H、C 四点共线，AC 垂直平分 EF. 所以 △AEF 是等腰三角形，AE = AF，如图 14 所示.

解方程 $(\sqrt{2}+2)m = 2\sqrt{2}$，得 $m = 2\sqrt{2}-2$.

如图 14，△AEF 面积的最小值 $S = \dfrac{1}{2}EF \cdot AH = \dfrac{1}{2} \times 2m \times (\sqrt{2}+1)m = 4\sqrt{2}-4$.

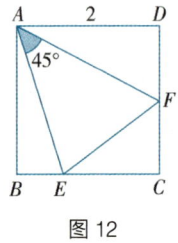 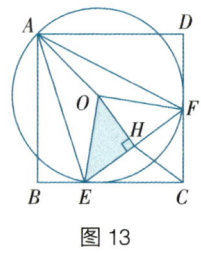 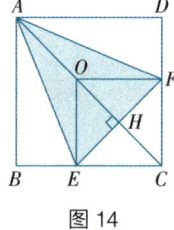

图 12　　　　　　　　　图 13　　　　　　　　　图 14

两个一角为 45° 的三角形的面积，一个有最大值，一个有最小值，结论都是在其为等腰三角形时获得.

面积就像神一样存在，讲也讲不完，个个是经典.

40 用几何计算讨论四组面积最值

我们通过几何计算，探究同圆的外切正 n 边形、内接正 n 边形的面积随 n 变化的规律，探究周长一定的正 n 边形的外接圆、内切圆的面积随 n 变化的规律.

圆的外切正多边形中，正三角形的边长、周长、面积最大

把圆分成 $n(n \geqslant 3)$ 等份，经过各分点作圆的切线，以相邻切线的交点为顶点的多边形叫作这个圆的外切正 n 边形. 如图 1~图 3，$\odot O$ 的半径是 R，分别求它的外切正三角形、外切正方形、外切正六边形的边长.

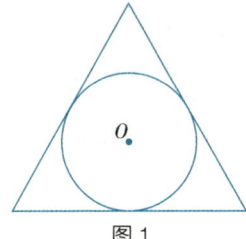
图1
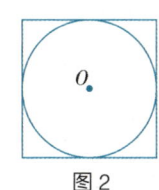
图2
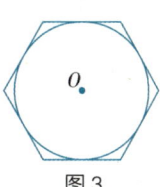
图3

如图 4~图 6，设正 n 边形的一条边为 AB，$\triangle OAB$ 的高为 OD. 设 $AB = 2a$.

在 $\text{Rt}\triangle AOD$ 中，$\angle AOD = \dfrac{180°}{n}$，$AD = a$，$OD = R$（定值）.

由 $\tan \angle AOD = \dfrac{AD}{OD} = \dfrac{a}{R}$，得 $a = R \cdot \tan \dfrac{180°}{n}$.

所以正 n 边形的面积 $S = naR = nR^2 \cdot \tan \dfrac{180°}{n}$.

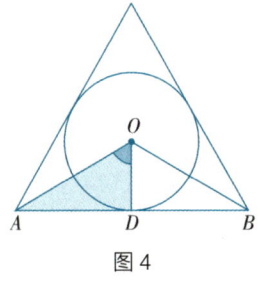
图4
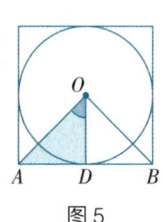
图5
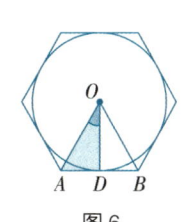
图6

①如图4，当 $n=3$ 时，$S=3R^2 \cdot \tan 60°=3\sqrt{3}R^2$.

②如图5，当 $n=4$ 时，$S=4R^2 \cdot \tan 45°=4R^2$.

③如图6，当 $n=6$ 时，$S=6R^2 \cdot \tan 30°=2\sqrt{3}R^2$.

因为 $(3\sqrt{3})^2=27$，$4^2=16$，$(2\sqrt{3})^2=12$，所以 $3\sqrt{3}R^2>4R^2>2\sqrt{3}R^2$.

所以圆外切正三角形的面积最大.

从特殊到一般，进行归纳：

圆的外切正 n 边形中，当 n 越来越大时，正 n 边形的面积越来越小. 当 n 无穷大时，正 n 边形就是圆了. 如图7～图9，分别是⊙O 的外切正八边形、正十边形、正十五边形.

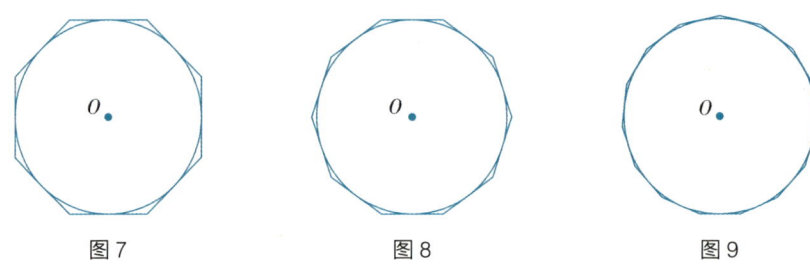

图7　　　　　　　　图8　　　　　　　　图9

圆的内接正多边形中，正三角形的面积最小

如图10～图12，在 Rt△AOD 中，$OA=R$，由 $\sin\angle AOD=\dfrac{AD}{R}$，$\cos\angle AOD=\dfrac{OD}{R}$，得 $AD=R\cdot\sin\dfrac{180°}{n}$，$OD=R\cdot\cos\dfrac{180°}{n}$.

因为 $S_{\triangle OAB}=\dfrac{1}{2}AB\cdot OD=\dfrac{1}{2}\times 2R\cdot\sin\dfrac{180°}{n}\cdot R\cdot\cos\dfrac{180°}{n}=R^2\cdot\sin\dfrac{180°}{n}\cdot\cos\dfrac{180°}{n}$，所以正 n 边形的面积 $S=nR^2\cdot\sin\dfrac{180°}{n}\cdot\cos\dfrac{180°}{n}$.

①如图10，当 $n=3$ 时，$S=3R^2\cdot\sin 60°\cdot\cos 60°=\dfrac{3\sqrt{3}}{4}R^2$.

②如图11，当 $n=4$ 时，$S=4R^2\cdot\sin 45°\cdot\cos 45°=2R^2$.

③如图12，当 $n=6$ 时，$S=6R^2\cdot\sin 30°\cdot\cos 30°=\dfrac{3\sqrt{3}}{2}R^2$.

因为 $\left(\dfrac{3\sqrt{3}}{4}\right)^2 = \dfrac{27}{16} = 1\dfrac{11}{16}$，$2^2 = 4$，$\left(\dfrac{3\sqrt{3}}{2}\right)^2 = \dfrac{27}{4} = 6\dfrac{3}{4}$，所以 $\dfrac{3\sqrt{3}}{4}R^2 < 2R^2 <$

$\dfrac{3\sqrt{3}}{2}R^2$.

所以圆的内接正三角形的面积最小.

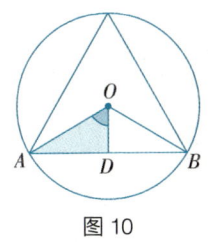
图 10

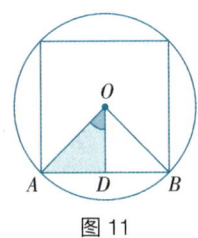
图 11

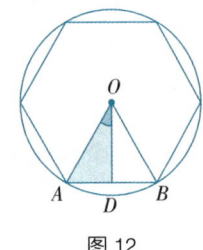
图 12

从特殊到一般，进行归纳：

圆的内接正 n 边形中，当 n 越来越大时，正 n 边形的边长越来越小，但是面积越来越大. 当 n 无穷大时，正 n 边形就是圆了. 如图 13 ~ 图 15，分别是⊙O 的内接正八边形、正十边形、正十五边形.

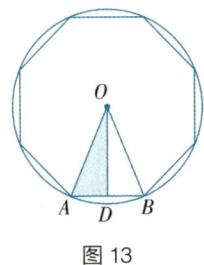
图 13

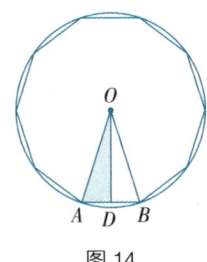
图 14

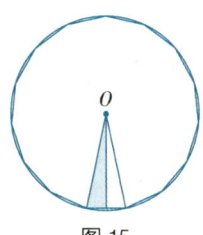
图 15

其实从上面的几组图形可以直观体验到，不论是圆的外切正 n 边形，还是内接正 n 边形，当 n 趋向于无穷大时，正 n 边形就是圆.

周长一定的正多边形，正三角形的外接圆的面积最大

如图 16 ~ 图 18，设正 n 边形的周长为 $24a$，边长 $AB = \dfrac{24a}{n}$，外接圆半径为 $R = OA$.

由 $\sin\angle AOD = \dfrac{AD}{R} = \dfrac{12a}{nR}$，得 $R = \dfrac{12a}{n\sin\dfrac{180°}{n}}$.

① 当 $n=3$ 时, $R = \dfrac{12a}{3\sin 60°} = \dfrac{8\sqrt{3}}{3}a$.

② 当 $n=4$ 时, $R = \dfrac{12a}{4\sin 45°} = 3\sqrt{2}a$.

③ 当 $n=6$ 时, $R = \dfrac{12a}{6\sin 30°} = 4a$.

因为 $\left(\dfrac{8\sqrt{3}}{3}\right)^2 = 21\dfrac{1}{3}$, $(3\sqrt{2})^2 = 18$, $4^2 = 16$, 所以 $\dfrac{8\sqrt{3}}{3}a > 3\sqrt{2}a > 4a$.

所以正三角形外接圆的半径最大, 外接圆的面积也最大.

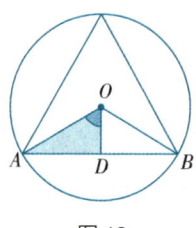
图 16

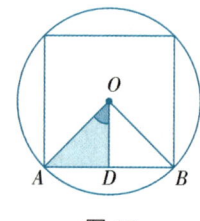
图 17

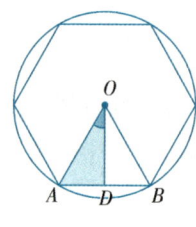
图 18

周长一定的正多边形, 正三角形的内切圆的面积最小

如图 19 ~ 图 21, 设正 n 边形的周长为 $24a$, 边长 $AB = \dfrac{24a}{n}$, 内切圆的半径 $r = OD$.

由 $\tan\angle AOD = \dfrac{AD}{r} = \dfrac{12a}{nr}$, 得 $r = \dfrac{12a}{n\tan\dfrac{180°}{n}}$.

① 当 $n=3$ 时, $r = \dfrac{12a}{3\tan 60°} = \dfrac{4\sqrt{3}}{3}a$.

② 当 $n=4$ 时, $r = \dfrac{12a}{4\tan 45°} = 3a$.

③ 当 $n=6$ 时, $r = \dfrac{12a}{6\tan 30°} = 2\sqrt{3}a$.

因为 $\left(\dfrac{4\sqrt{3}}{3}\right)^2 = 5\dfrac{1}{3}$, $3^2 = 9$, $(2\sqrt{3})^2 = 12$, 所以 $\dfrac{4\sqrt{3}}{3}a < 3a < 2\sqrt{3}a$.

所以正三角形内切圆的半径最小，内切圆的面积也最小.

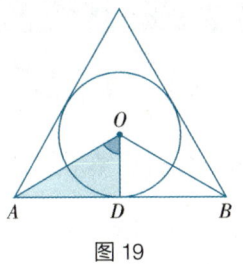
图 19

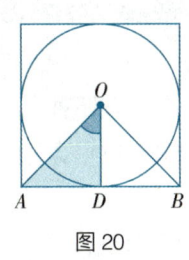
图 20

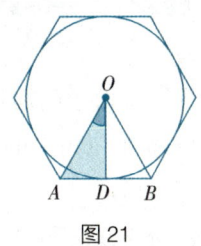
图 21

用这四组题目如果能认认真真给学生上一节专题课，意义是深远的.

从特殊到一般的思想方法，是探究问题常用的方法.

如果有条件用几何画板动态演示正 n 边形的变化，那么微积分的思想也会在学生的脑海里有了烙印.

老师们好好学习几何画板，一起向未来.

41 引入中间量求三角形的面积

计算三角形的面积常见的方法有四种：

1. 规则三角形的面积用公式. 有一条边与坐标轴平行的三角形被认为是规则三角形.

2. 不规则三角形的面积用割补法.

3. 同底三角形的面积比等于高的比，等高三角形的面积比等于底的比.

4. 相似三角形的面积比等于对应边比的平方.

我们在求三角形的面积时，如果引入一个中间量，会使得计算过程大为简便. 举例几道中考题目.

例1 如图1，已知 $\triangle ABC$，$BC = 10$，点 E、F 分别在边 AB、BC 上，且 $EF /\!/ AC$，联结 EC，设 $BF = x$，$y = \dfrac{S_{\triangle ECF}}{S_{\triangle ACB}}$，求 y 关于 x 的函数解析式，并写出自变量 x 的取值范围.

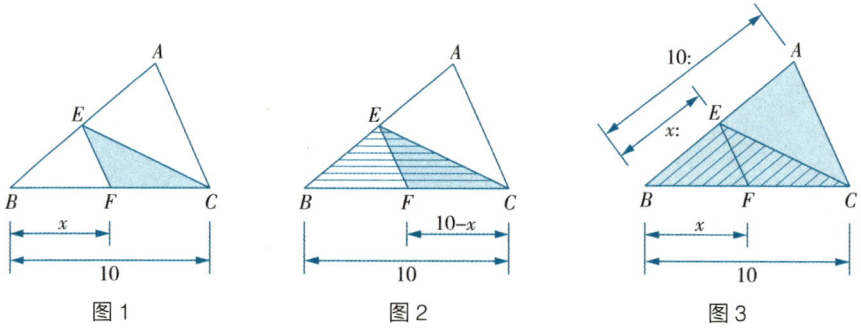

图1   图2   图3

如图2、图3所示，引入一个中间量 $\triangle ECB$.

由 $\dfrac{S_{\triangle ECF}}{S_{\triangle ECB}} = \dfrac{CF}{CB} = \dfrac{10-x}{10}$，$\dfrac{S_{\triangle ECB}}{S_{\triangle ACB}} = \dfrac{BE}{BA} = \dfrac{BF}{BC} = \dfrac{x}{10}$，

两式相乘，得 $y = \dfrac{S_{\triangle ECF}}{S_{\triangle ACB}} = \dfrac{10-x}{10} \times \dfrac{x}{10} = \dfrac{10x-x^2}{100}$. 自变量 x 的取值范围是 $0 < x < 10$.

例2 如图4，已知四边形 $ABCD$ 是矩形，$\cot \angle ADB = \dfrac{3}{4}$，$AB = 16$. 点 E 在射线 BC 上，点 F 在线段 BD 上，且 $\angle DEF = \angle ADB$. 设 $BE = x$，$\triangle DEF$ 的

面积为 y，求 y 关于 x 的函数关系式，并写出函数定义域.

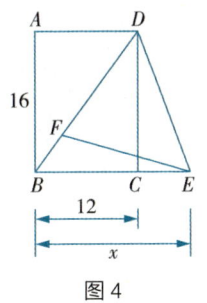

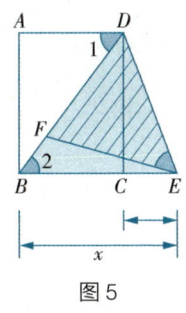

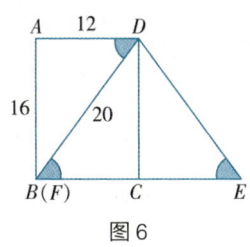

图4　　　　　　　　图5　　　　　　　　图6

如图 5，由 $\angle DEF = \angle 1 = \angle 2$，$\angle BDE$ 是公共角，可得 $\triangle DEF \backsim \triangle DBE$，$DE$ 与 DB 是对应边.

引入一个中间量 $\triangle DBE$.

在 $\mathrm{Rt}\triangle DCE$ 中，$DE^2 = DC^2 + CE^2 = 16^2 + (x-12)^2 = x^2 - 24x + 400$.

由 $\dfrac{S_{\triangle DEF}}{S_{\triangle DBE}} = \left(\dfrac{DE}{DB}\right)^2 = \dfrac{DE^2}{20^2} = \dfrac{x^2 - 24x + 400}{400}$，$S_{\triangle DBE} = 8x$，

得 $y = S_{\triangle DEF} = \dfrac{x^2 - 24x + 400}{400} \times 8x = \dfrac{x^3 - 24x^2 + 400x}{50}$.

定义域是 $0 < x \le 24$，$x = 24$ 的几何意义如图 6 所示.

例 3　如图 7，在 $\triangle ABC$ 中，$AB = AC = 10$，$\cos \angle ABC = \dfrac{3}{5}$，点 D 在 AB 边上（点 D 与点 A，B 不重合），$DE \parallel BC$ 交 AC 边于点 E，点 F 在线段 EC 上，且 $EF = \dfrac{1}{4} AE$，以 DE、EF 为邻边作平行四边形 $DEFG$，联结 BG. 设 $AE = x$，$\triangle DBG$ 的面积为 y，求 y 与 x 的函数关系式，并写出 x 的取值范围.

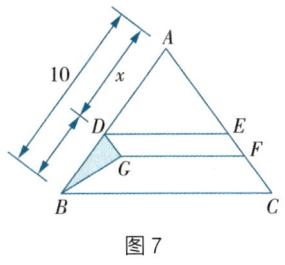

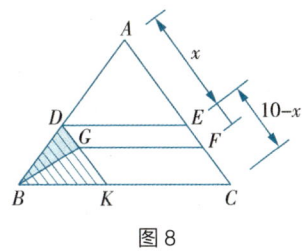

图7　　　　　　　　　　　　图8

如图 8，延长 DG 交 BC 于点 K，那么 $\triangle DBK$ 与 $\triangle DBG$ 是同高三角形，$\triangle DBK$ 与 $\triangle ABC$ 相似. 所以引入中间量 $\triangle DBK$ 和 $\triangle ABC$.

由 $\dfrac{S_{\triangle DBG}}{S_{\triangle DBK}}=\dfrac{DG}{DK}=\dfrac{EF}{EC}=\dfrac{\frac{x}{4}}{10-x}=\dfrac{x}{4(10-x)}$，$\dfrac{S_{\triangle DBK}}{S_{\triangle ABC}}=\left(\dfrac{BD}{BA}\right)^2=\dfrac{(10-x)^2}{100}$，$S_{\triangle ABC}=$

48，得 $y=S_{\triangle DBG}=\dfrac{x}{4(10-x)}\times\dfrac{(10-x)^2}{100}\times48=-\dfrac{3}{25}x^2+\dfrac{6}{5}x$.

当点 F 与点 C 重合时，由 $AF=AC$，得 $x+\dfrac{x}{4}=10$. 解得 $x=8$.

所以 x 的取值范围是 $0<x\leqslant 8$.

例 4 如图 9，已知抛物线 $y=-\dfrac{2}{3}x^2+\dfrac{2}{3}x+4$ 与 x 轴交于 A、B 两点(A 在

B 的左侧)，与 y 轴交于点 C，E 是线段 AB 上的一个动点，$EF\parallel AC$ 交 BC 于

F. 设 AE 的长为 x，$\triangle EOF$ 的面积为 y，求 y 关于 x 的函数关系式.

如图 9、图 10，已知 $A(-2，0)$，$B(3，0)$，$C(0，4)$，$\triangle EBF$ 与 $\triangle EOF$

是同高三角形，$\triangle EBF$ 与 $\triangle ABC$ 相似. 引入中间量 $\triangle EFB$ 和 $\triangle ABC$.

由 $\dfrac{S_{\triangle EOF}}{S_{\triangle EBF}}=\dfrac{OE}{BE}=\dfrac{OE}{5-x}$，$\dfrac{S_{\triangle EBF}}{S_{\triangle ABC}}=\left(\dfrac{BE}{BA}\right)^2=\dfrac{(5-x)^2}{25}$，$S_{\triangle ABC}=10$，

得 $y=S_{\triangle EOF}=\dfrac{OE}{5-x}\times\dfrac{(5-x)^2}{25}\times10=\dfrac{2(5-x)}{5}OE$.

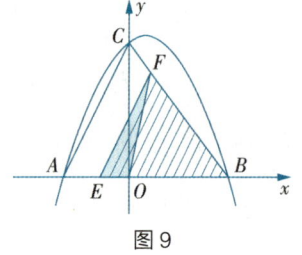

图 9

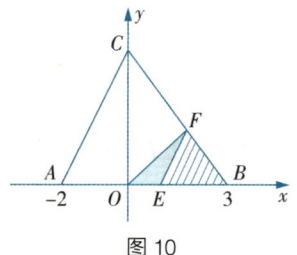

图 10

如图 9，当点 E 在 AO 上时，$OE=2-x$，此时 $y=S_{\triangle EOF}=\dfrac{2(5-x)(2-x)}{5}$.

如图 10，当点 E 在 OB 上时，$OE=x-2$，此时 $y=S_{\triangle EOF}=\dfrac{2(5-x)(x-2)}{5}$.

例 5 如图 11，抛物线 $y=x^2-6x+5$ 与 x 轴交于 A、B 两点(点 A 在点 B 的

左侧)，与 y 轴交于点 C，点 Q 在直线 BC 下方的抛物线上，且 $\triangle BCQ$ 的面积

等于 15，求点 Q 的坐标.

已知 $A(1，0)$，$B(5，0)$，$C(0，5)$，$\triangle BCO$ 的面积等于 $\dfrac{25}{2}$.

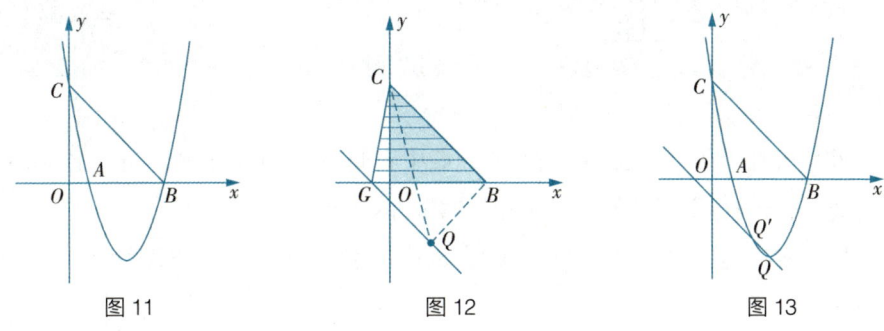

图 11　　　　　　　图 12　　　　　　　图 13

　　如图 12，在 BC 下方作一条 BC 的平行线，与 x 轴交于点 G，在直线上虚拟一个点 Q，联结 CQ、BQ，那么 $\triangle BCQ$ 与 $\triangle BCG$ 是同底等高的两个三角形，面积相等，等于 15.

　　引入中间量 $\triangle BCO$ 和 $\triangle BCG$. 由 $\dfrac{S_{\triangle BCO}}{S_{\triangle BCG}} = \dfrac{BO}{BG} = \dfrac{\frac{25}{2}}{15} = \dfrac{5}{6}$，得 $BG = \dfrac{6}{5}BO = 6$.

　　所以 $G(-1,\ 0)$. 于是直线 GQ 的解析式为 $y = -x - 1$. 这条直线与抛物线有两个交点 Q 和 Q'（如图 13 所示）. 解得 $Q(3,\ -4)$，$Q'(2,\ -3)$.

　　从上面 5 道例题可以体验到，引入中间量求三角形的面积，可以使得运算过程大为简便. 我把这种方法形象地称为"借鸡下蛋".

42 周长为定值的矩形的面积

人教版九年级"一元二次方程"一章中有这样一道应用题：有一根 20 m 长的绳子，怎样用它围成一个面积为 24 m² 的矩形？

如何发挥这道题目在教师专业成长中的教育功能呢？我设计了几个小问题：

1. 设矩形的一边长为 x，不局限于列一元二次方程.

2. 这根绳子能围成的矩形的最大面积是多少？

3. 几何画板课件怎么制作？

下面我来解析.

1. 设矩形的一边长为 x m.

解法一：根据周长为 20 m，可知另一边的长为 $(10-x)$ m.

根据矩形的面积为 24 m²，列方程 $x(10-x)=24$.

整理，得 $x^2-10x+24=0$. 解得 $x=4$，或 $x=6$.

解法二：根据面积为 24 m²，可知另一边的长为 $\dfrac{24}{x}$ m.

根据矩形的周长为 20 m，列方程 $x+\dfrac{24}{x}=10$.

转化为整式方程，得 $x^2-10x+24=0$.

从两种解法可以看到，分式方程转化为整式方程就是一步之遥，去分母就可以了.

方程的两个解 4 和 6 是对称的，其实矩形的两边就是 4 和 6.

2. 如果用二次函数 $S=x(10-x)$ 讨论 S 的最大值，容易得到当 $x=5$ 时，S 取得最大值为 25.

如果在还没有学习二次函数的情况下，能不能解决面积的最大值问题呢？

如图 1，正方形 $ABCD$ 的边长为 10 m，点 E 在边 AB 上，设 $AE=x$，$BE=10-x$.

以 AE、BE 为邻边作 4 个矩形，那么 4 个矩形的面积和

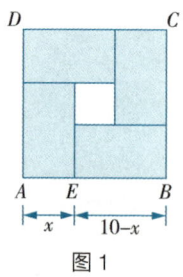

图 1

的最大值是多少呢?

如图 2,当 4 个矩形填满正方形 $ABCD$ 时,4 个矩形的面积和最大. 所以每个矩形的面积的最大值为 25 m^2.

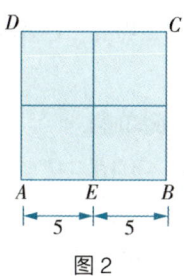

图 2

3. 这个题目的几何画板课件有两种构造方法.

方法一:如图 3,作点 $A(10,0)$,联结 OA.

在线段 OA 上放自由点 B. 以 OB、BA 为邻边构造矩形 $OBCD$.

度量 OB 的长(设为 x),度量矩形 $OBCD$ 的面积(设为 S).

构造动点 (x,S) 的轨迹,我们就看到一条开口向下的抛物线. 抛物线的顶点在 OA 的中点的正上方.

拖动点 B 在线段 OA 上运动,可以体验到,S 的值有两个时刻等于 24.

方法二:作反比例函数 $y=\dfrac{24}{x}$ 的图像(第一象限的部分),在图像上放置一个自由点 A.

作 $AB\perp x$ 轴于点 B,作 $AC\perp y$ 轴于点 C.

作 $(0,10)$、$(10,0)$ 两点,联结这两点得到一条线段.

拖动点 A 在双曲线上运动,可以体验到,点 A 有两次机会落在线段上.

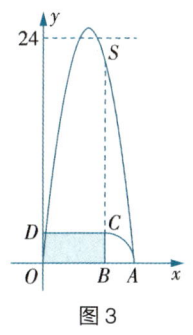

图 3

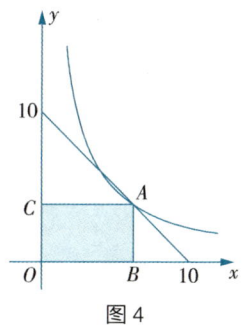

图 4

能把课本上一行字一道题这样深刻理解,一定会有自豪感和成就感.

这是融会贯通. 会是技能,通是境界.

43 "边边角"的一个典型例题

沪教版教材有这样一道题：如图1，△ABC 中，已知①D 是 BC 的中点，②∠1 = ∠2，求证③AB = AC.

猛一看很简单，仔细一看不简单啊.

如果已知①D 是 BC 的中点，③AB = AC，求证②∠1 = ∠2. 那就是等腰三角形的"三线合一".

或者已知②∠1 = ∠2，③AB = AC，求证①D 是 BC 的中点. 这也是等腰三角形的"三线合一"啊.

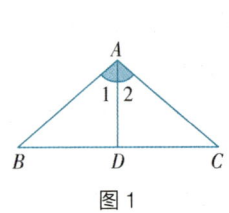

图1

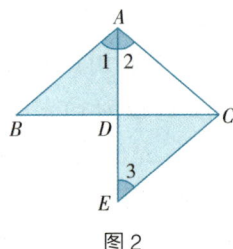

图2

典型题就是典型题，倍长中线啊.

如图2，延长 AD 至 E，使得 DE = AD.

由"边角边"，可得 △ABD ≌ △ECD. 所以 ∠1 = ∠3，AB = EC.

已知 ∠1 = ∠2，等量代换，得 ∠3 = ∠2. 所以 AC = EC.

等量代换，得 AB = AC.

把这个图形扭一扭，情况会怎么样呢？

例1 如图3，点 D 是线段 BC 的中点，点 A 在线段 GD 上，如果 ∠1 = ∠2，求证 AB = GC.

依然，如图4，延长 AD 至 E，使得 DE = AD. 证明过程完全相同.

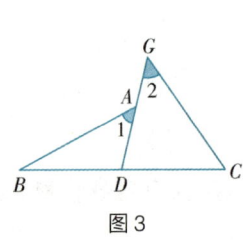

图3

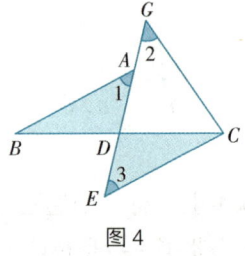

图4

例 2 如图 3，点 D 是线段 BC 的中点，点 A 在线段 GD 上，如果 $AB = GC$，那么 $\angle 1 = \angle 2$ 吗？

依然，如图 4，延长 AD 至 E，使得 $DE = AD$.

依然，由"边角边"，可得 $\triangle ABD \cong \triangle ECD$. 所以 $\angle 1 = \angle 3$，$AB = EC$.

已知 $AB = GC$，等量代换，得 $EC = GC$. 所以 $\angle 2 = \angle 3$.

等量代换，得 $\angle 1 = \angle 2$.

例 3 如图 3，点 D 在线段 BC 上，点 A 在线段 GD 上，如果 $AB = GC$，$\angle 1 = \angle 2$，那么 D 是 BC 的中点吗？

没有中点，也就不能用倍长中线法了.

如图 5，过点 C 作 AB 的平行线交 AD 的延长线于点 E，那么 $\angle 1 = \angle 3$.

已知 $\angle 1 = \angle 2$，等量代换，得 $\angle 2 = \angle 3$. 所以 $EC = GC$.

已知 $AB = GC$，等量代换，得 $AB = EC$.

所以 AB 与 EC 平行且相等. 所以 AE 与 BC 互相平分.

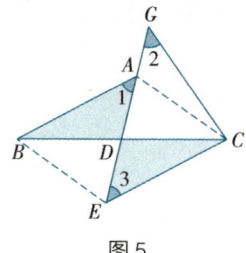

图 5

回头看，不论是图 1 还是图 3，由①②③中的任意两个作为条件，都可以使第三个条件成立.

这个问题中，虽然，"边边角"不能证明两个三角形全等，但是可以借一个三角形构造全等.

例 4 如图 6，点 P 是正方形 $ABCD$ 的对角线 BD 上一点，点 E、F 分别在 AB、BC 上，且 $PE \perp PF$，求证 $PE = PF$.

如图 7，在 BC 上截取 $BG = BE$，那么 $\triangle BPE \cong \triangle BPG$. 所以 $\angle 1 = \angle 2$，$PE = PG$.

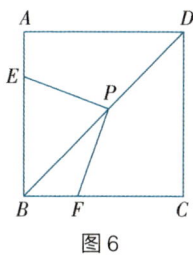

图 6

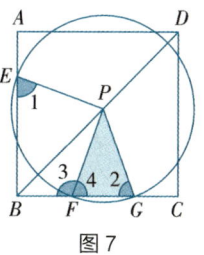

图 7

在四边形 $EBFP$ 中，根据内角和，可知 $\angle 1 + \angle 3 = 180°$. 所以 $\angle 1 = \angle 4$，所以 $\angle 2 = \angle 4$. 所以 $PG = PF$. 等量代换，得 $PE = PF$.

例5 如图 8，点 P 是 $\angle ABC$ 的平分线 BD 上一点，点 E、F 分别在 AB、BC 上，如果 $\angle ABC$ 与 $\angle EPF$ 互补，求证 $PE = PF$.

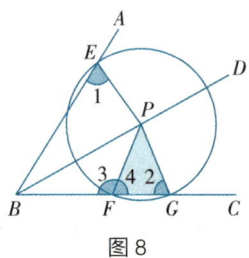

图 8

例 5 就是例 4 的一般化，都是借一个 $\triangle BPG$ 来构造全等. 而 $PE = PF$ 的本质是同圆的半径相等，$\odot P$ 与边 BC 有两个交点 F 和 G.

本节内容都是课本上的例题和习题，挖掘课本，你会发现都是典型题.

44 两边及一边上的高对应相等的两个三角形全等吗

人教版教材上有这样一道题目：

例1 如图1，AD、$A'D'$ 分别是 $\triangle ABC$ 和 $\triangle A'B'C'$ 的对应边上的中线，$AB = A'B'$，$BC = B'C'$，$AD = A'D'$，求证 $\triangle ABC \cong \triangle A'B'C'$.

概括一下，就是**有两边及一边上的中线对应相等的两个三角形全等**.

如图2，先根据"SSS"证明 $\triangle ABD \cong \triangle A'B'D'$，得到 $\angle B = \angle B'$.

再根据"SAS"证明 $\triangle ABC \cong \triangle A'B'C'$.

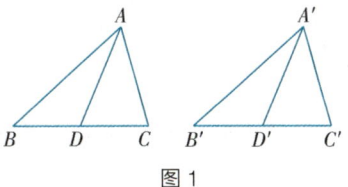

图1

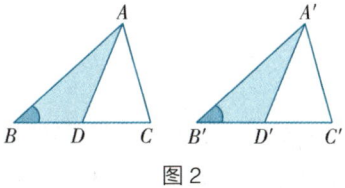

图2

自然而然地，我就想到下面几个问题.

例2 如图3，AD、$A'D'$ 分别是 $\triangle ABC$ 和 $\triangle A'B'C'$ 对应的角平分线，$\angle BAC = \angle B'A'C'$，$AB = A'B'$，$BC = B'C'$，$AD = A'D'$，求证 $\triangle ABC \cong \triangle A'B'C'$.

如图4，先根据"SAS"证明 $\triangle ABD \cong \triangle A'B'D'$，得到 $\angle B = \angle B'$.

再根据"SAS"证明 $\triangle ABC \cong \triangle A'B'C'$.

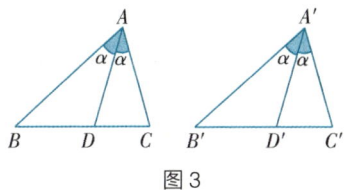

图3

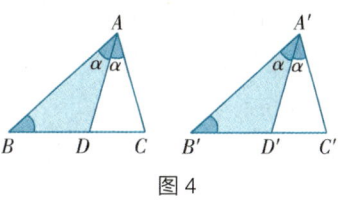

图4

有两角及一角的平分线对应相等的两个三角形全等吗？

例3 如图5，AD、$A'D'$ 分别是 $\triangle ABC$ 和 $\triangle A'B'C'$ 对应的角平分线，$\angle BAC = \angle B'A'C'$，$\angle B = \angle B'$，$AD = A'D'$，$\triangle ABC$ 与 $\triangle A'B'C'$ 全等吗？

如图6，先根据"AAS"证明 $\triangle ABD \cong \triangle A'B'D'$，得到 $AB = A'B'$.

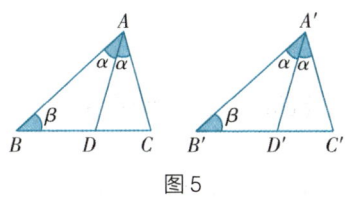

图5

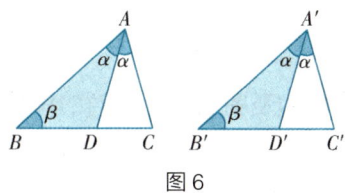

图6

再根据"ASA"可证得 $\triangle ABC \cong \triangle A'B'C'$.

有两边及一边上的高对应相等的两个三角形全等吗?

例4 如果 AD、$A'D'$ 分别是 $\triangle ABC$ 和 $\triangle A'B'C'$ 的对应边上的高,且 $AB = A'B'$,$BC = B'C'$,$AD = A'D'$,那么 $\triangle ABC$ 与 $\triangle A'B'C'$ 全等吗?

如图7所示,根据"HL"可得 $\triangle ABD \cong \triangle A'B'D'$. 所以 $\angle ABD = \angle A'B'D'$.

但是 $\angle ABD$ 是 $\triangle ABC$ 的一个内角,而 $\angle A'B'D'$ 是 $\triangle A'B'C'$ 的一个外角. 所以 $\triangle ABC$ 与 $\triangle A'B'C'$ 不全等.

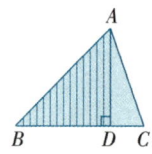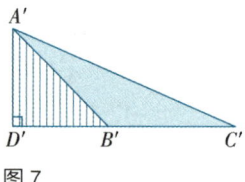

图7

例4不同于前面三个例题的原因,是三角形的中线、角平分线一定在三角形内部,而三角形的高不一定在三角形的内部.

我们再讨论一组题目.

有两边及第三边上的中线对应相等的两个三角形全等吗?

例5 如图8,AD、$A'D'$ 分别是 $\triangle ABC$ 和 $\triangle A'B'C'$ 的对应边上的中线,$AB = A'B' = m$,$AC = A'C' = n$,$AD = A'D' = k$,那么 $\triangle ABC$ 与 $\triangle A'B'C'$ 全等吗?

如图9,分别用倍长中线法,延长 AD、$A'D'$ 至 E、E',那么 $\triangle ABD \cong \triangle ECD$,$\triangle A'B'D' \cong \triangle E'C'D'$.

再根据"SSS"证明 $\triangle ACE \cong \triangle A'C'E'$,得到 $\angle E = \angle E' = \alpha$,$\angle CAE = \angle C'A'E' = \beta$.

然后根据"SAS"可以得到 $\triangle ABC \cong \triangle A'B'C'$.

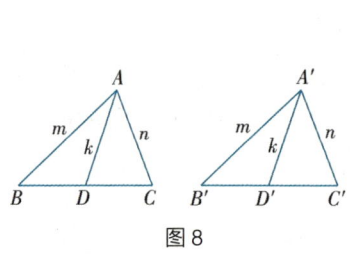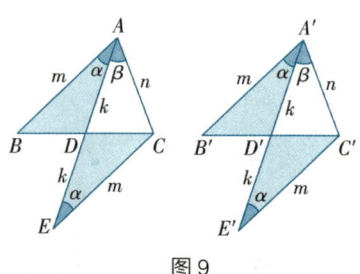

图8   图9

有两边及第三边上所对的角平分线对应相等的两个三角形全等吗?

例6 如图10,AD、$A'D'$ 分别是 $\triangle ABC$ 和 $\triangle A'B'C'$ 的角平分线,$AB = A'B' = m$,$AC = A'C' = n$,$AD = A'D' = k$,那么 $\triangle ABC$ 与 $\triangle A'B'C'$ 全等吗?

我们只要证明 $\alpha=\beta$ 就可以解决问题了. 如图 11, 过点 C 作 AB 的平行线交 AD 的延长线于点 E, 过点 C' 作 $A'B'$ 的平行线交 $A'D'$ 的延长线于点 E'. 由 $\dfrac{k'}{k}=\dfrac{n}{m}$, 可知 k' 为定值.

于是根据"SSS"可证 $\triangle ACE \cong \triangle A'C'E'$ 全等, 得到 $\alpha=\beta$.

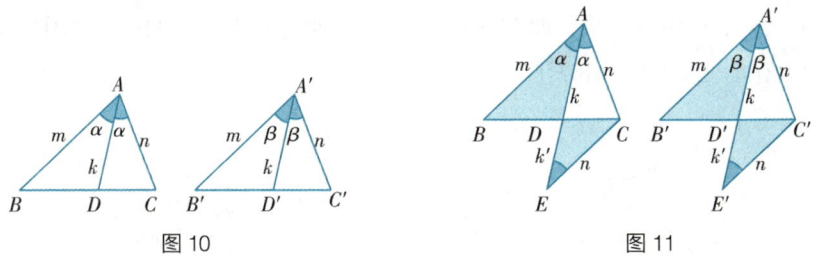

图 10   图 11

有两边及第三边上所对的高对应相等的两个三角形全等吗?

例 7 如图 12, AD 是 $\triangle ABC$ 的高, AC' 与 AC 关于 AD 对称, 那么在 $\triangle ABC$ 与 $\triangle ABC'$ 中, 有两边及第三边上的高对应相等, 但是这两个三角形不全等.

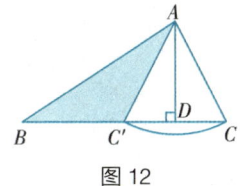

图 12

把一组题目集中起来进行研究, 效果比较好.

我们一起向未来.

所有版本的教材都有这道题：如图1，△ABD、△AEC 都是等边三角形.求证 BE = DC.

这是一个经典的图形. 如图2所示，先证明 ∠BAE = ∠DAC，再用"SAS"证明 △BAE ≌ △DAC 就可以了.

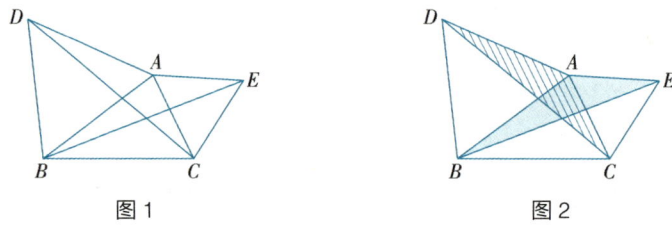

图1   图2

深度解读1 观察与思考：如图3~图8，△ABD、△AEC 都是等边三角形，我们改变点 A 的位置，看看 △BAE 和 △DAC 为什么保持全等.

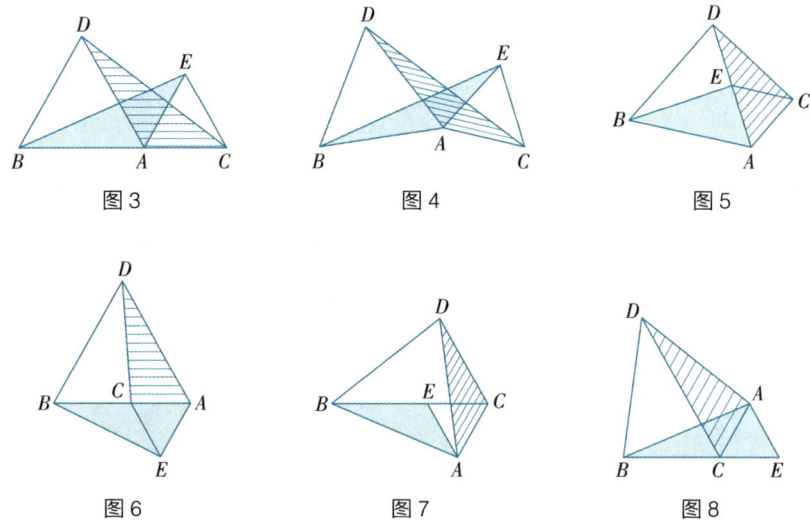

图3   图4   图5

图6   图7   图8

深度解读2 如图9，△ABD、△AEC 都是等边三角形，设 BE 与 DC 交于点 O，求证 ∠BOD = 60°.

如图10，在 △DMO 和 △BMA 中，∠1 = ∠2，根据内角和相等，可得∠BOD = ∠BAD = 60°.

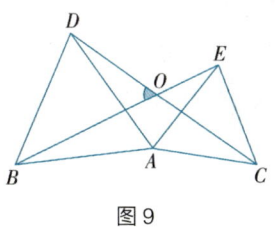

图 9

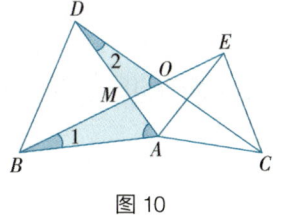

图 10

深度解读 3 如图 11，△ABD、△AEC 都是等边三角形，点 A 在 BC 上. 求证△AEM≌△ACN.

由 $\angle MAE = \angle NAC = 60°$，$AE = AC$，$\angle AEM = \angle ACN$，根据"ASA"，就可以得△AEM≌△ACN.

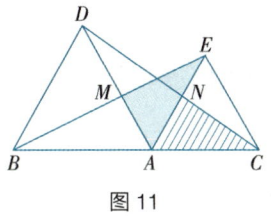

图 11

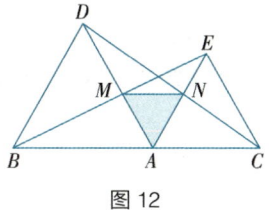

图 12

深度解读 4 如图 12，△ABD、△AEC 都是等边三角形，点 A 在 BC 上. 求证△AMN 是等边三角形.

由 $AM = AN$，$\angle MAN = 60°$，就可以得到△AMN 是等边三角形.

深度解读 5 如图 12，△ABD、△AEC 都是等边三角形，点 A 在 BC 上. 求证 $MN \parallel BC$.

方法一：由图 12 中两个 60°的内错角相等，就可以得到 $MN \parallel BC$.

方法二：如图 13，由 $\dfrac{ME}{MB} = \dfrac{EA}{BD}$，$\dfrac{NE}{NA} = \dfrac{EC}{AD}$，而 $\dfrac{EA}{BD} = \dfrac{EC}{AD}$，等量代换，得

$\dfrac{ME}{MB} = \dfrac{NE}{NA}$. 所以 $MN \parallel BC$.

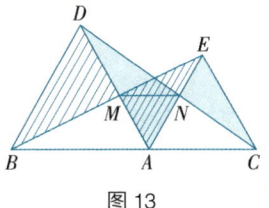

图 13

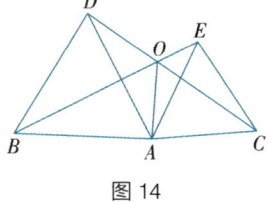

图 14

深度解读 6 如图 14，△ABD、△AEC 都是等边三角形，BE 与 CD 交于点 O. 求证 OA 平分∠BOC.

如图 15，作 $AG \perp BE$ 于 G. 如图 16，作 $AH \perp DC$ 于 H.

根据全等三角形对应边上的高相等，可得 $AG = AH$. 也就是说，点 A 到 $\angle BOC$ 两边的距离相等，所以 OA 平分 $\angle BOC$（如图 17 所示）.

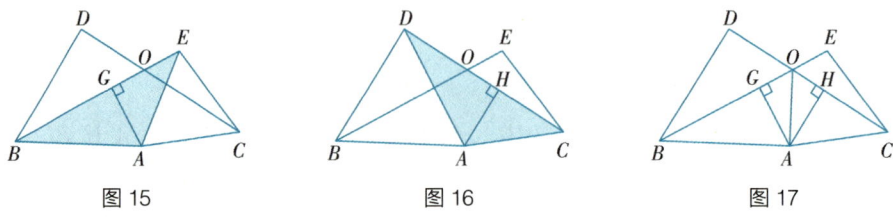

图 15　　　　　　图 16　　　　　　图 17

深度解读 7　如图 18，$\triangle ABD$、$\triangle AEC$ 都是等边三角形，G、H、P、Q 分别是 DB、BC、CE、ED 的中点，求证四边形 $GHPQ$ 是菱形.

这个问题我们在前面的文章中有过专题论述. 化繁为简，如图 19，事实上，原四边形 $DBCE$ 的对角线相等，所以它的中点四边形是菱形.

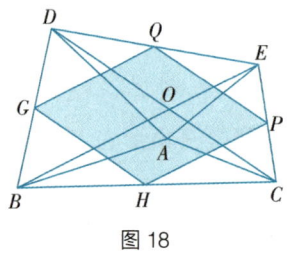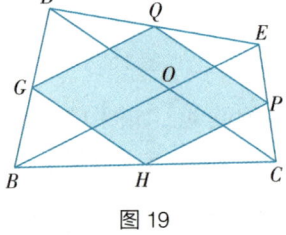

图 18　　　　　　　　　图 19

题目讲了一遍又一遍，经典永流传.

46 如果双曲线与直线有两个交点

记得在 2007 年教毕业班的时候，我给学生讲过这样一道中考题：

例 1 如图 1，已知 $A(1，4)$、B 两点在同一条双曲线上，点 B 在点 A 的右侧，$AC \perp x$ 轴于 C，$BD \perp y$ 轴于 D，联结 CD，求证 $CD \parallel AB$.

我当时讲了两种解法.

解法一：设 AC 与 BD 交于点 H. 双曲线的解析式为 $y = \dfrac{4}{x}$，设 $B\left(m，\dfrac{4}{m}\right)$.

由 $\tan \angle ABD = \dfrac{AH}{BH} = \dfrac{4 - \dfrac{4}{m}}{m - 1} = \dfrac{4}{m}$，$\tan \angle CDB = \dfrac{CH}{DH} = \dfrac{4}{m}$，得 $\angle ABD = \angle CDB$.

所以 $CD \parallel AB$.

解法二：由 $\dfrac{DH}{DB} = \dfrac{1}{m}$，$\dfrac{CH}{CA} = \dfrac{\dfrac{4}{m}}{4} = \dfrac{1}{m}$，得 $\dfrac{DH}{DB} = \dfrac{CH}{CA}$. 所以 $CD \parallel AB$.

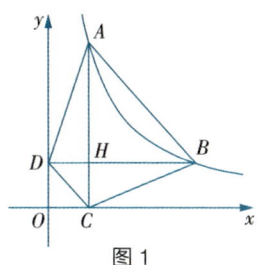

图 1

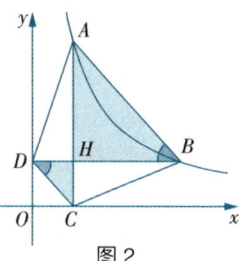

图 2

过了几年，山东省某地中考最后一题与该题类似，我要求考生用面积法证明 $CD \parallel AB$.

例 2 如图 3，已知 A、B 是反比例函数 $y = \dfrac{k}{x}$（$x > 0$）图像上的两个点，$AC \perp x$ 轴于 C，$BD \perp y$ 轴于 D，求证 $CD \parallel AB$.

如图 4、图 5，作 $AE \perp y$ 轴于 E，作 $BF \perp x$ 轴于 F，那么矩形 $AEOC$ 与矩形 $BFOD$ 的面积相等.

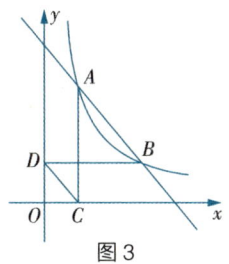

图 3

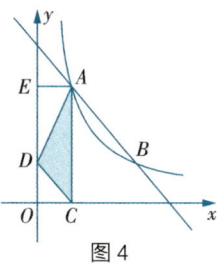

图 4

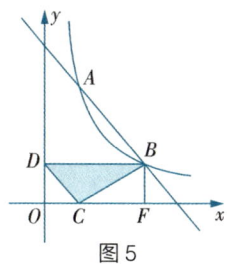

图 5

又因为△ADC 的面积等于矩形 AEOC 面积的一半，△BDC 的面积等于矩形 BFOD 面积的一半，所以△ADC 与△BDC 的面积相等(如图 6 所示).

因此 A、B 两点到直线 CD 的距离相等. 所以 CD∥AB.

再后来，在这个结论的基础上，中考题目又证明新结论：

例 3 如图 7，如果直线 AB 与 y 轴交于点 M，与 x 轴交于点 N，求证 AM=BN.

因为 DC 是平行四边形 AMDC 和平行四边形 DCNB 的公共边，经过等量代换，可得 AM=BN.

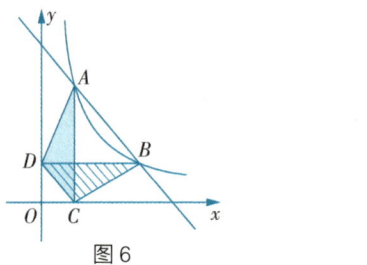

图 6

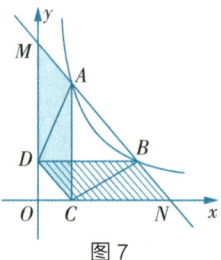

图 7

随后我在图 7 的基础上又想到了一个问题.

如图 8，如果 A、B 两点分别在双曲线的两支上，直线 AB 与 y 轴交于点 M，与 x 轴交于点 N，那么 AM=BN 吗？

我先在几何画板里度量了一下，结论是肯定的.

上面三种方法同样都可以证明 CD∥AB. 同样，如图 9，DC 是平行四边形 AMDC 和平行四边形 DCNB 的公共边，所以 AM=BN.

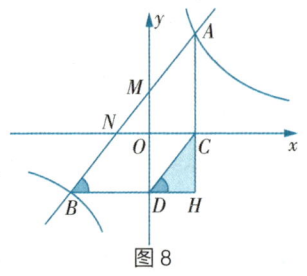

图 8

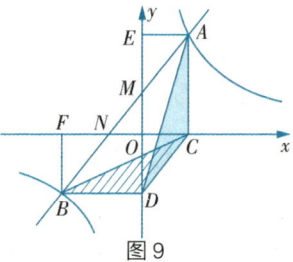

图 9

我们回头看一下，A、B 两点在双曲线的同一支上或者分居在两支上，位置关系发生了改变，图 2 中的∠ABD 与∠CDB 由内错角转换为图 8 中的同旁内角. 图 2 中的 $\dfrac{DH}{DB}=\dfrac{CH}{CA}$ 由部分比全部转换为图 8 中的两个部分的比. 图 4、图 5、图 9 中的矩形面积依然相等，△ACD 与△BCD 的面积也依然相等.

这就是对立统一，给学生渗透一点辩证唯物主义思想.

十五年时间，我对这道题目的认识逐步深入.

47 长方形纸片折叠中的计算问题

一般来讲，长方形纸片折叠中的计算，必用勾股定理或相似三角形的对应边成比例. 下面举例几道中考试题.

例1 如图1，在矩形 $ABCD$ 中，$AB=5$，$AD=3$，点 E 为 BC 上一点，把 $\triangle CDE$ 沿 DE 翻折，点 C 恰好落在 AB 边上的点 F 处，那么 CE 的长是__.

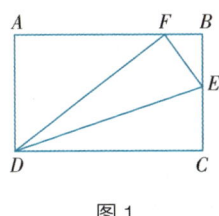

图1

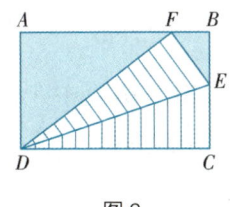

图2

如图2，在 Rt$\triangle ADF$ 中，$AD=3$，$DF=DC=5$，所以 $AF=4$. 所以 $BF=1$.

接下来既可以用勾股定理列方程，也可以根据相似三角形的对应边成比例列方程.

设 $CE=FE=x$，在 Rt$\triangle BEF$ 中，由勾股定理，得 $x^2=1^2+(3-x)^2$.

或者，由 $\triangle DAF \backsim \triangle FBE$，得 $\dfrac{DA}{DF}=\dfrac{FB}{FE}$. 所以 $\dfrac{3}{5}=\dfrac{1}{FE}$. 解得 $FE=\dfrac{5}{3}$.

例2 如图3，在矩形纸片 $ABCD$ 中，$AB=3$，点 E 在边 BC 上，将 $\triangle ABE$ 沿直线 AE 折叠，点 B 恰好落在对角线 AC 上的点 F 处，若 $\angle EAC=\angle ECA$，那么 AC 的长是_____.

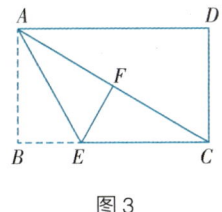

图3

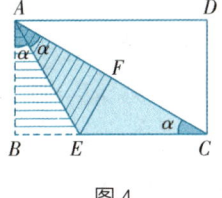

图4

如图4，因为 $\angle EAC=\angle ECA=\alpha$，$\angle EAC=\angle EAB=\alpha$，所以在 Rt$\triangle ABC$ 中，$3\alpha=90°$. 解得 $\alpha=30°$. 所以 $AC=2AB=6$.

在这里，我们用了特殊角的三角比，也属于相似三角形的范畴.

例 3　如图 5，有一张长方形纸片 $ABCD$，$AB = 8$ cm，$BC = 10$ cm，点 E 为 CD 上一点，将纸片沿 AE 折叠，BC 的对应边 $B'C'$ 恰好经过点 D，那么线段 DE 的长为_____．

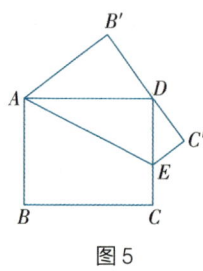
图 5

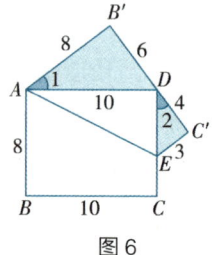
图 6

如图 6，在 Rt$\triangle AB'D$ 中，$AB' = AB = 8$，$AD = 10$，所以 $B'D = 6$．
所以 $DC' = 10 - 6 = 4$．

由 $\cos\angle 2 = \cos\angle 1 = \dfrac{4}{5}$，得 $\dfrac{DC'}{DE} = \dfrac{4}{DE} = \dfrac{4}{5}$．所以 $DE = 5$．

在这里 $\cos\angle 2 = \cos\angle 1$ 的本质是两个直角三角形相似．

例 4　如图 7，在正方形 $ABCD$ 中，$AB = 6$，M 是 AD 边上的一点，AM：$MD = 1$：2．将 $\triangle BMA$ 沿 BM 对折至 $\triangle BMN$，联结 DN，那么 DN 的长是_____．

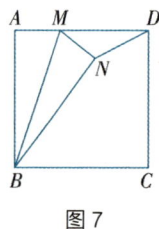
图 7

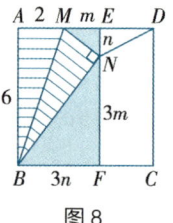
图 8

如图 8，由 $AD = 6$，AM：$MD = 1$：2，可得 $AM = 2$，$MD = 4$．

过点 N 作 BC 的垂线，垂足为 F，交 AD 于点 E，那么 $\triangle MEN \backsim \triangle NFB$．

由 MN：$NB = MA$：$AB = 1$：3，设 $ME = m$，$NF = 3m$，$EN = n$，$FB = 3n$．

由 $\begin{cases} AE = BF, \\ EF = AB, \end{cases}$ 得 $\begin{cases} 2 + m = 3n, \\ n + 3m = 6. \end{cases}$ 解得 $m = \dfrac{8}{5}$，$n = \dfrac{6}{5}$．

在 Rt$\triangle DEN$ 中，$DE = MD - ME = 4 - \dfrac{8}{5} = \dfrac{12}{5}$，$NE = \dfrac{6}{5}$，所以 $DN = \dfrac{6\sqrt{5}}{5}$．

本题利用直角顶点 N 构造另外两个直角三角形相似，MN：$NB = 1$：3 既是 Rt$\triangle MNB$ 两条直角边的比，又是相似直角三角形的斜边比．

本题另一个巧妙之处在于根据矩形的对边相等列方程组，这样可以使得运算过程简便一些.

例 5 如图 9，在矩形 $ABCD$ 中，$AD=4$，将 $\angle A$ 向内翻折，点 A 落在 BC 上，记为 A_1，折痕为 DE. 若将 $\angle B$ 沿 EA_1 向内翻折，点 B 恰好落在 DE 上，记为 B_1，那么 AB 的长等于_____.

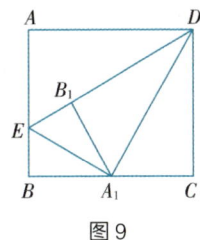
图 9

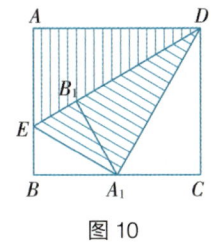
图 10

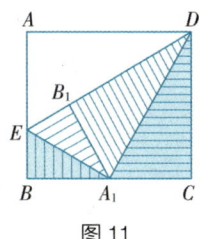
图 11

如图 10，$AD=A_1D=4$.

如图 11，已知 $\triangle BA_1E \cong \triangle B_1A_1E$，根据等角的余角相等，得 $\angle CA_1D = \angle B_1A_1D$.

再根据"AAS"得 $\triangle CA_1D \cong \triangle B_1A_1D$.

所以 $A_1B=A_1B_1=A_1C$. 所以 A_1 是 BC 的中点，$A_1C=2$.

在 $\text{Rt}\triangle DA_1C$ 中，由勾股定理，得 $DC=2\sqrt{3}$.

这道题目的经典在于这张纸片经过两次折叠，图中有三个轴对称. 对称轴分别是 DE、A_1E 和 A_1D.

例 6 如图 12，已知四边形 $ABCD$ 是正方形，将 $\triangle DAE$、$\triangle DCF$ 分别沿 DE、DF 向内折叠得到图 13，此时 DA 与 DC 重合（点 A、C 都落在点 G），若 $GF=4$，$EG=6$，那么 DG 的长为_____.

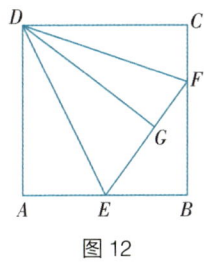
图 12

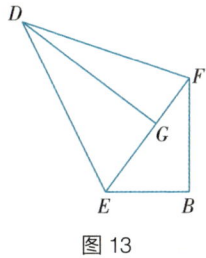
图 13

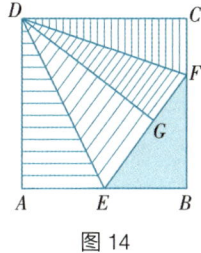
图 14

如图 14，已知 $DC=DG=DA$，$GF=CF=4$，$EG=EA=6$.

设正方形的边长为 x，那么 $BE=x-6$，$BF=x-4$.

在 $\text{Rt}\triangle BEF$ 中，$EF=10$，由勾股定理，得 $10^2=(x-6)^2+(x-4)^2$. 解得 $x=12$.

这道题目的经典在于两次折叠，点 G 落在线段 EF 上，EF 是 Rt△BEF 的斜边.

例7 如图 15，在矩形 $ABCD$ 中，$AB = 3$，$AD = 4$，E、F 分别是边 BC、CD 上一点，$EF \perp AE$，将△ECF 沿 EF 翻折得△$EC'F$，联结 AC'，当 $BE =$ _____时，△AEC' 是以 AE 为腰的等腰三角形.

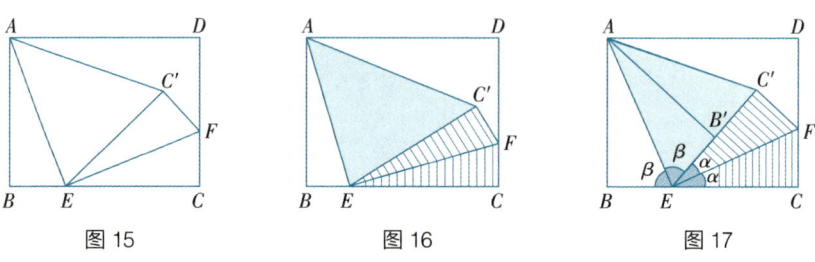

图 15　　　　　图 16　　　　　图 17

设 $BE = x$，那么 $EC = EC' = 4 - x$，$AE^2 = 3^2 + x^2$.

如图 16，如果 $AE = C'E$，由 $AE^2 = C'E^2$，得 $3^2 + x^2 = (4-x)^2$. 解得 $x = \dfrac{7}{8}$.

如图 17，已知 $\angle C'EF = \angle CEF = \alpha$，根据等角的余角相等，可知 $\angle C'EA = \angle BEA = \beta$. 那么点 B 关于 AE 的对称点 B' 落在 EC' 上.

如果 $AC' = AE$，由于 $AB' \perp EC'$，根据"三线合一"，可得 B' 是 EC' 的中点. 所以 $EC' = 2EB$. 所以 $4 - x = 2x$. 解得 $x = \dfrac{4}{3}$.

这道题目隐含了两次翻折，折痕分别是 AE 和 FE，且点 B' 在 EC' 上（或延长线上）.

例8 如图 18，折叠矩形纸片 $ABCD$，使点 D 落在 AB 边的点 M 处，EF 为折痕，$AB = 1$，$AD = 2$，设 AM 的长为 t，用含有 t 的式子表示四边形 $CDEF$ 的面积是_____.

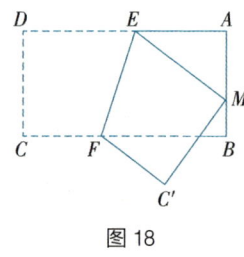　　　　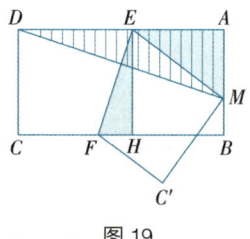

图 18　　　　　　　　图 19

如图 19，联结 DM. 作 $EH \perp BC$ 于 H.

由△$DAM \backsim$△EHF，相似比为 $2:1$，得 $FH = \dfrac{1}{2}MA = \dfrac{1}{2}t$.

设 $DE = ME = m$. 在 $\mathrm{Rt}\triangle EAM$ 中，由勾股定理，得 $m^2 = t^2 + (2-m)^2$.

解得 $m = \dfrac{1}{4}t^2 + 1$. 所以 $CF = DE - FH = \dfrac{1}{4}t^2 + 1 - \dfrac{1}{2}t$.

如图 20 所示，$S_{\text{梯形 }CDEF} = \dfrac{1}{2}\left[\left(\dfrac{1}{4}t^2 + 1 - \dfrac{1}{2}t\right) + \left(\dfrac{1}{4}t^2 + 1\right)\right] \times 1 = \dfrac{1}{4}t^2 - \dfrac{1}{4}t + 1$.

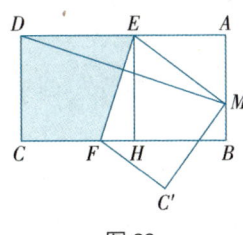

图 20

这道题目的计算过程既用到了相似比，又用到了勾股定理，还要设元 m.

上面 8 道长方形纸片折叠的题目，有一次折叠，有两次折叠，还有两次折叠蕴含了三个轴对称. 其中的线段长的计算，都用到了勾股定理或者相似三角形的对应边成比例(含特殊角的三角比).

细数几何计算中求线段的长，列方程的依据不外乎三个：勾股定理，相似三角形的对应边成比例，线段相等以及线段的和、差、倍等.

例1 如图1，正方形纸片 $ABCD$ 的边长为2，折叠这张纸片，使得点 B 落在 AD 边上的点 M 处，折痕为 EF，BC 的对应边 MN 与 CD 交于点 G，求 $\triangle DMG$ 的周长.

我第一次看到这道题目的时候，首先想到了利用相似三角形和勾股定理进行计算，结果各种尝试都失败了.

突然间，我想到了做过的另一道中考题.

如图2，已知正方形 $ABCD$，以点 B 为圆心，BC 为半径画弧，点 E 是弧 $\overset{\frown}{AC}$ 上的点，过点 E 的切线与 AD 交于点 M，与 CD 交于点 N，根据"HL"，可以得到 $\text{Rt}\triangle BAM \cong \text{Rt}\triangle BEM$，$\text{Rt}\triangle BCN \cong \text{Rt}\triangle BEN$. 从而得到 $MN = AM + CN$，$\angle MBN = 45°$ 为定值.

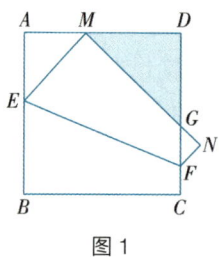

图1

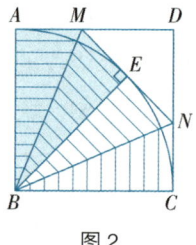

图2

现在我们对照图2看图1. 如图3，联结 BM、BG，作 $BH \perp MG$ 于 H. 显然不能用"HL"证明两对直角三角形全等. 怎么办？隐含条件在哪里呢？

如图4，$\angle 1 = \angle 2$ 是隐含条件，折叠前后的对应角相等啊.

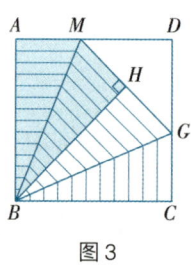

图3

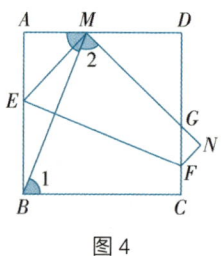

图4

于是 $\angle 2 = \angle 1 = \angle AMB$. 进而根据"AAS"证明 $\triangle BAM \cong \triangle BHM$，得到 $AM = HM$，$BA = BH$.

等量代换，得到 $BC = BH$. 再根据"HL"，得 $\text{Rt}\triangle BCG \cong \text{Rt}\triangle BHG$. 所

以 $CG = HG$.

于是△DMG 的周长就转化为 $AD+CD=4$，为定值.

同样地，$\angle MBG = 45°$为定值.

我又想到了一道似曾相识的中考题.

例2 如图5，在半径为2的扇形 AOB 中，$\angle AOB = 90°$，点 C 是 $\overset{\frown}{AB}$ 上的一个动点(不与点 A、B 重合)，$OD \perp BC$，$OE \perp AC$，垂足分别为 D、E. 在△DOE 中是否存在长度保持不变的边？如果存在，请指出并求其长度；如果不存在，请说明理由.

已知 OD、OE 是两条弦心距，不由得让人想起了垂径定理. 所以 D、E 两点分别是 CB、CA 的中点. 又让人不由得想起了三角形的中位线. 如图6所示，DE 是△CBA 的中位线，因为 BA 的长是确定的，所以 DE 的长是定值.

如图7所示，$\angle DOE = 45°$也为定值.

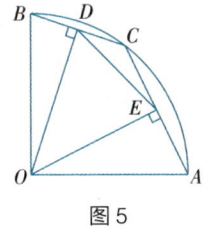
图5

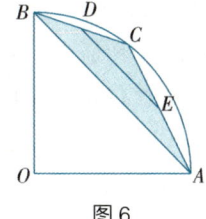
图6

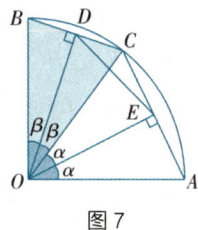
图7

此情此景，又让我联想起了一道形似神不似的题目.

例3 如图8，在半径为2的扇形 AOB 中，$\angle AOB = 90°$，点 C 是 $\overset{\frown}{AB}$ 上的一个动点(不与点 A、B 重合)，$CD \perp OB$，$CE \perp OA$，垂足分别为 D、E. 在△CDE 中是否存在长度保持不变的边？

如图9，联结 OC. 根据矩形的对角线相等，可知 $DE = OC = 2$ 为定值.

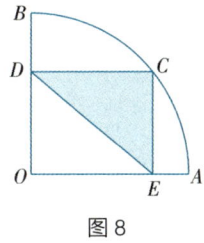
图8

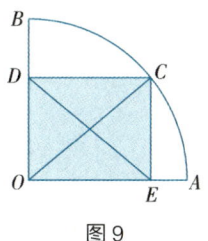
图9

四十年来，从我读初中那时起，有一道典型题一直困惑着我.

例4 如图10，点 E、F 分别是正方形 $ABCD$ 的边 BC、CD 上的点，且 $\angle EAF = 45°$，求证 $EF = BE + DF$.

如图 11，如果作 $AH \perp EF$ 于 H，无法证明 $\triangle ADF$ 与 $\triangle AHF$ 全等.

如果在 EF 取点 H，使得 $\angle HAF = \angle DAF$，也无法证明 $\triangle ADF$ 与 $\triangle AHF$ 全等.

这两种添加辅助线的方法为什么不能证明全等？一直困惑着我.

典型的做法是，如图 12，把 $\triangle ADF$ 绕点 A 顺时针旋转 $90°$ 得到 $\triangle ABG$. 再根据"SAS"证明 $\triangle AEG \cong \triangle AEF$.

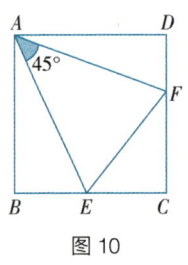
图 10

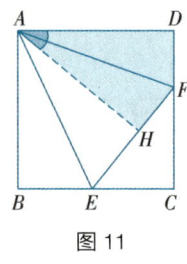
图 11

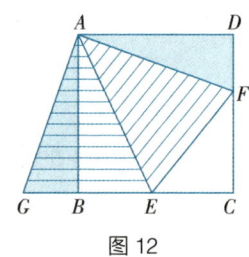
图 12

在图 10 中，还有很多典型结论.

如果点 E 是 BC 的中点，那么点 F 是 DC 的一个三等分点，靠近点 D.

如果 $\triangle AEF$ 的面积最小，那么 $\triangle AEF$ 是等腰三角形，$AE = AF$.

还有 $\triangle CEF$ 的周长为定值.

散文的灵魂是形散神不散，而我喜欢把形似神也似、形似神不似的图形拉到一起比较研究，感觉很有意思.

49 翻来覆去"345"

三边长为 3、4、5 的直角三角形，就像神一样存在，在几何计算题目中随处可见. 我们梳理一下，这其中蕴含的典型数据.

例1 $\triangle ABC$ 中，$AB = AC = 5$，$BC = 6$，求 $\tan\angle BAC$ 的值.

如图1，作 $AD \perp BC$ 于 D，那么 $BD = CD = 3$，$AD = 4$. 所以 $\sin C = \dfrac{4}{5}$，$\cos C = \dfrac{3}{5}$.

如图2，作 $BH \perp AC$ 于 H，那么 $BH = BC \cdot \sin C = \dfrac{24}{5}$，$CH = \dfrac{18}{5}$.

在 Rt$\triangle ABH$ 中，$AH = 5 - \dfrac{18}{5} = \dfrac{7}{5}$，所以 $\tan\angle BAC = \dfrac{BH}{AH} = \dfrac{24}{7}$.

这是 7 : 24 : 25 与 3 : 4 : 5 两组勾股数的完美结合.

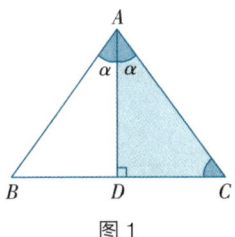
图1

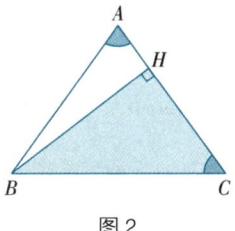
图2

例2 $\triangle ABC$ 中，$AB = AC = 5$，$BC = 8$，作 $BH \perp AC$ 于 H，求 $\tan\angle BAH$ 的值.

如图3，作 $AD \perp BC$ 于 D，那么 $BD = CD = 4$，$AD = 3$. 所以 $\sin C = \dfrac{3}{5}$，$\cos C = \dfrac{4}{5}$.

在 Rt$\triangle BCH$ 中，$BH = BC \cdot \sin C = \dfrac{24}{5}$，$CH = \dfrac{32}{5}$.

在 Rt$\triangle ABH$ 中，$AH = \dfrac{32}{5} - 5 = \dfrac{7}{5}$，所以 $\tan\angle BAH = \dfrac{BH}{AH} = \dfrac{24}{7}$.

哇！$\triangle ABH$ 的三边比也是 7 : 24 : 25.

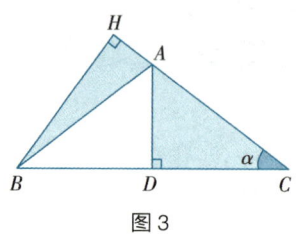

图 3

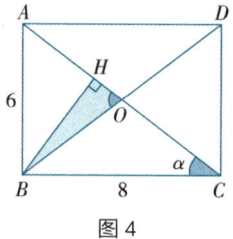

图 4

如果我们把例 1 和例 2 结合起来，如图 4 所示，矩形 $ABCD$ 中，$AB=6$，$BC=8$，对角线 AC 与 BD 交于点 O，那么 $\angle AOB$ 既是 $\triangle AOB$ 的顶角，也是 $\triangle OBC$ 的顶角的邻补角.

从例 1 和例 2，我们可以得到一个典型的结论：如果 $\tan \alpha = \dfrac{3}{4}$，那么 $\tan 2\alpha = \dfrac{24}{7}$.

例 3 如果 $\tan \alpha = \dfrac{3}{4}$，那么 $\tan \dfrac{\alpha}{2}$ 的值等于多少呢？

如图 5，$\triangle ABC$ 中，$BA=BC=5$，BC 边上的高 $AD=3$，那么 $BD=4$，$CD=1$.

所以 $\tan B = \tan \alpha = \dfrac{3}{4}$，$\tan \angle CAD = \dfrac{1}{3}$.

如图 6，作 $BH \perp AC$ 于 H，根据"同角的余角相等"和"等腰三角形的三线合一"，可得 $\angle ABC = 2\angle CAD$. 所以 $\tan \angle CAD = \tan \dfrac{\alpha}{2} = \dfrac{1}{3}$.

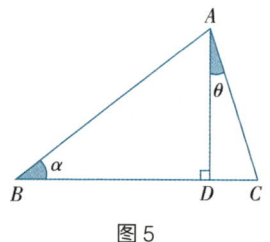

图 5

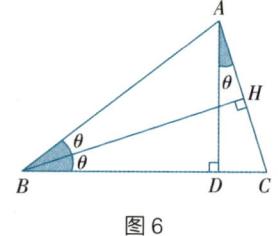

图 6

例 4 如果 $\tan \beta = \dfrac{4}{3}$，那么 $\tan \dfrac{\beta}{2}$ 的值等于多少呢？

如图 7，$\triangle ABC$ 中，$BA=BC=5$，BC 边上的高 $AD=4$，那么 $BD=3$，$CD=2$.

所以 $\tan B = \tan \beta = \dfrac{4}{3}$，$\tan \angle CAD = \dfrac{1}{2}$.

如图 8，作 $BH \perp AC$ 于 H，那么 $\angle ABC = 2\angle CAD$. 所以 $\tan \angle CAD =$ $\tan \dfrac{\beta}{2} = \dfrac{1}{2}$.

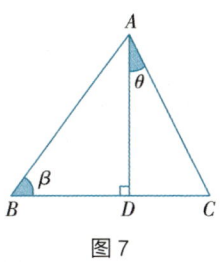 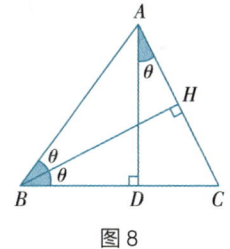

图 7　　　　　　　　图 8

例 5　如图 9，矩形 $ABCD$ 中，$AB = 8$，$AD = 10$，点 E 在 CD 边上，沿 AE 翻折 $\triangle ADE$，点 D 恰好落在 BC 边上的点 F 处，求 DE 的长.

在 $\mathrm{Rt}\triangle ABF$ 中，$AB = 8$，$AF = AD = 10$，所以 $BF = 6$. 所以 $CF = 4$.

设 $DE = FE = x$，在 $\mathrm{Rt}\triangle EFC$ 中，由勾股定理，得 $x^2 = (8-x)^2 + 4^2$. 解得 $x = 5$.

这个图形中，又包含经典：已知 $\tan \theta = \dfrac{1}{2}$，那么 $\tan \beta = \tan 2\theta = \dfrac{4}{3}$.

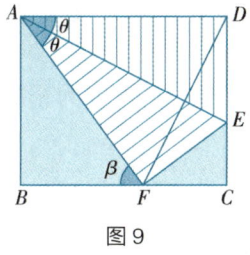 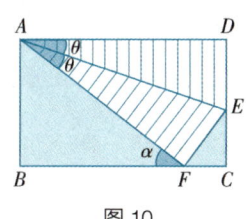

图 9　　　　　　　　图 10

例 6　如图 10，矩形 $ABCD$ 中，$AB = 6$，$AD = 10$，点 E 在 CD 边上，沿 AE 翻折 $\triangle ADE$，点 D 恰好落在 BC 边上的点 F 处，可以求得 $BF = 8$，$DE = \dfrac{10}{3}$.

这个图形中，包含的经典是：已知 $\tan \theta = \dfrac{1}{3}$，那么 $\tan \alpha = \tan 2\theta = \dfrac{3}{4}$.

例 7　如果 $\tan \alpha = \dfrac{3}{4}$，$\tan \beta = \dfrac{4}{3}$，那么 $\tan (\beta - \alpha)$ 的值是多少呢？

如图 11，矩形 $ABCD$ 中，$AB = 6$，$AD = 8$，BD 的垂直平分线与 AD 交于点

E，与 BC 交于点 F，那么 $\tan\angle ADB=\tan\alpha=\dfrac{3}{4}$，$\tan\angle ABD=\tan\beta=\dfrac{4}{3}$.

如图 12，联结 BE，那么 $\angle EBD=\alpha$，$\angle ABE=\beta-\alpha$.

由例 1 和例 2，可知 $\tan\angle AEB=\tan 2\alpha=\dfrac{24}{7}$. 所以 $\tan(\beta-\alpha)=\tan\angle ABE=\dfrac{7}{24}$.

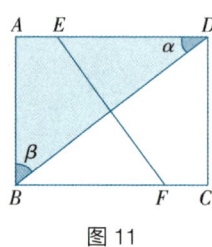

图 11

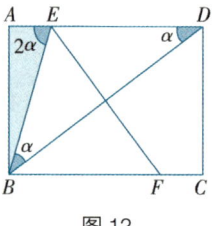

图 12

小结　（1）如果 $\tan\alpha=\dfrac{3}{4}$，那么 $\tan 2\alpha=\dfrac{24}{7}$.

（2）如果 $\tan\alpha=\dfrac{3}{4}$，那么 $\tan\dfrac{\alpha}{2}=\dfrac{1}{3}$.

（3）如果 $\tan\beta=\dfrac{4}{3}$，那么 $\tan\dfrac{\beta}{2}=\dfrac{1}{2}$.

（4）如果 $\tan\alpha=\dfrac{3}{4}$，$\tan\beta=\dfrac{4}{3}$，那么 $\tan(\beta-\alpha)=\dfrac{7}{24}$.

（5）如果 $\tan\beta=\dfrac{4}{3}$，那么 $\tan 2\beta$ 的值是多少呢？因为 2β 是钝角，超出了初中学习的范围. 事实上，$\tan 2\beta=-\dfrac{24}{7}$. $\tan 2\beta$ 与 $\tan 2\alpha$ 互为相反数.

在这一组问题中，有一个方法叫构造图形，有一个思想就是数形结合思想.

典型题，典型图，典型数据，把"345"翻来覆去.

50 理论指导实践——等腰梯形的七种解法

例 如图1，已知 $O(0,0)$、$A(8,0)$、$B(9,-3)$ 三点，四边形 $OABC$ 是等腰梯形，且 $AB/\!/OC$，求点 C 的坐标.

这道题目我先后思考了七种解法，每一种解法都是理论指导行动，和大家分享一下.

首先，O、A、B 三点是确定的，平行的一组对边是确定的，这个等腰梯形的形状不需要分类讨论，答案是唯一的. 我们怎么用一个字母表示点 C 的坐标呢？

已知一组对边 $AB/\!/OC$，那么通过"扶正取直"一定可以构造一组相似三角形.

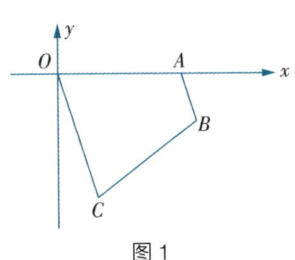

图1

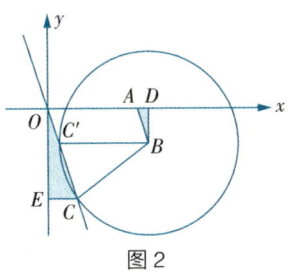

图2

如图2，作 $BD\perp x$ 轴于 D，作 $CE\perp y$ 轴于 E，那么 $\triangle ABD\backsim\triangle COE$.

所以 $\dfrac{CE}{OE}=\dfrac{AD}{BD}=\dfrac{1}{3}$. 于是可设 $C(m,-3m)$，直线 OC 为 $y=-3x$.

接下来，我自然而然地想到了两种方法.

解法一 根据两腰相等，由 $BC^2=AO^2=8^2$，得 $(9-m)^2+(-3+3m)^2=64$.

整理，得 $5m^2-18m+13=0$. 因式分解，得 $(5m-13)(m-1)=0$.

解得 $m_1=\dfrac{13}{5}$，或 $m_2=1$.

问题来了，这个等腰梯形是唯一的，为什么会有两个解呢？该舍去哪个呢？

我从几何意义上理解，由 $BC=AO=8$，可知以点 B 为圆心，以 AO 为半径的圆与直线 $y=-3x$ 有两个交点 C 和 C'. 还可以这样理解：一组对边平行，另一组对边相等的四边形是平行四边形或等腰梯形.

所以这两个解中，一个对应等腰梯形，另一个对应平行四边形. 如图2，

点 $C'(1, -3)$ 与点 $B(9, -3)$ 的连线与 x 轴(OA)平行，所以舍去 $m_2 = 1$. 点 C 的坐标为 $\left(\dfrac{13}{5}, -\dfrac{39}{5}\right)$.

解法二 如图 3，根据对角线相等，由 $AC^2 = BO^2 = 90$，得 $(8-m)^2 + (3m)^2 = 90$.

整理，得 $5m^2 - 8m - 13 = 0$. 因式分解，得 $(5m-13)(m+1) = 0$.

解得 $m_1 = \dfrac{13}{5}$，或 $m_2 = -1$. 几何意义是以点 A 为圆心，以 BO 长为半径的圆与直线 $y = -3x$ 有两个交点 C'、C，分别对应平行四边形和等腰梯形.

由解法一和解法二的几何意义，我想到了两个圆相交.

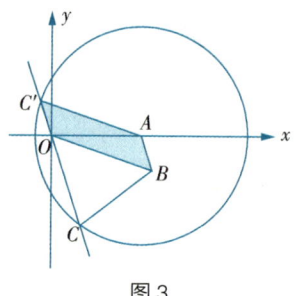

图 3

解法三 设 $C(x, y)$. 根据 $\begin{cases} BC^2 = AO^2, \\ AC^2 = BO^2, \end{cases}$ 得 $\begin{cases} (9-x)^2 + (-3-y)^2 = 64, \\ (8-x)^2 + (-y)^2 = 90. \end{cases}$

这个方程组解起来运算量很大，根据几何意义很快就确定方程组有两个解，就是两个圆的两个交点(如图 4 所示). 另一个交点的坐标是 $(17, -3)$.

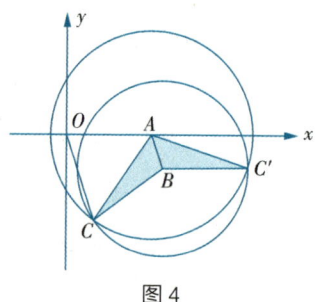

图 4

后来我想到了等腰梯形是轴对称图形，对称轴是经过两底中点的直线，于是又有了两种解法.

解法四 设 AB 的中点为 $M\left(\dfrac{17}{2}, -\dfrac{3}{2}\right)$，那么 $MC = MO$.

根据 $MC^2 = MO^2$，列方程 $\left(\dfrac{17}{2} - m\right)^2 + \left(-\dfrac{3}{2} - 3m\right)^2 = \left(\dfrac{17}{2}\right)^2 + \left(-\dfrac{3}{2}\right)^2$．解得 $m_1 = \dfrac{13}{5}$，$m_2 = 0$．几何意义是以点 M 为圆心，以 MO 长为半径的圆与直线 $y = -3x$ 有两个交点，其中一个交点是点 O，另一个交点就是点 C（如图 5 所示）.

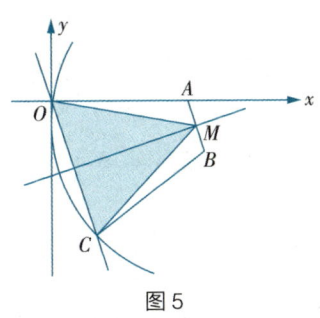

图 5

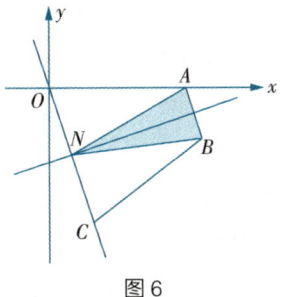

图 6

解法五 设 OC 的中点为 $N\left(\dfrac{m}{2}, -\dfrac{3m}{2}\right)$，那么 $NA = NB$.

根据 $NA^2 = NB^2$，列方程 $\left(\dfrac{m}{2} - 8\right)^2 + \left(-\dfrac{3m}{2}\right)^2 = \left(\dfrac{m}{2} - 9\right)^2 + \left(-\dfrac{3m}{2} + \dfrac{3}{2}\right)^2$．这个方程看起来是最繁琐的，但是它是最可爱的，因为它是一元一次方程．几何意义是什么呢？

由 $NA = NB$，可知点 N 在 AB 的垂直平分线上．换句话说，AB 的垂直平分线是确定的，它与直线 $y = -3x$ 有且只有一个交点（如图 6 所示）.

上面五种解法都是代数法，我突然想，几何法呢？我想到了等腰梯形最经典的辅助线就是作双垂线啊.

解法六 如图 7，作 $AG \perp OC$ 于 G，作 $BH \perp OC$ 于 H，那么图中的 4 个直角三角形两两相似，每个直角三角形的三边比都是 $1 : 3 : \sqrt{10}$.

在 $\mathrm{Rt}\triangle AOG$ 中，$OA = 8$，所以 $OG = \dfrac{\sqrt{10}}{10} OA = \dfrac{4\sqrt{10}}{5}$.

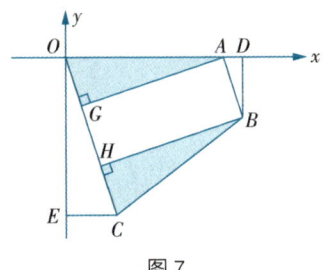

图 7

在 Rt△OCE 中，$OC = OG + GH + HC = 2OG + AB = \dfrac{8\sqrt{10}}{5} + \sqrt{10} = \dfrac{13\sqrt{10}}{5}$，

所以 $CE = \dfrac{13}{5}$，$OE = \dfrac{39}{5}$. 于是得到 $C\left(\dfrac{13}{5}, -\dfrac{39}{5}\right)$.

我为自己整理出的六种解法窃窃自喜，一个网友给我微信留言：马老师，您最擅长的"扶正取直"呢？

一语惊醒梦中人，原来最简单的方法，是我最擅长的"扶正取直"构造外接矩形.

解法七　如图8，设 EC 的延长线与 DB 的延长线交于点 F，那么四边形 $OEFD$ 是矩形.

在 Rt△BCF 中，$BC = AO = 8$，$BF = OE - DB = 3m - 3$，$CF = OD - EC = 9 - m$. 由勾股定理，得 $8^2 = (3m-3)^2 + (9-m)^2$. 解得 $m_1 = \dfrac{13}{5}$，或 $m_2 = 1$. 几何意义也是以点 B 为圆心，半径为 8 的圆与直线 $y = -3x$ 有两个交点.

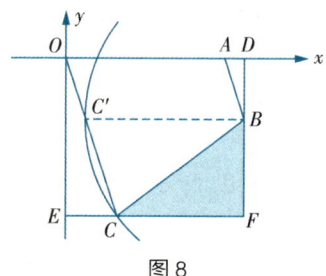

图8

想出这个题目的七种解法前后经历了两年多，每一种解法都是理论指导实践. 至此我相信再没有新的解法了，因为理论上没有了.

51 添加平行线，一图十二法

例 如图 1，$\triangle ABC$ 中，点 E 是 AC 边的中点，点 F 在 AB 边上，$AB = 4AF$，FE 的延长线交 BC 的延长线于点 D. 求证 $BC = 2CD$.

我在 2007 年教九年级的时候，对这个问题进行了深入的研究，发现了图形规律，得出了这类图形一定有 12 种添加平行线的方法.

最容易想到的方法，就是在图形内部添加平行线.

解法一 如图 1，过点 C 作 $CM /\!/ AB$ 交 FD 于 M，则 $MC = AF = \dfrac{1}{3}BF$，

所以 $DC = \dfrac{1}{3}DB$，于是得到 $BC = 2CD$.

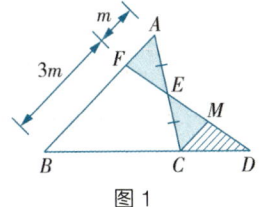
图 1

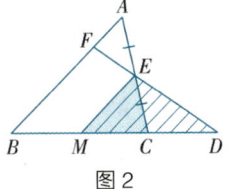
图 2

解法二 如图 2，过点 E 作 $EM /\!/ AB$ 交 BD 于 M，则 $EM = \dfrac{1}{2}AB = \dfrac{2}{3}BF$，

$BM = MC$. 所以 $DM = \dfrac{2}{3}DB$. 于是 $BM = MC = CD$. 因此 $BC = 2CD$.

解法三 如图 3，过点 C 作 $CM /\!/ FD$ 交 AB 于 M，则 $AF = FM = \dfrac{1}{4}AB$.

所以 $FM = \dfrac{1}{2}MB$. 因此 $BC = 2CD$.

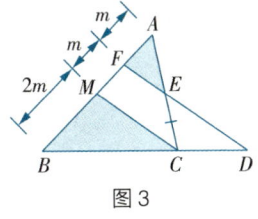
图 3

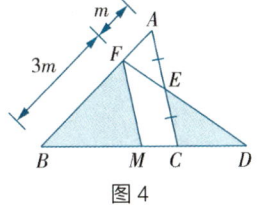
图 4

解法四 如图 4，过点 F 作 $FM /\!/ AC$ 交 BD 于 M，则 $BC = 4MC$，$FM = \dfrac{3}{4}AC$. 所以 $EC = \dfrac{2}{3}FM$，$DC = 2MC$. 因此 $BC = 2CD$.

解法五 如图 5，过点 E 作 $EM /\!/ BD$ 交 AB 于 M，则 $ME = \frac{1}{2}BC$，$AM =$

MB. 所以 $AF = \frac{1}{4}AB = \frac{1}{2}AM$，$FM = \frac{1}{3}FB$，$ME = \frac{1}{3}BD$. 因此 $BC = 2CD$.

解法六 如图 6，过点 F 作 $FM /\!/ BD$ 交 AC 于 M，则 $FM = \frac{1}{4}BC$，$AM =$

$\frac{1}{4}AC = \frac{1}{2}AE$. 所以 $ME = \frac{1}{2}EC$，$FM = \frac{1}{2}CD$. 因此 $BC = 2CD$.

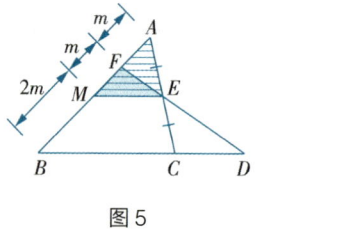
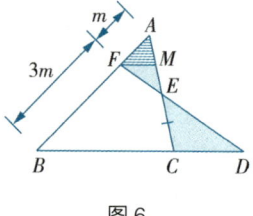

图 5　　　　　　　　　　图 6

　　一般情况下，大家不习惯在图形外部添加平行线. 其实在图形外部添加
平行线，有时更简捷.

解法七 如图 7，过点 A 作 $AM /\!/ BD$ 交 DE 的延长线于 M，则 $AM = CD$，

$AM = \frac{1}{3}BD$. 所以 $BD = 3CD$，$BC = 2CD$.

解法八 如图 8，过点 A 作 $AM /\!/ FD$ 交 BD 的延长线于 M，则 $BD = 3DM$，

$DE = \frac{1}{2}AM$. 所以 $CD = DM$. 因此 $BD = 3CD$，$BC = 2CD$.

解法九 如图 9，过点 B 作 $BM /\!/ AC$ 交 DF 的延长线于 M，则 $EC = AE =$

$\frac{1}{3}BM$. 所以 $DC = \frac{1}{3}BD$，$BC = 2CD$.

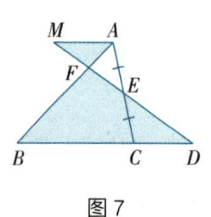
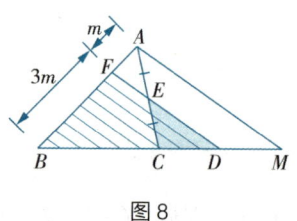
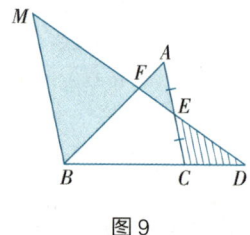

图 7　　　　　　　　图 8　　　　　　　　图 9

解法十 如图 10，过点 B 作 $BM/\!/FD$ 交 AC 的延长线于 M，则 $EC = AE = \dfrac{1}{3}EM$. 所以 $EC = \dfrac{1}{2}CM$. 因此 $BC = 2CD$.

解法十一 如图 11，过点 D 作 $DM/\!/AB$ 交 AC 的延长线于 M，则 $\dfrac{AB}{MD} = \dfrac{AC}{MC}$，$\dfrac{AF}{MD} = \dfrac{AE}{ME}$. 又 $AC = 2AE$，$BA = 4FA$，所以 $MC = \dfrac{1}{2}ME$，$AE = EC = CM$. 因此 $BC = 2CD$.

解法十二 如图 12，过点 D 作 $DM/\!/AC$ 交 BA 的延长线于 M，则 $\dfrac{AC}{MD} = \dfrac{BA}{BM}$，$\dfrac{AE}{MD} = \dfrac{FA}{FM}$. 又 $AC = 2AE$，$BA = 4FA$，所以 $BF = FM = \dfrac{1}{2}BM$，$AF = \dfrac{1}{2}AM$. 所以 $AM = \dfrac{2}{3}FM = \dfrac{1}{3}BM$. 因此 $BC = 2CD$.

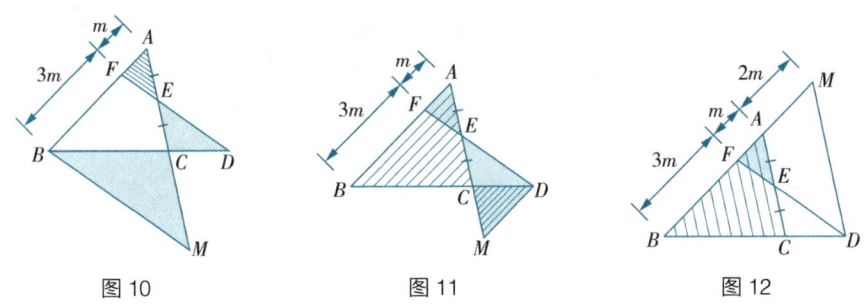

图 10　　　　　　图 11　　　　　　图 12

小结 题目中已知 A、B、C、D、E、F 六个点，本题 12 种添加平行线的方法，正好过每个点有两种添加平行线的方法. 其中过 C、E、F 三点添加的平行线在图形的内部，大家容易想到；过 A、B、D 三点添加的平行线在图形的外部，大家一般不习惯这样添加.

在图形内部添加平行线，解法一、解法二、解法三比较简单；在图形外部添加平行线，解法七、解法九、解法十比较简单.

2008 年我听了殷海玲老师的一节课，她给学生介绍梅涅劳斯定理，我听后恍然大悟，原来我总结的 12 种添加平行线的图形，就是梅涅劳斯定理描述的图形啊.

梅涅劳斯定理 任何一条直线截三角形的各边或延长线，都使得三条不相邻的线段之积等于另外三条线段之积.

解法十三 如图 13，直线 FD 截 $\triangle ABC$，得到 6 条线段：AF、FB、BD、

DC、CE、EA，那么不相邻的线段 AF、BD、CE 的积等于另外三条线段 FB、DC、EA 的积，即 $\dfrac{AF}{FB} \times \dfrac{BD}{DC} \times \dfrac{CE}{EA} = 1$.

所以 $\dfrac{1}{3} \times \dfrac{BD}{DC} \times 1 = 1$. 所以 $\dfrac{BD}{DC} = 3$. 所以 $BC = 2CD$.

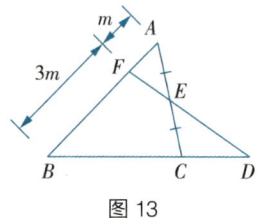

图 13

请你先用梅涅劳斯定理完成下面两道题，再尝试说出有多少种添加平行线的方法.

问题 1　如图 14，$\triangle ABC$ 中，D 是 BC 边的中点，E 是 AD 的中点，BE 的延长线交 AC 于点 F. 求证 $CF = 2AF$.

问题 2　如图 15，$\triangle ABC$ 中，$AB = 10$，$AC = 16$，$\angle BAC = 60^\circ$，点 D 是 AB 边上的一个动点，直线 DE 交 AC 于点 E，交 CB 的延长线于点 F，$\angle ADE = 60^\circ$. 设 $AD = x$，$DF = y$，求 y 关于 x 的函数关系式.

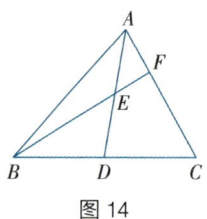

图 14

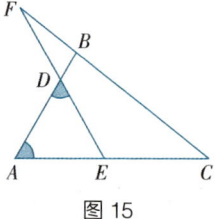

图 15

2017 年 1 月上海市宝山区九年级期末考试的第 18 题，就是这样情景的一个题目. 我在微信朋友圈发起了征解，收集到了 20 种解法. 1 月 23 日晚我整理了大家的解法，写了一篇文章《网络教研的力量——一题 20 法图文解析》，发给了《中小学数学·初中版》，在 2017 年 4 月就发表了.

2017 年 8 月 19—20 日，在渭南高新中学举行的"第一届青年数学教师中考数学压轴题讲题比赛"中，陕西师范大学附中曹艳老师代表全国新青年数学工作室代表队讲解 2017 年常德市的压轴题，就是这个情景的题目.

曹老师是开场第一个讲题的老师，她事先在 8 米长的黑板上画了一组 12 个备用图. 这道题目通过这场比赛给老师们传递了一个信息：

任何一条直线截三角形的各边或延长线，图中有 6 个点，过每个点都有 2 种添加平行线的方法，共 12 种添加平行线的方法.

52 双重条件的动点问题解题策略

一般情况下，探求双重条件的动点问题，我们先确定(或假设)一个条件存在，再通过计算、说理来确定另一个条件是否存在.

例1 如图1，在△ABC中，∠C=90°，AC=6，BC=8，设直线 l 与斜边 AB 交于点 E，与直角边交于点 F，设 $AE=x$，是否存在直线 l 同时平分△ABC 的周长和面积? 若存在直线 l，求出 x 的值; 若不存在直线 l，请说明理由.

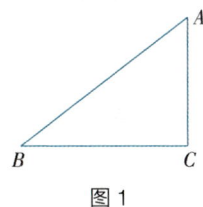

图1

已知△ABC 的周长为 24，面积为 24.

先假设 EF 平分△ABC 的周长，再通过解方程来检验直线 EF 是否平分△ABC 的面积.

①如图2，当点 F 在 AC 上时，$AE=x$，那么 $AF=12-x$.

我们再检验△AEF 的面积是否等于 12. 解方程 $\frac{1}{2}\times\frac{4}{5}x(12-x)=12$，得 $x=6\pm\sqrt{6}$.

当 $x=6-\sqrt{6}$ 时，$AF=12-x=6+\sqrt{6}$，此时点 F 在 AC 的延长线上，舍去.

②如图3，当点 F 在 BC 上时，$AE=x$，那么 $BE=10-x$，$BF=12-(10-x)=x+2$.

我们再检验△BEF 的面积是否等于 12. 解方程 $\frac{1}{2}\times\frac{3}{5}(10-x)(x+2)=12$，整理，得 $x^2-8x+40=0$. 因为 $\Delta<0$，此方程无实根.

综上所述，当 $x=6+\sqrt{6}$ 时，直线 l 同时平分△ABC 的周长和面积(如图4).

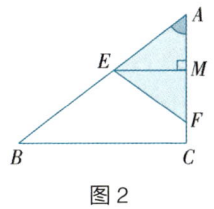

图2

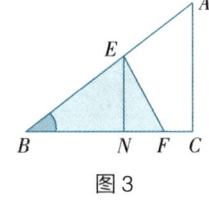

图3

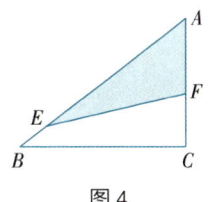

图4

例 2　如图 5，已知梯形 $ABCD$ 中，$AD \parallel BC$，$AB = DC = 5$，$AD = 4$，$BC = 10$. 点 N 是 BC 边上的任意一点，联结 AN、DN. 试探求 $\triangle ABN$、$\triangle AND$、$\triangle DNC$ 能否两两相似？如果能，求 AN 的长；如果不能，请说明理由.

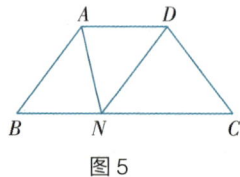

图 5

我们先确定左、右两个三角形相似时点 N 的位置，再验证这个位置时中间的三角形能否与左边（或右边）的三角形相似.

设 $BN = m$，那么 $CN = 10 - m$.

如图 6，由于 $\angle B = \angle C$，分两种情况讨论 $\triangle ABN$ 与 $\triangle DCN$ 相似：

①当 $\dfrac{BA}{BN} = \dfrac{CD}{CN}$ 时，由于 $BA = CD$，所以 $BN = CN$，N 是 BC 的中点.

②当 $\dfrac{BA}{BN} = \dfrac{CN}{CD}$ 时，$\dfrac{5}{m} = \dfrac{10-m}{5}$. 解得 $m = 5$. 此时 N 也是 BC 的中点.

如图 7，当 N 是 BC 的中点时，容易知道 $\angle 1 = \angle 2 = \angle 3 = \angle 4$. 由此可知，此时 $\triangle ABN$、$\triangle AND$、$\triangle DCN$ 两两相似.

如图 8，在 $\mathrm{Rt}\triangle ANH$ 中，$AH = 4$，$NH = 2$，所以 $AN = 2\sqrt{5}$.

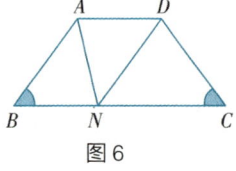

图 6

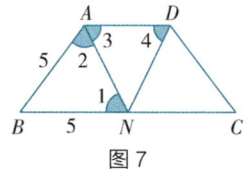

图 7

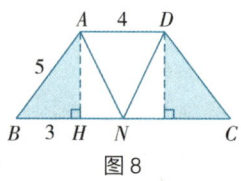

图 8

例 3　如图 9，已知直线 l：$y = \dfrac{4}{3}x + 4$ 与 x 轴、y 轴分别交于点 A、B，$\odot O$ 的半径为 1，点 C 是 y 轴正半轴上的一个点，如果 $\odot C$ 既与 $\odot O$ 相切，也与直线 l 相切，求圆心 C 的坐标.

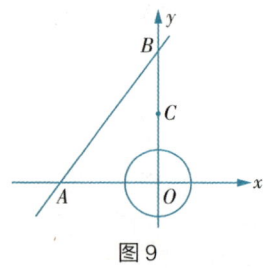

图 9

先确定 $\odot C$ 与直线 AB 保持相切,再计算 $\odot C$ 与 $\odot O$ 相切.

过点 C 作 $CD \perp AB$,垂足为 D. 在 $\mathrm{Rt}\triangle BCD$ 中,设 $BC = 5m$,$CD = 3m$.

对于 $\odot O$,$r = 1$;对于 $\odot C$,$R = 3m$;圆心距 $d = OC = OB - BC = 4 - 5m$.

①当两圆外切时,$R + r = d$. 解方程 $3m + 1 = 4 - 5m$,得 $m = \dfrac{3}{8}$.

此时 $OC = 4 - 5m = \dfrac{17}{8}$,$C\left(0, \dfrac{17}{8}\right)$(如图 10).

②当两圆内切时,$R - r = d$. 解方程 $3m - 1 = 4 - 5m$,得 $m = \dfrac{5}{8}$.

此时 $OC = 4 - 5m = \dfrac{7}{8}$,$C\left(0, \dfrac{7}{8}\right)$(如图 11).

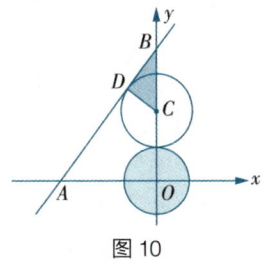

图 10

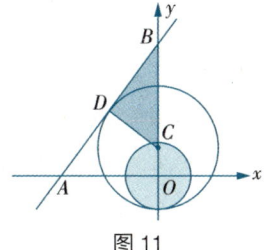

图 11

例 4 如图 12,已知 $\odot O$ 的半径为 3,点 A 是 $\odot O$ 上一定点,点 P 为 $\odot O$ 上不同于点 A 的动点,点 Q 在直线 AP 上,且 $\odot Q$ 过点 P、O. 如图 13,当 $\tan A = \dfrac{4}{3}$ 时,存在 $\odot M$ 与 $\odot O$ 相内切,同时与 $\odot Q$ 相外切,且 $OM \perp OQ$,试求 $\odot M$ 的半径的长.

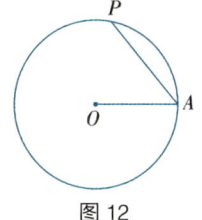

图 12

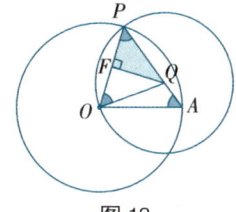

图 13

已知 $\odot O$ 与 $\odot Q$ 的位置、大小都是确定的,唯有 $\odot M$ 的位置待定.

如图 13,$\mathrm{Rt}\triangle PQF$ 的三边比为 $3 : 4 : 5$,可得 $r_Q = QP = QO = \dfrac{5}{2}$.

第一步,罗列三个圆的半径. 对于 $\odot O$,$r_O = 3$(已知的);对于 $\odot Q$,$r_Q = \dfrac{5}{2}$(计算的);对于 $\odot M$,设 $r_M = m$(假设的).

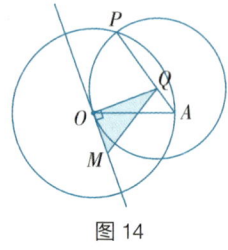
图 14

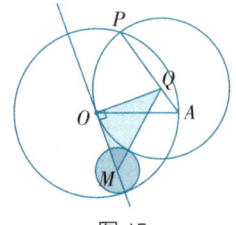
图 15

第二步，梳理位置关系.

（1）⊙M 与 ⊙O 相内切，那么圆心距 $MO = |m-3|$ ；

（2）⊙M 与 ⊙Q 相外切，那么圆心距 $MQ = m + \dfrac{5}{2}$ ；

（3）$OM \perp OQ$，那么由勾股定理，得 $MQ^2 = MO^2 + OQ^2$（如图 14）.

第三步，解方程. 由 $\left(m + \dfrac{5}{2}\right)^2 = (m-3)^2 + \left(\dfrac{5}{2}\right)^2$，解得 $m = \dfrac{9}{11}$（如图 15）.

探求多个条件的动点问题，解决这类问题的关键是"动中求静"，在变化中找到不变的性质是解决数学"动点"探究题的基本思路. 利用动点（图形）位置进行分类，把运动问题分割成几个静态问题，然后运用转化的思想和方法将几何问题转化为方程问题.

53　讲压轴题的九字诀

"画好图，写好字，说好话"这九字诀，是我每次讲完压轴题的课尾曲。不夸张地说，全国有超过 30 万的师生听过我讲中考数学压轴题。最多的一次直播显示有 62 万人同时在线，随后我查证收看超过 60 分钟的有 12 万人。

"画好图"是解压轴题、讲压轴题的关键。我给大家举例画一组图、画示意图、倒序画图、画局部图、画虚拟图以及无法画图的情况。

画一组图

解等腰三角形的存在性问题，一般要画三个图。因为三角形有三个顶点，如果 $\triangle ABC$ 是等腰三角形，那么每一个点都可能是顶角的顶点。

例 1　已知点 $A(3, 4)$，点 B 在 x 轴的正半轴上，如果 $\triangle AOB$ 是等腰三角形，求点 B 的坐标。

如图 1~图 3，分 $AB = AO$，$OB = OA$，$BA = BO$ 三种情况画一组图。在这一组图中，$OA = 5$ 是定值，$\cos \angle O = \dfrac{3}{5}$ 是定值。

如图 1，当 $AB = AO$ 时，根据"三线合一"，可得 $B(6, 0)$。

如图 2，当 $OB = OA$ 时，根据同圆的半径相等，得 $OB = 5$，$B(5, 0)$。

如图 3，当 $BA = BO$ 时，点 B 在 OA 的垂直平分线上，由 $\cos \angle O = \dfrac{OG}{OB} = \dfrac{\frac{5}{2}}{OB} = \dfrac{3}{5}$，得 $OB = \dfrac{25}{6}$。此时 $B\left(\dfrac{25}{6}, 0\right)$。

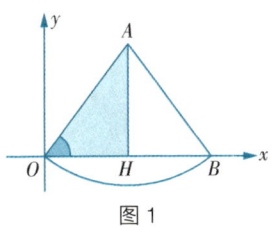
图 1

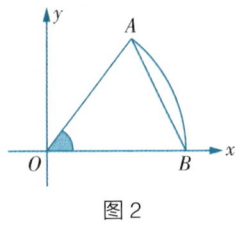
图 2

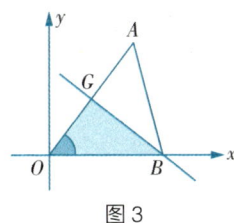
图 3

画示意图

例2 如图4，二次函数 $y = ax^2 + 6x + c$ 的图像经过点 $A(4，0)$、$B(-1，0)$，与 y 轴交于点 C，点 D 在线段 OC 上，$OD = t$，点 E 在第二象限，$\angle ADE = 90°$，$\tan \angle DAE = \dfrac{1}{2}$，$EF \perp OD$，垂足为 F.

(1) 求这个二次函数的解析式；

(2) 求线段 EF、OF 的长（用含 t 的代数式表示）；

(3) 当 $\angle ECA = \angle OAC$ 时，求 t 的值.

这是上海市 2012 年的中考题，原图中没有标注 B、C 两点.

(1) 抛物线的解析式为 $y = -2x^2 + 6x + 8$，点 C 的坐标为 $(0，8)$.

(2) 图4 中的 ED 与 DA 具有双重性，它们既是 Rt$\triangle ADE$ 的两条直角边，又是 $\triangle EFD \backsim \triangle DOA$ 的对应的斜边（如图5 所示）.

所以 $EF = \dfrac{1}{2}DO = \dfrac{1}{2}t$，$DF = \dfrac{1}{2}OA = 2$. 所以 $OF = t - 2$.

(3) 仔细品读"$\angle ECA = \angle OAC$"，$\angle OAC$ 是确定的，$\angle ECA$ 可以读作 $\angle ACE$.

哇！虽然不确定点 E 的位置，但是射线 CE 是确定的. 设这条射线与 x 轴交于点 M，那么点 M 是确定的.

根据"等角对等边"，可知 $MC = MA$. 于是作 AC 的垂直平分线与 x 轴交于点 M. 在 MC 上虚拟一个点 E，作 $EF \perp y$ 轴于 F. 这样就画好了示意图.

由 $MA^2 = MC^2$，可求得 $M(-6，0)$. 于是 $\triangle CMO$ 的三边长为 6，8，10.

再由 $\dfrac{EF}{CF} = \dfrac{3}{4}$，得 $EF = \dfrac{3}{4}CF$. 所以 $\dfrac{1}{2}t = \dfrac{3}{4}[8 - (t-2)]$. 解得 $t = 6$.

图6 中的 $\triangle MAC$ 是准确的，EF 是虚拟的，图4 中的 $\triangle ADE$ 在图6 中不需要画出来.

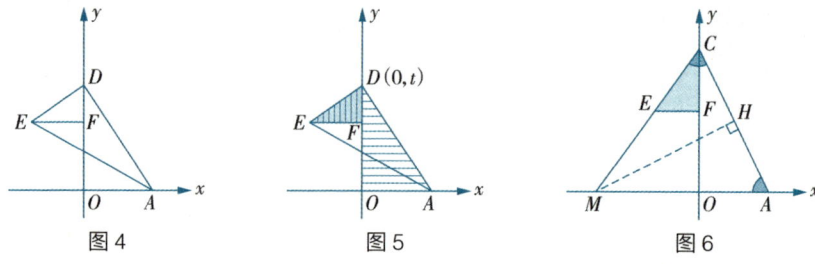

图4　　　　　　　图5　　　　　　　图6

倒序画图

例3 如图 7，已知 $A(4, 0)$、$B(0, 3)$、$C(0, m)$ 三点，$CE \perp AB$ 于 E，点 D 在 x 轴的正半轴上，且 $OD = 2OC$，以 DA、DE 为邻边作平行四边形 $ADEF$. 如果四边形 $ADEF$ 是菱形，求 m 的值.

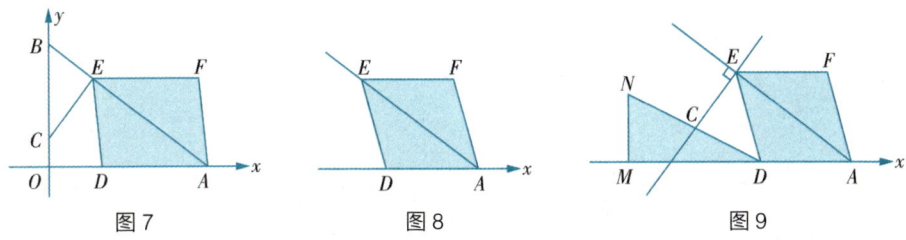

图7　　　　　　图8　　　　　　图9

在平行四边形 $ADEF$ 的四个角、四条边等 8 个元素中，唯有第 9 个元素对角线（所在的射线）是确定的. 我们倒序画图.

第一步，如图 8，作 x 轴. 作 $\angle A$. 虚拟一个点 E，作 AE 的垂直平分线就找到了点 D. 这样就可以作出一个准确的菱形 $ADEF$.

第二步，由 E、D 两点寻找点 C. 如图 9，过点 E 作 AE 的垂线；作 $Rt \triangle MND$，使得 $\angle NMD = 90°$，$MD = 2MN$. ND 与 AE 垂线的交点就是点 C.

第三步，如图 10，过点 C 画 y 轴，得到原点 O 和点 B.

这道题目存在两种情况，点 N 在 x 轴上方或者下方. 如图 11，点 N 在 x 轴下方时，点 C 也在 x 轴下方.

这就是倒序画图，画出一个位置关系、数量关系准确的示意图.

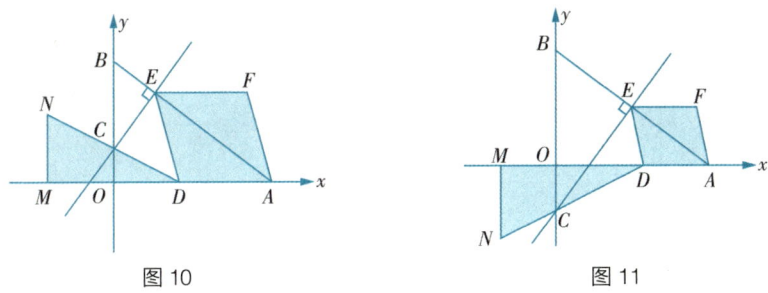

图10　　　　　　　　　图11

画局部图

例4 如图 12，矩形 $ABCD$ 中，$AB = 6$，$AD = 8$，动点 P 由点 A 向点 C

以每秒 2 个单位的速度运动，动点 Q 由点 C 向点 B 以每秒 1 个单位的速度运动，两个动点中有一个到达终点时，另一个点也停止运动. 如果 △PCQ 是等腰三角形，求运动的时间 t.

在 △PCQ 中，∠PCQ 保持不变，$CP = 10-2t$，$CQ = t$.

如图 13～图 15，画 3 个 ∠C. 分 $CP = CQ$，$PQ = PC$，$QP = QC$ 三种情况，画 3 个等腰三角形.

局部图可以排除干扰，放大以后更准确、更清晰.

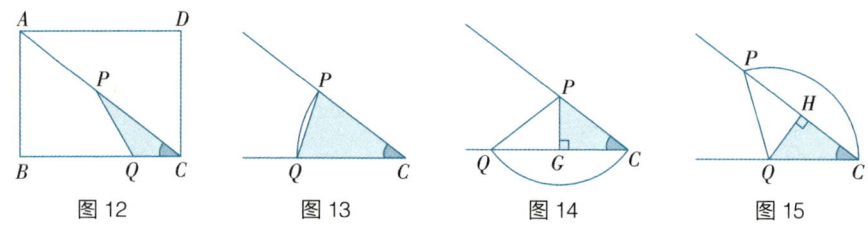

图 12　　　　图 13　　　　图 14　　　　图 15

画虚拟图

例 5　如图 16，抛物线经过 $A(-1, 0)$、$B(3, 0)$、$C(0, -1)$ 三点，点 P 在抛物线上，点 Q 在 y 轴上，如果以 A、B、P、Q 为顶点的四边形是平行四边形，求点 P 的坐标.

如图 17，已知 A、B 两点在 x 轴上，在 y 轴上虚拟一个点 Q.

过 △QAB 的每一个顶点画对边的平行线，三条直线两两相交，得到三个点 P. 由 $QP_1 = QP_2 = AB = 4$，得点 P_1 的横坐标为 4，点 P_2 的横坐标为 -4. 由 $BH = AO = 1$，得点 P_3 的横坐标为 2.

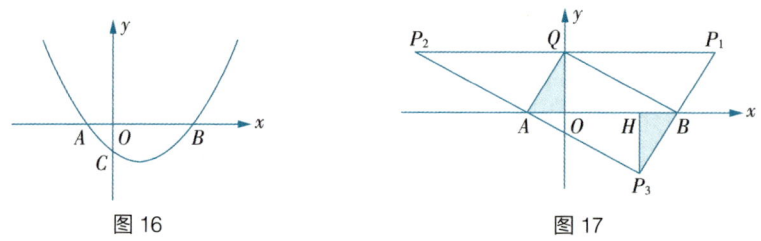

图 16　　　　　　　　　　图 17

无法画图

例 6　如图 18，已知四边形 $ABCD$ 中，$AD \parallel BC$，∠$ABC = 90°$，$AD = 3$，$AB = 4$，$BC = 5$，点 P 在 BD 上，$PH \perp CD$ 于 H. 如果以 PB 为半径的 ⊙P 与

以 HD 为半径的 $\odot H$ 外切，求 DP 的长.

解两圆相切的存在性问题，无法画出准确的示意图. 解这样的问题分三步：第一步，罗列三要素；第二步，列方程；第三步，解方程并验根（是否符合题意）.

我们注意到，$BD=BC=5$. 所以 $\angle PDH=\angle C$. 所以 $\triangle PDH$ 的形状是确定的.

如图 19，作 $DE\perp BC$ 于 E. 在 Rt$\triangle DCE$ 中，$CE=2$，$DE=4$，所以 $\triangle DCE$ 的三边比为 $1:2:\sqrt{5}$. 于是可设 Rt$\triangle PDH$ 的边 $DH=m$，$PH=2m$，$DP=\sqrt{5}\,m$.

第一步，罗列三要素：对于 $\odot P$，$r_P=PB=5-\sqrt{5}\,m$；对于 $\odot H$，$r_H=HD=m$；圆心距 $d=PH=2m$.

第二步，如果 $\odot P$ 与 $\odot H$ 外切，那么 $r_P+r_H=d$. 所以 $5-\sqrt{5}\,m+m=2m$.

第三步，解得 $m=\dfrac{5\sqrt{5}-5}{4}$. 所以 $DP=\sqrt{5}\,m=\dfrac{25-5\sqrt{5}}{4}$.

这样的题目，我们可以根据答案去验证、去画图. 事实上，$\odot P$ 与 $\odot H$ 是等圆（如图 20 所示）.

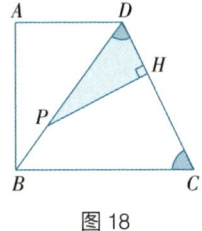

图 18

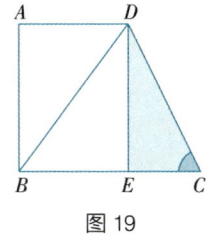

图 19

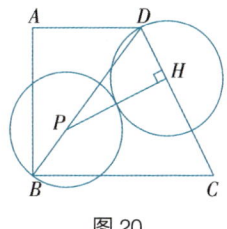

图 20

最后再说一遍，"画好图"是解压轴题、讲压轴题的关键.

我讲压轴题，一定要在大黑板上用直尺、圆规和粉笔画图、写字. 每讲完一道题，我都要用水把黑板擦洗得干干净净. 我问听课的老师和学生，为什么要把黑板擦洗干净呢？

大家回答了很多的赞美之词，其实大家都不知道我想的，如果黑板不擦干净，阴影部分的面积咋求啊？

讲压轴题九字诀：画好图，写好字，说好话.

第五章

思考心得

初中阶段学了几个公式？

代数学了多少个基本性质？

二项式乘以三项式等于几项式？

三角形的两个定理为什么要在"平行四边形"一章中学习？

如果我们按部就班地教，而没有思考过这些问题，

那么也就不知道这些问题的答案.

如果能提出这样的问题，翻来覆去地想，

再把课本从前到后地翻阅，心里就亮堂了.

事物都是普遍联系的，数学知识都是相通的，

提出问题比解决问题更重要，

只要有心、用心、耐心去思考，

数学就会很美妙.

54　初中数学学习了几个公式

我在多地给初中数学教师讲课的时候，都喜欢问这样一个问题：

不包含图形的周长、面积公式，初中数学学习了多少个公式？

A. 10 个左右　　　B. 50 个左右　　　C. 100 个左右　　　D. 200 个左右

显然老师们没有统计过，大多数老师选 B 或 C.

以沪教版教材为例，初中数学学习了 11 个公式.

代数 5 个：平方差公式；完全平方公式；一元二次方程的求根公式；抛物线的顶点坐标公式；两点间的距离公式.

几何 2 个：n 边形的内角和公式；正 n 边形的中心角公式.

概率 1 个：求概率的公式.

统计 3 个：平均数公式；加权平均数公式；方差公式.

有老师争辩，$a^2+b^2=c^2$ 也是一个公式. 我答，这是勾股定理的数学表达式.

定义、法则、公式、定理(推论)、性质等是不同的，它们共同支撑起了数学的知识体系.

55 代数中的基本性质

代数中学过哪些基本性质呢?

1. 分数的基本性质和分式的基本性质, 内容上也是一字之差.

分数的基本性质是分数的分子和分母同时乘以或除以同一个不为 0 的数, 分数的值不变.

分式的基本性质是分式的分子和分母同时乘以或除以同一个不为 0 的整式, 分式的值不变.

依据分数的基本性质, 可以把一个分数化为最简分数, 这个过程叫作约分. 也可以把几个分母不相同的分数化为同分母分数, 这个过程叫作通分.

同样地, 分式也有约分、通分.

2. 等式的基本性质和不等式的基本性质有相同的, 也有不同的.

等式的性质 1: 等式的两边同时加上或减去同一个数, 等式不变.

等式的性质 2: 等式的两边同时乘以或除以同一个不为 0 的数, 等式不变.

不等式的性质 1: 不等式的两边同时加上或减去同一个数, 不等号不改变方向.

不等式的性质 2: 不等式的两边同时乘以或除以同一个正数, 不等号不改变方向.

不等式的性质 3: 不等式的两边同时乘以或除以同一个负数, 不等号改变方向.

等号 "=" 前看后看左看右看都是 "=", 所以等式的性质 2 "同一个不为 0 的数" 不需要区别正数与负数, 而不等式的性质 2、3 就是区别正数与负数.

解方程和解不等式的移项, 依据都是性质 1. 把未知数 x 的系数化为 1, 依据就是性质 2、性质 3 了.

解方程和解不等式, 如果要去分母, 依据就是性质 2.

把分式方程转化为整式方程, 依据是等式的性质 2.

问题来了: 解无理方程 $\sqrt{x-1}=2$ 的第一步是去根号, 等式的两边同时平方, 就可以把无理方程转化为整式方程, 依据的是什么?

依据的是等式的性质 2, 同时乘以 "同一个不为 0 的数", 在这里 "同一个

171

不为 0 的数"变成了"相等的数". 有没有一种熟悉的感觉：同角(等角) 的余角相等；同底等高的三角形面积相等.

解方程组 $\begin{cases} x+y=5, \\ x-y=3 \end{cases}$ 的时候，两式相加得 $2x=8$，或者两式相减得 $2y=2$，依据的是等式的性质 1，把两边同时加上或减去"同一个数"变成了"相等的数".

3. 比的基本性质和比例的基本性质.

比的基本性质和分数的基本性质，就如同比与分数的关系. 比的前项就是分子，后项就是分母. 比的前项和后项同时乘以或除以一个不为 0 的数，比值不变.

依据比的基本性质，可以把一个比化为最简整数比，也可以求连比.

比例的基本性质是由等式的基本性质得到的. 给比例式 $\dfrac{a}{b}=\dfrac{c}{d}$ 的两边同时乘以 bd，就得到 $ad=bc$. 换句话说，就是比例的基本性质，内项之积等于外项之积.

依据比例的基本性质，可以把分式方程转化为整式方程.

4. 小学还学过除法的基本性质(也叫商不变的性质).

被除数和除数同时乘以或除以一个不为 0 的数，商不变. 依据除法的基本性质，可以进行除法的简便运算.

5. 大家可能忘记了小数的基本性质.

小数的末尾添上 0 或者去掉 0，小数的大小不变. 大家还记得这个性质有什么用吗？

6. 二次根式还有 4 个性质.

性质 1：$\sqrt{a^2}=a(a\geqslant0)$.

性质 2：$(\sqrt{a})^2=a(a\geqslant0)$.

性质 3：$\sqrt{ab}=\sqrt{a}\cdot\sqrt{b}(a\geqslant0,\ b\geqslant0)$.

性质 4：$\sqrt{\dfrac{a}{b}}=\dfrac{\sqrt{a}}{\sqrt{b}}(a\geqslant0,\ b>0)$.

性质 2 中的被开方数 a 的取值范围是不能变通的，必须满足 $a\geqslant0$. 性质 1、3、4 中被开方数 a、b 的取值范围是可以变通的，变通的依据是乘法的符号法则，负负得正.

例如 $\sqrt{(-3)^2} = \sqrt{3^2} = 3$.

再如 $\sqrt{(-4) \times (-9)} = \sqrt{4 \times 9} = \sqrt{4} \times \sqrt{9} = 2 \times 3 = 6$, $\sqrt{-\dfrac{-16}{25}} = \sqrt{\dfrac{16}{25}} = \dfrac{\sqrt{16}}{\sqrt{25}} = \dfrac{4}{5}$.

我们回头看看代数中的基本性质，0 就像神灵一般存在，哪个基本性质都绕不过 0. 再大的负数也只能无限靠近 0 而不能等于 0，再小的正数也只能无限靠近 0 而不能等于 0.

0 就是 0.

代数运算都要依据这些基本性质和运算法则，就像"宪法是国家的根本大法"一样，不能乱来，更不能凭空捏造.

倒数的定义是：1除以一个不为0的数得到的商，叫作这个数的倒数.

互为倒数的两个数的乘积为1. 按照这个性质，因为0乘以任何数都得0，所以0没有倒数.

初中数学学习过四种形式的数的积等于1.

1. 形如2与$\frac{1}{2}$，-5与$-\frac{1}{5}$等.

2. 互为有理化因式的两式的积等于1，例如$\sqrt{2}-1$与$\sqrt{2}+1$，$\sqrt{3}-\sqrt{2}$与$\sqrt{3}+\sqrt{2}$，$3-2\sqrt{2}$与$3+2\sqrt{2}$等.

3. 底数相同，指数互为相反数的两个数的积为1，例如9与9^{-1}，$\left(\frac{1}{2}\right)^3$与$\left(\frac{1}{2}\right)^{-3}$，$\sqrt{2}$与$(\sqrt{2})^{-1}$等.

4. 同一个锐角的正切与余切的积等于1，例如tan 30°与cot 30°，tan 45°与cot 45°，tan 60°与cot 60°，tan α与cot α等.

科普一下，大家知道近似值0.618与1.618是什么关系吗?

用计算器计算，得$0.618×1.618=0.999924≈1$.

事实上，黄金分割数$\frac{\sqrt{5}-1}{2}≈0.618$，而$\frac{\sqrt{5}+1}{2}≈1.618$，$\frac{\sqrt{5}-1}{2}×\frac{\sqrt{5}+1}{2}=1$.

那么$\frac{\sqrt{5}-1}{2}$与$\frac{\sqrt{5}+1}{2}$的几何意义是什么呢?

如图1所示，点P是线段AB上的点，如果较长的线段AP是较短的线段BP与全长AB的比例中项，那么点P叫作线段AB的黄金分割点.

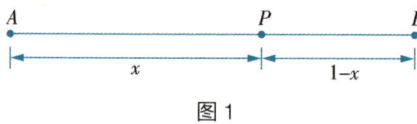

图1

设$AB=1$，$AP=x$，$BP=1-x$，由$AP^2=BP \cdot AB$，得$x^2=(1-x)×1$.

整理，得 $x^2+x-1=0$. 解得 $x=\dfrac{-1+\sqrt{5}}{2}=\dfrac{\sqrt{5}-1}{2}$，或 $x=\dfrac{-1-\sqrt{5}}{2}$（舍去负值）.

也就是说，较长的线段 AP 与全长 AB 的比 $\dfrac{AP}{AB}=\dfrac{x}{1}=\dfrac{\sqrt{5}-1}{2}$.

由 $AP^2=BP\cdot AB$，得较短的线段 BP 与较长的线段 AP 的比 $\dfrac{BP}{AP}=\dfrac{AP}{AB}=\dfrac{\sqrt{5}-1}{2}$.

由 $\dfrac{\sqrt{5}-1}{2}\times\dfrac{\sqrt{5}+1}{2}=1$，可知较长的线段 AP 与较短的线段 BP 的比 $\dfrac{AP}{BP}=\dfrac{\sqrt{5}+1}{2}$.

57 0是单项式

例1 我们知道，0是单项式，那么$2x+0$是多项式吗？

我引用课本上的三句话来解释这个问题：

把一个多项式的同类项合并成一项，叫作合并同类项。一个多项式合并后含有几项，这个多项式就叫几项式。按照这个解释，$2x$和0也不是同类项啊。

另外一句话，0加任何数等于这个数本身。所以，$2x+0$就等于$2x$，是单项式。

例2 $\dfrac{x-3y}{7}$，$-\dfrac{3}{x}$，$\dfrac{2x}{x}$，$-\dfrac{2x}{\pi}$是单项式吗？

前三个都不是单项式。$\dfrac{x-3y}{7}=\dfrac{1}{7}x-\dfrac{3y}{7}$是二项式，$-\dfrac{3}{x}$和$\dfrac{2x}{x}$是分式，$-\dfrac{2x}{\pi}$是单项式。

分式直接根据形式判定，只要分母中含有字母就是分式。π是数不是字母。

例3 $\dfrac{\frac{2}{x+1}}{5}$是单项式还是分式？

是分式。分母$x+1$中含有字母x。事实上，$\dfrac{\frac{2}{x+1}}{5}=\dfrac{2}{5(x+1)}$。

例4 为什么判定一个方程是几元几次方程要先整理方程（合并同类项），而判定分式方程可以直接根据形式判定？

例如方程$x^2+4^2=(8-x)^2$，去括号，两边同时减去x^2，得$16=64-16x$。这是一元一次方程。

整式方程在变形的过程中，未知数x的取值范围没有发生改变。所以判定一个整式方程是几元几次方程要先整理方程（合并同类项）。

而分式方程在化为整式方程的过程中，可能会产生增根，所以分式方程可以直接根据形式判定。

例 5　不解方程，分析下面三个方程的根的情况.

$(1) x+\dfrac{5}{x^2+1}=2+\dfrac{5}{x^2+1}$；　$(2) x+\dfrac{5}{x^2-4}=2+\dfrac{5}{x^2-4}$；　$(3) x+\dfrac{5}{x-4}=2+\dfrac{5}{x-4}$.

分析：根据等式的基本性质 1，这三个方程的两边都可以同时减去同一个数(这里是同一个分式)，得到 $x=2$.

方程(1)不会产生增根，因为分母 x^2+1 确定是正数，不可能等于 0.

对于方程(2)，$x=2$ 就是它的增根，所以原方程无解.

对于方程(3)，$x=2$ 是原分式方程的根.

最后再感慨一下，0 就像神一样存在. 不论是代数计算，还是方程，或者函数，都要考虑 0 的特殊性. 0 就是 0.

58 入乡随俗的 x

大家对 x 再熟悉不过了.

我们知道 x 在代数式中叫字母, 在方程中叫未知数或元, 在函数中叫自变量, 那么 x 在统计中叫什么呢?

"画好图, 写好字, 说好话"是讲好课的九字诀.

"说好话"就是规范准确地表达数学语言. 老师长时间规范准确的语言表达, 不仅能消除学生在理解上的歧义, 还能潜移默化地影响学生养成规范表达的习惯.

我举一些小例子.

1. "求自变量 x 的取值范围"不要简单说成"求 x 的范围".

2. "判断这个方程是几元几次方程, 先看方程中有几个字母", 这里的"字母"是错误的表述.

3. "试判断 AB 与 CD 的关系", 应该指向明确, 准确的表述为"试判断 AB 与 CD 的位置关系", 或"试判断 AB 与 CD 的数量关系".

4. 应用勾股定理的逆定理判定直角三角形, 最后的结论是两层: "所以 $\triangle ABC$ 是直角三角形, $\angle ACB = 90°$". 要明确哪个角是直角.

5. 在介绍圆中的条件时, 要带上名称, 例如"半径 OA""弦 BC""圆心角 $\angle AOB$""弦心距 OD"等.

介绍正多边形, 要带上名称, 例如"半径 OA""边 BC""中心角 $\angle AOB$""边心距 OD"等.

再如介绍直角三角形时, 要说"直角边 AC""斜边 AB""斜边上的中线 CD"等.

带上名称不仅有利于学生快速在图形中找到目标, 也能帮助学生辨析概念.

6. 解方程的时候, 要加上前缀, 例如"解一元二次方程""解分式方程""解无理方程", 好处就是给学生指明了解题的方向.

7. 什么时候叫"方程的根"? 什么时候叫"方程的解"? 我们最熟悉的口语"一元二次方程的求根公式", 没有人说成"一元二次方程的求解公式", 这是习惯成自然.

分式方程和无理方程检验的是"增根", 没有人说成"增解".

课本上说了，一元方程的解也叫方程的根.

8. 几何入门教学就是看图说话，例如一幅图（A、B、C 三点共线）可以有多种说法：

直线 AB 经过点 C；直线 AC 经过点 B；直线 BC 经过点 A.

点 C 在直线 AB 上；点 B 在直线 AC 上；点 A 在直线 BC 上.

一条直线经过 A、B、C 三点；A、B、C 三点共线.

这样领读，学生对几何的认识就会是客观的、立体的.

学会"说好话"是一个优秀的数学教师必备的能力.

三角形的内角和等于180°，那么三角形的三个内角互补. 这个命题对吗? 错了! 错了!

如果两个角的度数和等于180°，那么这两个角互为补角.

"互为""互相"都是指两个量之间的相互关系，初中数学中学过的"互为""互相"都有哪些呢?

我们最熟悉的就是互为相反数，互为倒数了. 这是两个数之间的相互关系.

还有互为余角、互为补角，简称互余、互补. 这是两个角之间的相互关系.

几何学习是从相交线、平行线开始的. 两条直线相交，就会产生对顶角，我们说这两个角互为对顶角. 换个角度认识对顶角，就是一个角的两边与另一个角的两边互为反向延长线.

两条直线相交的特殊情况就是互相垂直.

在同一平面内，两条直线不相交就是互相平行.

两条线段有什么相互关系呢? 哦，平行四边形的对角线互相平分; 菱形的对角线互相垂直平分; 正方形的对角线互相垂直平分且相等.

沪教版的教材还讲向量，还有互为相反向量.

小学阶段我们最熟悉的就是互为逆运算，加减互为逆运算，乘除互为逆运算. 到了初中平方、开平方互为逆运算，乘方与开方互为逆运算.

问题来了:

(1)整式乘法$(a-b)(a+b)=a^2-b^2$与因式分解$a^2-b^2=(a-b)(a+b)$互为逆运算吗?

不是的. 整式乘法与因式分解过程相反.

(2)直线与圆的位置关系相离、相切、相交中的"相"是"互为""互相"的意思吗?

圆与圆的位置关系相离、相切、相交中的"相"是"互为""互相"的意思吗?

这个问题我在微信朋友圈进行了讨论，大家意见不一. 请问读者，你怎么看?

整理一下，我们学过的"互为""互相"有：

互为相反数，互为倒数；

互余，互补；

互为反向延长线，互为对顶角；

互相垂直，互相平行；

互为相反向量；

互为逆运算.

这个话题是我和浦东新区教研员胡素芬老师在交流的时候提起的，我当时只想起了最熟悉的互为相反数、互为倒数、互余、互补等 4 个. 胡老师帮我把沪教版初中数学教材 8 本书从前到后查阅了一遍，梳理出这么多"互为""互相"."'互为'知多少"这个题目也是胡素芬老师建议的.

60　一定会发生歧义的口语习惯

我随上海民进讲师团去贵州省支教讲课八次，有一次我准备了一个话题"初中数学教学中的若干细小问题".

第一个问题是 $a+\dfrac{1}{b}$ 怎么读？老师们读 a 加 b 分之一.

我随即追问 $\dfrac{1}{a+b}$ 怎么读？

事实上，我们的口语习惯是，把 $a+\dfrac{1}{b}$ 和 $\dfrac{1}{a+b}$ 都读作 a 加 b 分之一.

类似的还有很多，例如 $a-|b|$ 和 $|a-b|$，$x-y^2$ 和 $(x-y)^2$，$\sqrt{x^2}$ 和 $(\sqrt{x})^2$，$\sqrt{x+1}$ 和 $\sqrt{x}+1$，等等.

凡是课本上有约定的，我们一般不会发生歧义，例如 a、b 两数的平方差就是 a^2-b^2，a、b 两数的立方和就是 a^3+b^3，a、b 两数和的平方就是 $(a+b)^2$.

再如很复杂的一元二次方程的求根公式，没有人听写为 $x=\dfrac{-b}{2a}\pm\sqrt{b^2}-4ac$，这是因为大家已经约定俗成了.

若课本上没有约定，容易发生歧义怎么办呢？

考试也不考，培训也没有标准，于是就显示出板书的重要性——有字为据啊！

从课本上可以挖掘出两个数的加、减、乘、除运算的规范表达.

例如 $a+b$ 读作 a 与 b 的和；$x-y$ 读作 x 减去 y 的差；$m×n$ 读作 m 与 n 的积；$k÷x$ 读作 k 除以 x 的商.

大家请注意，加法、乘法用"与"表示前后两数的位置可以交换. 减法、除法分别用"减去""除以"表示前后两数的位置不能交换.

事实上，我们在平常教学的口语习惯中：$a+b$ 读作 a 加 b；$x-y$ 读作 x 减 y；$m×n$ 读作 mn；$k÷x$ 读作 k 除以 x.

约定俗成的口语习惯，辅之以规范的板书，就可以避免歧义.

"初中数学教学中的若干细小问题"这个话题，我后来在多个教师培训中讲过，大家对这个话题都感到兴奋. 有一次，我在河南省乡村教师"国培计划"的培训班上讲完以后，河南大学附中金玉梅老师还专门要了我的讲稿，给他们学校的数学老师讲了一遍.

61 二项式乘以三项式等于几项式

一位老师和我商量，说他要上一节合作学习的课，我给他推荐了这个课题并为他提供了教学思路.

第一步，全班同学一起把课本上"整式的乘法"这一章的例题、练习、习题、复习题中的二项式乘以三项式的题目全部收集起来.

第二步，把这些题目按教室的座位分成四组，让同学们开始计算.

第三步，老师把黑板分成五列，上方注明二项式、三项式、四项式、五项式、六项式. 然后请每组率先做完的同学上讲台把结果抄写在黑板上的相应位置.

这样能使这节课、这次合作学习变得很有意义.

事实上，二项式乘以三项式，结果可以是二项式、三项式、四项式、五项式或六项式.

例 1 可以是二项式，这就是立方和、立方差公式.

计算：$(x+y)(x^2-xy+y^2)=$ _____.

计算：$(x-y)(x^2+xy+y^2)=$ _____.

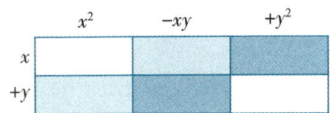 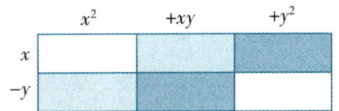

例 2 可以是三项式. 计算：$(x^2+x-2)(x+2)=$ _____.

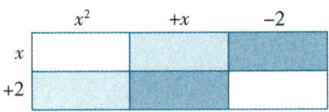

例 3 可以是四项式. 计算：$(x^2+2x+3)(2x-5)=$ _____.

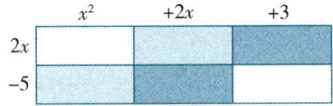

例 4　可以是五项式. 计算：$(x^2+x-2)(x^2-1)=$ _____．

	x^2	$+x$	-2
x^2			
-1			

例 5　最多是六项式. 计算：$(a+b+c)(x+y)=$ _____．

	a	$+b$	$+c$
x			
$+y$			

62 四个女人几台戏

例1 从长为 2，3，4，5 的四条线段中选三条线段，能围成几个三角形？

这是学习三角形的三边关系时的一道典型题，我给同学们形象地说，三个女人演一台戏，四个女人可以组合演出几台戏？

从 4 个女人中选 3 个，剩余几个女人呢？

类比一下，就是从 4 条线段中，每次留下 1 条不用，那么总共有 4 种组合方案.

①不选 2，那么 3，4，5 可以围成一个三角形；

②不选 3，那么 2，4，5 可以围成一个三角形；

③不选 4，那么 2，3，5 不能围成一个三角形；

④不选 5，那么 2，3，4 可以围成一个三角形.

结论是从长为 2，3，4，5 的 4 条线段中选 3 条线段，可以围成 3 个三角形.

例2 从长为 1，2，3，4 的 4 条线段中选 3 条线段，能围成几个三角形？

①不选 1，那么 2，3，4 可以围成一个三角形；

②不选 2，那么 1，3，4 不能围成一个三角形；

③不选 3，那么 1，2，4 不能围成一个三角形；

④不选 4，那么 1，2，3 不能围成一个三角形.

结论是从长为 1，2，3，4 的 4 条线段中选 3 条线段，只能围成 1 个三角形.

例3 从长为 4 个连续正整数的 4 条线段中选 3 条线段，如果都能围成三角形，那么最短的那条线段长为多少？

设 4 条线段的长为 n，$n+1$，$n+2$，$n+3$.

①不选 n，如果其他 3 条线段能围成三角形，那么 $(n+1)+(n+2)>n+3$，得 $n>0$.

②不选 $n+1$，解不等式 $n+(n+2)>n+3$，得 $n>1$.

③不选 $n+2$，解不等式 $n+(n+1)>n+3$，得 $n>2$.

④不选 $n+3$，解不等式 $n+(n+1)>n+2$，得 $n>1$.

取 4 个不等式的公共部分，得 $n>2$. 也就是说，长为 4 个连续正整数的 4 条线段，如果最短的长为 3，那么从 4 条线段中任选三条都可以围成三角形.

我把一道具体的题目进行了一般化的推广. 推广的过程中有方法有策略，还用到了不等式组的解法.

这个分类讨论的方法，老师很容易知道，就是高中数学的 $C_4^3 = C_4^1$.

列不等式 $n+(n+1)>n+2$ 的依据是较小的两条线段之和大于最大的一条线段. 移项，就是 $n>(n+2)-(n+1)$，读作两边之差小于第三边. 所以这样列不等式是合理的、简洁的.

从上面的过程可以看到，例 1 和例 2 只是特例.

63 螺旋式上升的绝对值

在中学阶段，绝对值学过四次.

第一次在"有理数"一章，认识了正数、负数之后，在数轴上可以表示有理数. 互为相反数对应的点到原点的距离相等.

一个数在数轴上所对应的点与原点的距离，叫作这个数的绝对值(如图1所示). 这个数可能是正数、0或负数，具体为：

正数的绝对值等于它本身；

负数的绝对值等于它的相反数；

0的绝对值是0.

第二次在"二次根式"一章，用字母 a 表示数，a 可能是正数、0或负数.

于是 $\sqrt{a^2} = |a| = \begin{cases} a\,(a>0), \\ 0\,(a=0), \\ -a\,(a<0). \end{cases}$ 可以读作 $\begin{cases} \text{正数的绝对值等于它本身，} \\ \text{0的绝对值等于0，} \\ \text{负数的绝对值等于它的相反数.} \end{cases}$

第三次学习绝对值的时候，是平面直角坐标系中两点间的距离.

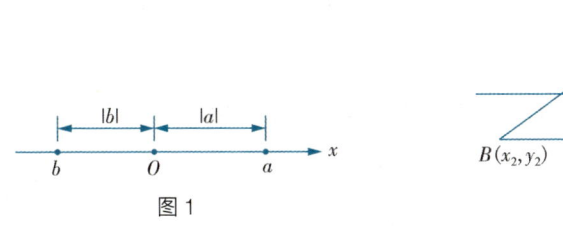

图1   图2

如图2，已知 $A(x_1,\ y_1)$、$B(x_2,\ y_2)$ 两点的连线与坐标轴不平行，那么我们可以构造直角三角形 ABC，使得直角边与坐标轴平行. 点 C 为 $(x_1,\ y_2)$.

所以水平线段 $BC = x_1 - x_2$，竖直线段 $AC = y_1 - y_2$.

由勾股定理，得 $|AB| = \sqrt{(x_1-x_2)^2 + (y_1-y_2)^2}$.

第四次学习绝对值，是高中数学"复数"一章的复数的模.

设复数 $z = a + bi\,(a,\ b \in \mathbf{R})$，那么复数 z 的模 $|z| = \sqrt{a^2+b^2}$. 它的几何意义是复平面上一点 $(a,\ b)$ 到原点的距离.

小结一下，绝对值的几何意义是两点间的距离. 从数轴上的两点，到坐标平面内的两点，再到复平面内的两点，绝对值的知识在螺旋式上升.

人教版教材中有两个定理:

1. 三角形中位线定理:三角形的中位线平行于第三边,并且等于第三边的一半.

2. 直角三角形斜边上的中线等于斜边的一半.

这两个定理为什么安排在平行四边形一章学习呢?我们来看看这两个定理的形成过程.

例1 如图1,△ABC 中,D、E 分别是 AB、AC 的中点,求证 DE // BC,$DE = \frac{1}{2}BC$.

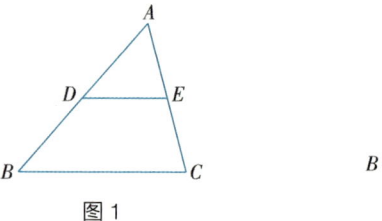

图1

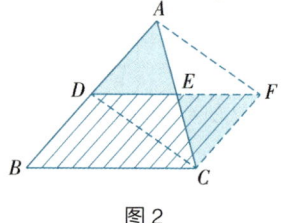

图2

如图2,延长 DE 至 F,使 EF = DE. 联结 AF、DC.

$$\left.\begin{array}{l} AE=CE \\ DE=FE \end{array}\right\} \Rightarrow 平行四边形\ ADCF \Rightarrow \left.\begin{array}{l} AD /\!/ CF \\ \left.\begin{array}{l} AD=CF \\ AD=BD \end{array}\right\} \Rightarrow BD=CF \end{array}\right\} \Rightarrow 平行四边形\ BCFD$$

$$\Rightarrow \left.\begin{array}{l} DE /\!/ BC \\ \left.\begin{array}{l} DF=BC \\ DE=\frac{1}{2}DF \end{array}\right\} \Rightarrow DE=\frac{1}{2}BC. \end{array}\right.$$

从上面的推理过程可以看到,应用了平行四边形的判定和性质. 所以三角形的中位线定理要安排在平行四边形后面学习.

例2 如图3,矩形 ABCD 的对角线 AC 与 BD 相交于点 O,根据矩形的对角线互相平分且相等,可得 $BO = \frac{1}{2}AC$.

把图 3 擦去一半，如图 4，就是直角三角形斜边上的中线等于斜边的一半. 所以这个定理就是矩形性质定理的一个推论而已，一步到位. 人教版教材就是这样安排的.

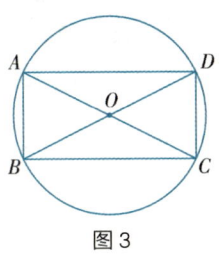
图 3

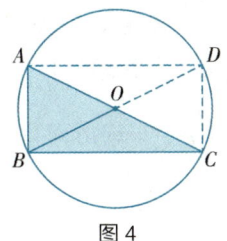
图 4

但是沪教版教材刻意把"直角三角形"独立成节，安排在"平行四边形"前面. 在有限的知识下，这个定理的证明过程足足用了 21 行.

沪教版第十九章第三节"直角三角形"包含 4 小节，分别是"19.7 直角三角形全等的判定""19.8 直角三角形的性质""19.9 勾股定理""19.10 两点的距离公式".

我就沪教版"19.8 直角三角形的性质"一节的两个性质定理的编排与人教版进行了比较.

"直角三角形的两个锐角互余"这个定理，人教版直接安排在三角形的内角和一节，早早就学习了.

"直角三角形斜边上的中线等于斜边的一半"这个定理，人教版安排在矩形的性质后面，顺便就学习了.

沪教版"19.10 两点的距离公式"这节课非常好，方便了坐标平面内求线段的长. 很多版本的教材都没有编写两点的距离公式，事实上，老师为了便于习题教学，都会给学生补充教学两点的距离公式.

就像"教无定法，贵在得法"一样，教材的编写遵循"一纲多本"，各显特色.

我喜欢收藏教材，收集到的教材有沪教版、人教版、北师大版、华师大版、苏教版、浙教版、鲁教版、湘教版、沪科版等 9 套.

湘教版和沪科版是周继光老师转赠给我的. 周继光老师收藏了新中国成立以来各个时期各种版本的教材. 周继光老师是中学数学教师界的一个传奇，他高中毕业后留校任教，是"文革"前上海市第一批特级教师. 周老师终生勤奋，学术颇丰，关爱青年教师. 可天妒雄才，病魔带走了 73 岁的周老师.

我们把图 1 的扇形 n 等分(如图 2~图 5),当 n 越大时,n 个小扇形的弧长的和就越接近一条线段,这条线段的长就是弧长 AB(用 l 表示).

所以 $S_{扇形} = n$ 个小扇形面积的和 $= \dfrac{1}{2}lR.$

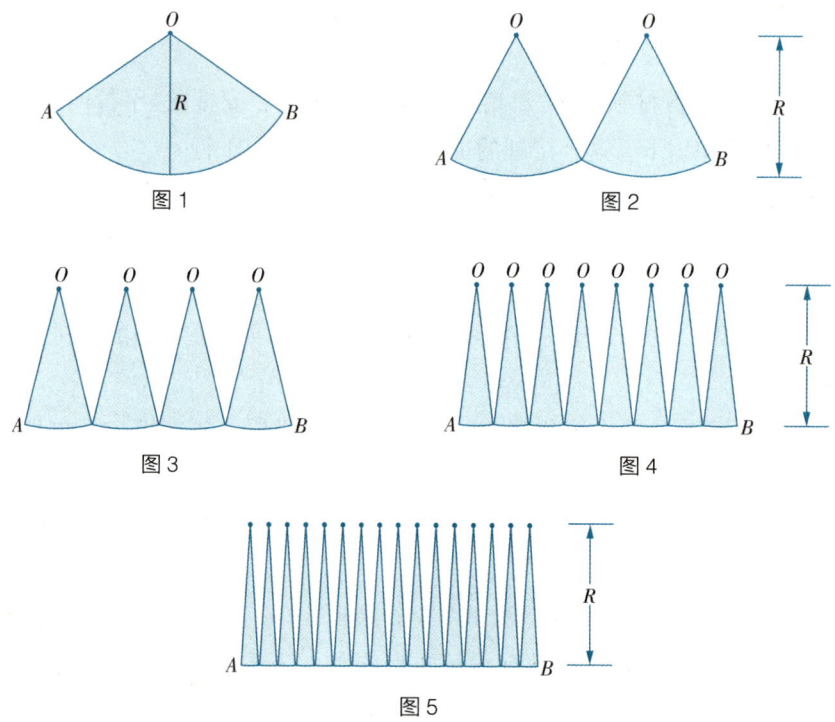

图 1

图 2

图 3

图 4

图 5

我们还可以推导出扇形的这个面积公式.

由弧长 $l = \dfrac{n}{360} \times 2\pi R$,扇形面积 $S_{扇} = \dfrac{n}{360} \times \pi R^2$,两式相除,得 $\dfrac{l}{S_{扇}} = \dfrac{2}{R}.$

所以 $S_{扇} = \dfrac{1}{2}lR.$

已知半径,圆的大小就是确定的,再已知弧长,那么扇形的大小就能确定了. 所以已知了扇形的半径和弧长,就可以把扇形看作三角形,用三角形的面积公式求扇形的面积. 弧长相当于等腰三角形的底边,半径相当于其底边上的高.

66 先有鸡还是先有蛋

先有鸡还是先有蛋, 在数学教学中随处会遇到这样的问题, 我举几个例子.

例 1 如图 1, 已知等边三角形 ABC, 点 E、F 分别在 AB、AC 边上, 沿直线 EF 将 $\triangle AEF$ 翻折, 使得点 A 落在 BC 边上的点 D 处.

问题是, 如果老师要把这个图画在黑板上, 理论上是先有对称轴后有对应点. 但是画图的时候, 是先画点 A 的对应点 D, 再作 AD 的垂直平分线得到 E、F 两点(如图 2 所示).

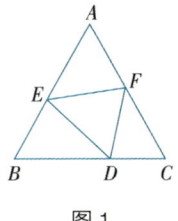 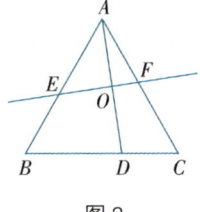

图 1　　　　　　图 2

例 2 如图 3, 已知 $\odot O$ 是 $\triangle ABC$ 的外接圆, 如果按照题意画图, 理论上是先画 $\triangle ABC$, 再作它的外接圆.

但事实上呢?

没错, 先画圆, 再画三角形. 视觉效果是相同的. 但这是两个完全不同的概念.

如图 4, 一个三角形的外接圆是唯一的, 这是因为两边的垂直平分线相交, 有且只有一个圆心 O.

如图 5, 一个圆的内接三角形有无数个, 顺次首尾联结圆上任意三点得到的三角形都是这个圆的一个内接三角形.

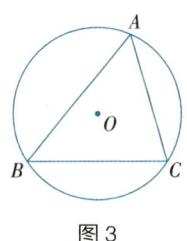 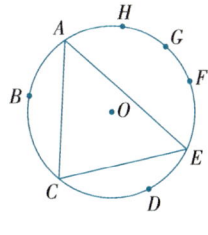

图 3　　　　　　图 4　　　　　　图 5

例 3　我在黑板上画抛物线有一个经验，我给看过我直播、听过我讲课的老师都分享过这个经验.

先在黑板上快、准、狠地画一条抛物线，再根据原题原图的位置关系画两条坐标轴.

其实在我们的教学过程中，随处都有根据结论画图的经验.

67 两点确定一条直线

两点确定一条直线，这是我们学习几何最早知道的结论.

大家最熟悉的一个应用，就是画一次函数的图像，取两个有序实数对 (x, y)，绘出这两个点，过这两个点画直线就可以了.

其实还有一个最熟悉，也最容易被忽视的应用.

如图1，如果点 P 在线段 AB 的垂直平分线上，那么 $PA = PB$.

反过来，如果 $PA = PB$，那么点 P 在线段 AB 的垂直平分线上.

例1 如图2，四边形 $ABCD$ 中，$AB = AD$，$CB = CD$，求证 $AC \perp BD$.

证明：因为 $AB = AD$，所以点 A 在线段 BD 的垂直平分线上.

因为 $CB = CD$，所以点 C 也在线段 BD 的垂直平分线上.

所以 AC 垂直平分 BD.

这里就应用了 A、C 两点确定一条直线 AC.

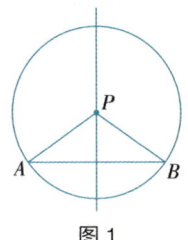

图1　　　　　图2

例2 我们知道，圆是轴对称图形，经过圆心的每一条直线都是圆的对称轴. 如图3，已知 $\odot A$ 和 $\odot B$ 组成的图形，画一条直线，平分这个图形.

既经过点 A，又经过点 B 的直线，也就是直线 AB 平分这个图形（如图4所示）. 这里应用了 A、B 两点确定一条直线 AB.

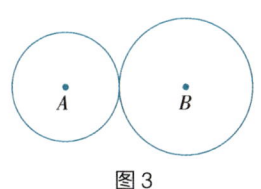

图3

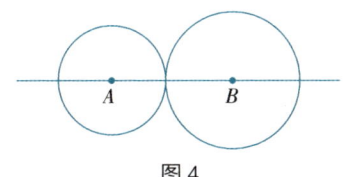

图4

68 平分+平行，必有等腰三角形

课本典型题 1 如果三角形一个外角的平分线平行于三角形的一边，那么这个三角形是等腰三角形.

这就是我的口头禅"平分+平行，必有等腰三角形".

如图1，由 $\angle 1 = \angle 2$，$AE /\!/ BC$，可得 $AB = AC$；

由 $\angle 1 = \angle 2$，$AB = AC$，可得 $AE /\!/ BC$；

由 $AE /\!/ BC$，$AB = AC$，可得 $\angle 1 = \angle 2$.

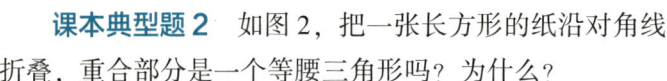

图1

课本典型题 2 如图2，把一张长方形的纸沿对角线折叠，重合部分是一个等腰三角形吗？为什么？

由 $\angle 1 = \angle 2$，$AD /\!/ BC$，可得 $BE = ED$.

课本典型题 3 如图3，把一张长方形的纸折叠，使得点 B 与点 D 重合，折痕为 EF，那么 $\triangle BEF$ 是一个等腰三角形吗？为什么？

由 $\angle 1 = \angle 2$，$AD /\!/ BC$，可得 $BE = BF$. 所以 $\triangle BEF$ 是一个等腰三角形.

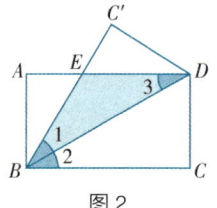
图2

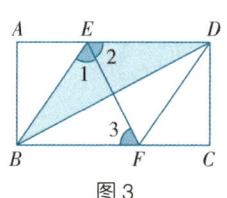
图3

课本典型题 4 如图4，$\triangle ABC$ 中，BO 平分 $\angle ABC$，CO 平分 $\angle ACB$，MN 经过点 O，分别与 AB、AC 相交于点 M、N，且 $MN /\!/ BC$. 求证：$\triangle AMN$ 的周长等于 $AB + AC$.

由"平分+平行，必有等腰三角形"，可知 $MO = MB$，$NO = NC$. 所以 $\triangle AMN$ 的周长等于 $AB + AC$.

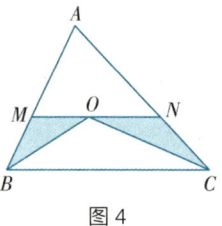
图4

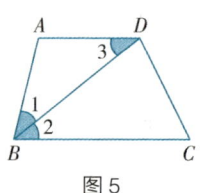
图5

课本典型题 5 （1）如图5，$AD /\!/ BC$，BD 平分 $\angle ABC$. 求证 $AB = AD$.

（2）如图5，$AD /\!/ BC$，$AB = AD$. 求证 BD 平分 $\angle ABC$.

(3)如图5, $AB=AD$, BD 平分∠ABC. 求证 $AD/\!/BC$.

新的问题1 如图6, 已知 $AM/\!/BN$, ∠BAM 的平分线与∠ABN 的平分线交于点 E, 等腰三角形在哪里呢？

如图7, 延长 AE 交 BN 于点 C, 这样就看到了"平分+平行, 必有等腰三角形".

如图8, 延长 BE 交 AM 于点 D, 又看到了等腰三角形 ABD.

哦, 四边形 $ABCD$ 是菱形啊, AC 与 BD 互相垂直平分. 我们在七年级学习平行线的时候, 证明图6中的∠E 是直角, 到了八年级补全图形, 就是菱形的性质.

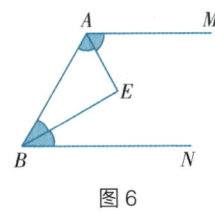 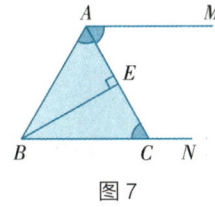 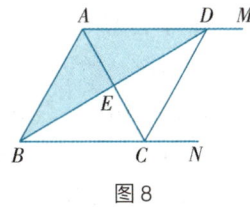

图6   图7   图8

新的问题2 如图9, AB 是⊙O 的直径, C 为⊙O 上一点, AD 与过点 C 的切线互相垂直, 垂足为 D. 求证: AC 平分∠DAB.

要求证"平分", 那么"平行"和"等腰三角形"在哪里呢？

如图10, 联结 OC, 等腰三角形 OAC 就有了.

已知 l 与⊙O 相切于点 C, 可得 $OC\perp l$. 已知 $AD\perp l$, 根据"垂直于同一条直线的两直线平行", 可得 $OC/\!/AD$.

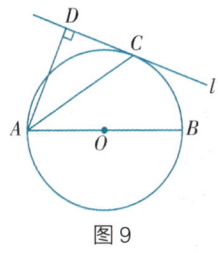 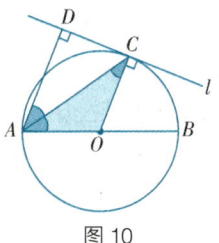

图9   图10

对于图9, 我们也可以"3选2证1".

(1)如图9, AB 是⊙O 的直径, C 为⊙O 上一点, 点 D 在过点 C 的切线上, AC 平分∠DAB. 求证: $AD\perp CD$.

(2)如图9, AB 是⊙O 的直径, C 为⊙O 上一点, AC 平分∠DAB. 求证: CD 是⊙O 的切线.

小结 在解题的过程中, 如果遇到条件有"平分""平行""等腰三角形"中的两个, 我就会不由自主地想起口头禅"平分+平行, 必有等腰三角形".

69　"三等角"问题有两个

第一个就是大家常说的"一线三等角".

例 1　如图 1，$\triangle ABC$ 中，$AB = AC$，点 D 在边 BC 上，点 E 在边 CA 上，如果 $\angle ADE = \angle B$，那么 $\triangle ABD \backsim \triangle DCE$.

在这个模型中，$\angle B = \angle C = \angle ADE$，这三个角的顶点在同一条直线上，所以称作"一线三等角". 这个证明过程中有一个典型的"三因一果".

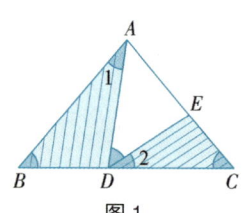

图 1

因为 $\angle ADC = \angle B + \angle 1$，$\angle ADC = \angle ADE + \angle 2$，$\angle B = \angle ADE$，所以 $\angle 1 = \angle 2$.

于是 $\triangle ABD \backsim \triangle DCE$.

特殊化　如图 2，如果图 1 中的点 D 是 BC 的中点，那么 $\triangle ABD \backsim \triangle DCE \backsim \triangle ADE$.

由 $\triangle ABD \backsim \triangle DCE$，得 $\dfrac{AD}{DE} = \dfrac{AB}{DC}$.

等量代换，得 $\dfrac{AD}{DE} = \dfrac{AB}{BD}$.

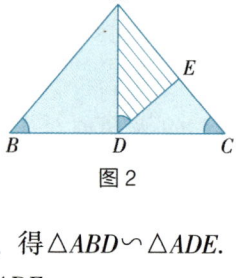

图 2

又因为 $\angle B = \angle ADE$，根据两边对应成比例且夹角相等，得 $\triangle ABD \backsim \triangle ADE$. 再根据相似三角形的传递性，得 $\triangle ABD \backsim \triangle DCE \backsim \triangle ADE$.

上面是一般性的证法，对于图 2，还有特殊性的证法.

由等腰三角形的"三线合一"，得 $\angle BAD = \angle DAE$. 根据两角对应相等的两个三角形相似，得 $\triangle ABD \backsim \triangle ADE$.

一般化　如图 3，$\triangle ABC$ 中，$AB = AC$，D 是 BC 的中点，E、F 分别在 AB、AC 上，且 $\angle EDF = \angle B$，那么 $\triangle EBD \backsim \triangle DCF \backsim \triangle EDF$.

所以 $\angle BED = \angle DEF = \alpha$，$\angle EFD = \angle DFC = \beta$. 于是在图 4 中，$DM = DG = DN$. 因此以点 D 为圆心，与 AB 相切的圆，一定也与 AC、EF 相切.

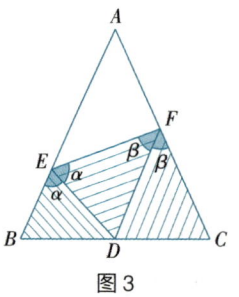

图 3

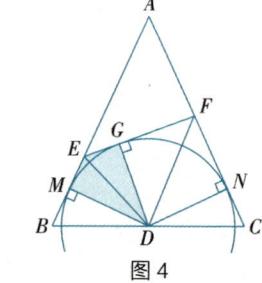

图 4

联系到正方形 如图 5，正方形 $ABCD$ 中，M 是边 BC 的中点，E、F 分别在 AB、CD 边上，如果 $\angle EMF = 90°$，那么 $\triangle EBM \backsim \triangle MCF \backsim \triangle EMF$.

由图 6 可知，$EF = BE + CF$.

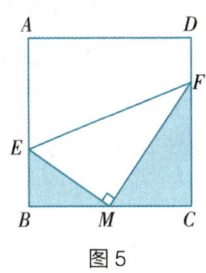

图 5

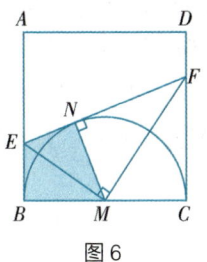

图 6

第二个"三等角"问题也是大家熟悉的.

例 2 如图 7，$\triangle ABC$ 中，$AB = AC$，D、E 是 BC 边上的两个点，且 $\angle DAE = \angle B$，那么 $\triangle ADE \backsim \triangle BAE \backsim \triangle CDA$.

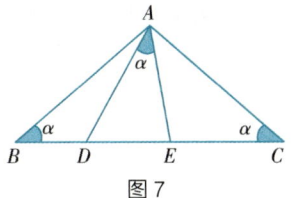

图 7

如图 8 所示，$\triangle ADE \backsim \triangle BAE$. 如图 9 所示，$\triangle ADE \backsim \triangle CDA$.

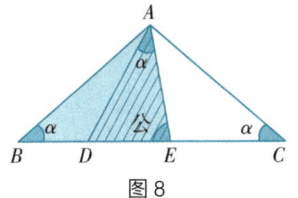

图 8

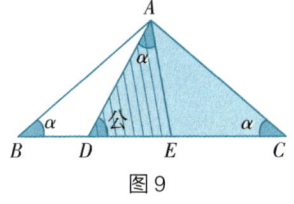

图 9

特殊化 如图 10，$\triangle ABC$ 是等腰直角三角形，图 7 中的其他条件不变，那么 BD、DE 和 CE 三条线段可以围成一个直角三角形.

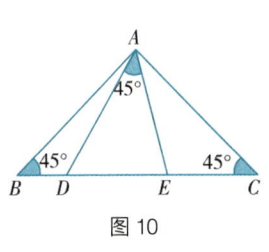

图 10

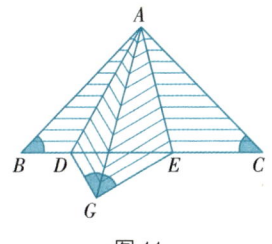

图 11

如图 11，设 *AB* 与 *AG* 关于直线 *AD* 对称，那么 *BD* = *GD*，∠*B* = ∠*AGD* = 45°.

再根据"SAS"证明 △*ACE* ≌ △*AGE*，得 *CE* = *GE*，∠*C* = ∠*AGE* = 45°.

在 Rt△*DEG* 中，$DE^2 = GD^2 + GE^2$. 等量代换，得 $DE^2 = BD^2 + CE^2$.

所以 *BD*、*DE* 和 *CE* 三条线段可以围成一个直角三角形，斜边是 *DE*.

典型图　如图 12，如果 ∠*DAE* = ∠*B* = ∠*C* = 36°，*AD* = *AE*，那么图中所有的三角形都是等腰三角形，*D*、*E* 是线段 *BC* 的两个黄金分割点.

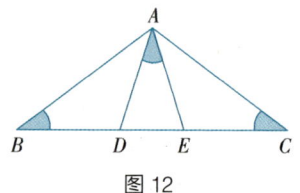

图 12

"三等角"模型的题目层出不穷，不断创新.

"三等角"问题，就是相似三角形问题.

70 定边对定角和定边对定高的三角形

我们来讨论两个特定条件的三角形的面积或周长的最值问题.

例1 如图1，$\triangle ABC$ 中，$BC = m$（m 为定值），$\angle BAC = \alpha$（α 为定值），如果 $\triangle ABC$ 的面积最大，$\triangle ABC$ 满足什么条件?

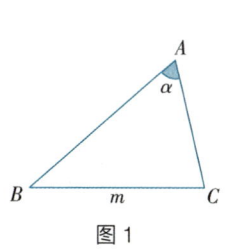
图1

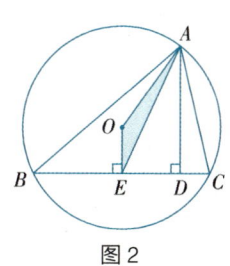
图2

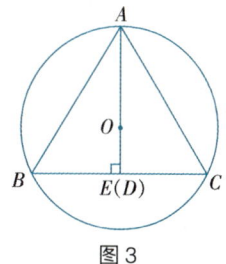
图3

如图2，设 BC 边上的高为 AD，因为 BC 为定值，所以当 AD 取得最大值时，$\triangle ABC$ 的面积最大.

因为边 BC 和对角 $\angle BAC$ 为定值，所以 $\triangle ABC$ 的外接圆是确定的. 设圆心为 O，圆心距为 OE，那么 $\odot O$ 的半径 OA 和弦心距 OE 就是定值.

因为 $AD < AE < OA + OE$，所以当 A、O、E 三点共线时，AD 与 AE 重合，AD 取得最大值（如图3所示）. 此时 $AB = AC$.

结论：定边对定角的三角形，在其为等腰三角形的时候面积最大.

例2 如图4，$\triangle ABC$ 中，$BC = m$（m 为定值），$\angle BAC = 2\theta$（θ 为定值），如果 $\triangle ABC$ 的周长最大，$\triangle ABC$ 满足什么条件?

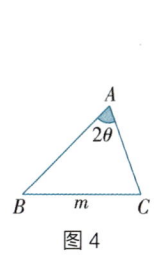
图4

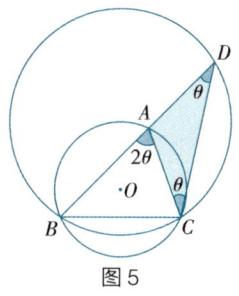
图5

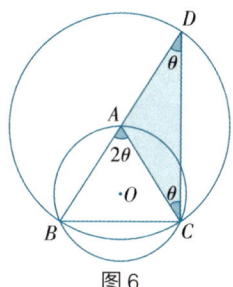
图6

如图5，延长 BA 至 D，使 $AD = AC$，那么 $\angle D = \theta$.

在 $\triangle DBC$ 中，边 BC 和对角 $\angle D$ 为定值，所以 $\triangle DBC$ 的外接圆是确定的.

根据直径是圆中最长的弦，可知 BD 为直径时，$AB + AC$ 最大.

如图6所示，当 BD 为直径时，圆周角 $\angle BCD = 90°$. 此时可得 AC 是直角

三角形 BCD 斜边上的中线，所以 $AB=AC$.

结论：定边对定角的三角形，在其为等腰三角形的时候周长最大.

例3 如图 7，$\triangle ABC$ 中，$BC=m$（m 为定值），高 $AD=n$（n 为定值），如果 $\triangle ABC$ 的周长最小，$\triangle ABC$ 满足什么条件？

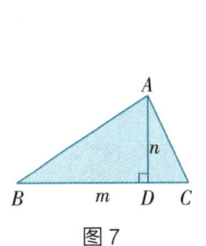

图7

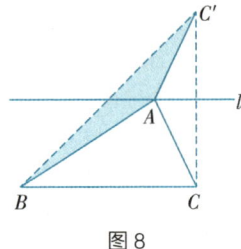

图8

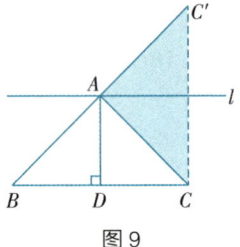

图9

如图 8，过点 A 作 BC 的平行线 l，把直线 l 看作河流，这个问题就转化为"牛喝水"问题.

作点 C 关于直线 l 的对称点 C'，那么 $AC=AC'$.

联结 BC'. 在 $\triangle ABC'$ 中，$AB+AC'>BC'$，BC' 为定值.

如图 9 所示，当点 A 落在线段 BC' 上时，$AB+AC$ 取得最小值. 此时 CA 是直角三角形 BCC' 斜边上的中线，所以 $AB=AC$.

结论：定边对定高的三角形，在其为等腰三角形的时候周长最小.

这三个问题，前两个是相同的情景，$\triangle ABC$ 都有确定的外接圆，但是面积、周长的最大值的研究方法不同.

第三个问题与前两个的研究方法又不同，是"牛喝水"问题.

如果说这三个问题有什么相同或相通的，就是三角形为等腰三角形的时候，取得最值.

71 距离就是联结两点的线段长

距离就是联结两点的线段长. 距离一般用 d 表示, 是英文 distance 的首字母.

我们学过的 d 有哪些呢?

1. 点到直线的距离是联结哪两点的线段长?

如图 1, 直线外一点 P 与直线上所有点的连线中, 垂线段 PQ 最短. 这条垂线段 PQ 的长就是这点到直线的距离.

特别地, 直线上的点到这条直线的距离规定为 0. 所以 x 轴上的点的纵坐标都为 0, y 轴上的点的横坐标都为 0.

2. 平行线间的距离是联结哪两点的线段长?

如图 2, 如果直线 $a /\!/ b$, 在直线 a 上任取一点 P, 点 P 到直线 b 的距离 PQ 就是 a、b 两条平行线间的距离.

因为点 P 是直线 a 上的任意一点, 所以 PQ 随点 P 的运动而运动, 于是有了那句朗朗上口的结论: 平行线间的距离处处相等.

如图 3, 如果 G、H 是直线 b 上的两个定点, 当点 P 在直线 a 上运动的时候, $\triangle PGH$ 的面积保持不变, 这是因为同底等高的三角形面积相等.

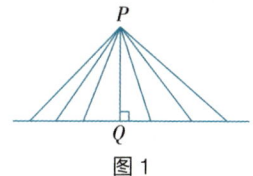 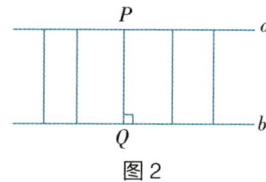 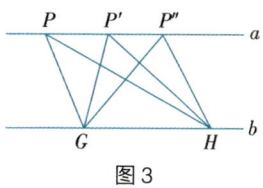

图 1   图 2   图 3

3. 如图 4, $\odot O$ 与直线 l 的位置关系, 等价于 d 与 r 的数量关系. 这个距离 d 是圆心到直线的距离 OD.

4. 如图 5, 弦心距是哪两个点之间的距离呢? 顾名思义, 心是圆心. 如图 5, 弦心距是圆心 O 到弦 AB 所在直线的距离 OD. 事实上, 垂足 D 就是弦 AB 的中点.

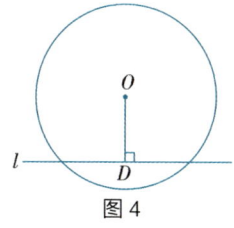 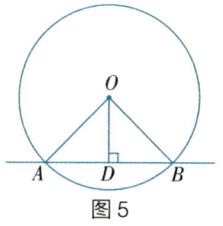

图 4   图 5

5. 边心距是哪两个点之间的距离呢？这里的边是正多边形的边，心是正多边形的中心. 如图 6，边心距 OD 是正多边形的中心 O 到边 AB 所在直线的距离.

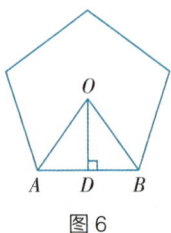

图 6

6. 圆心距，顾名思义就是两个圆心间的距离. 如图 7，⊙A 与 ⊙B 的圆心距就是线段 AB 的长.

7. 圆环的宽度是用 d 表示的，英文也是 distance. 那么圆环的宽度是哪两点间的距离呢？

如图 8，圆环是由两个同心圆形成的，大圆的半径 OA 与小圆交于点 B，圆环的宽度就是线段 AB 的长.

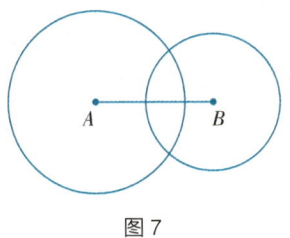

图 7

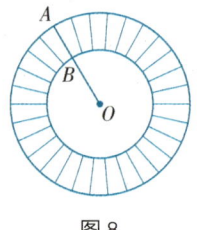

图 8

8. 如图 9，数轴上实数 a 对应的点到原点 O 的距离，叫作 a 的绝对值，记作 $|a|$. 这个距离真的是联结两点的线段长，不是截距的"距".

特别地，0 的绝对值是 0.

9. 截距的"距"是距离吗？不，截距是直线与 y 轴交点的纵坐标. 如图 10 所示，直线 $y=x-2$ 的截距是 -2.

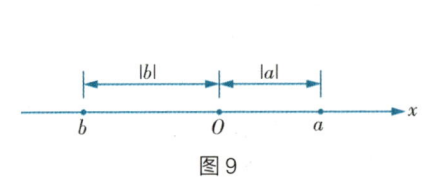

图 9

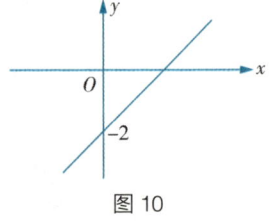

图 10

10. 直径也是用 d 表示的，但英文是 diameter.

顺便说一说，为什么直径是圆中最长的弦？

如图 11，设 AB 是⊙O 的一条弦. 在 △OAB 中，设弦 AB 为第三边，根据第三边小于两边之和，得 $AB<OA+OB=2r=d$.

当 A、O、B 三点共线时，AB 就是圆的直径 d. 所以说直径是圆中最长的弦.

再说一说，过⊙O 内一点 M 的最短的弦在哪里.

如图 12，AB 是经过点 M 的直径，弦 CD 经过点 M.

作 $CE \perp AB$ 于 E，作 $DF \perp AB$ 于 F，那么 $CD>CE+DF$.

如图 13，当 E、M、F 三点重合时，弦 CD 取得最小值. 此时弦 CD 垂直直径 AB.

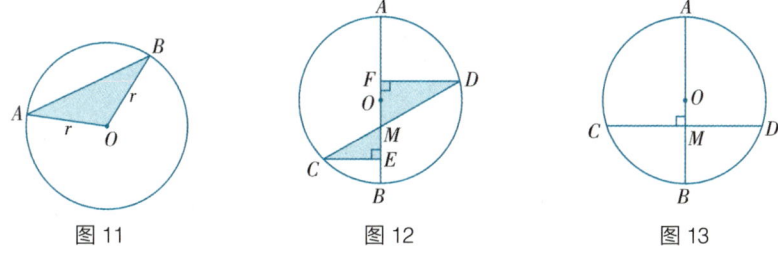

图 11　　　　　　　　图 12　　　　　　　　图 13

这篇文章的关键词：距离，线段长，最短，垂直.

72 举例几个伴随关系

数学知识之间总是相互关联的，我举例几个最常见的伴随关系.

一、等腰三角形总是伴随着直角三角形

根据等腰三角形的"三线合一"，等腰三角形可以分割为两个全等的直角三角形，这样就把解等腰三角形的问题转化为解直角三角形的问题了.

例1 如图1，$\triangle ABC$ 中，$AB=AC=6$，$BC=4$，求 $\triangle ABC$ 的面积.

作 $AD \perp BC$ 于 D，那么 AD 垂直平分 BC.

在 Rt$\triangle ABD$ 中，$AB=6$，$BD=2$，由勾股定理，得 $AD=4\sqrt{2}$. 所以 $S_{\triangle ABC}=8\sqrt{2}$.

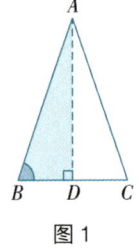
图1

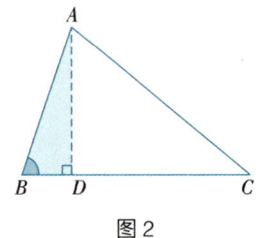
图2

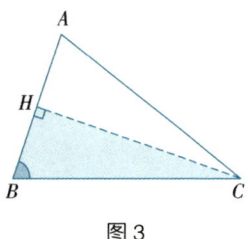
图3

例2 $\triangle ABC$ 中，$AB=6$，$BC=9$，$\cos\angle B=\dfrac{1}{3}$，求 AC 的长.

解法一，如图2，作 $AD \perp BC$ 于 D.

在 Rt$\triangle ABD$ 中，$AB=6$，$\cos\angle B=\dfrac{BD}{AB}=\dfrac{1}{3}$，所以 $BD=2$，$AD=4\sqrt{2}$.

在 Rt$\triangle ACD$ 中，$CD=9-2=7$，$AD=4\sqrt{2}$，由勾股定理，得 $AC=9$.

解法二，如图3，作 $CH \perp AB$ 于 H.

在 Rt$\triangle BCH$ 中，$BC=9$，$\cos\angle B=\dfrac{BH}{BC}=\dfrac{1}{3}$，所以 $BH=3$.

已知 $AB=6$，所以 CH 垂直平分 AB. 所以 $AC=BC=9$.

可以体验到，解法二运用"直角三角形中伴随着等腰三角形"的关系解题，使其运算量比解法一小.

二、垂径定理总是伴随着勾股定理

例 3 如图 4，已知 ⊙O 的弦 $AB = 8$，半径 $OC \perp$ 弦 AB 于 D，$CD = 2$，求 ⊙O 的半径.

因为半径 $OC \perp$ 弦 AB，根据垂径定理，$AD = BD = 4$.

联结 OA. 在 Rt△OAD 中，设 $OA = x$，$AD = 4$，$OD = x - 2$，由勾股定理，得 $4^2 + (x-2)^2 = x^2$.

解得 $x = 5$. 所以 ⊙O 的半径等于 5.

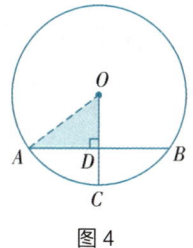

图 4

三、正方形总是伴随着等腰直角三角形

例 4 如图 5，已知 $A(3, 0)$、$B(1, 2)$ 两点，如果 △ABC 是等腰直角三角形，求点 C 的坐标.

如图 6，以 AB 为边作两个正方形，那么正方形的顶点（除 A、B 两点外）以及对角线的交点，都是符合题意的点 C. 也就是说，等腰直角三角形 ABC 存在 6 种情况. 6 个点 C 的坐标分别为 $C_1(5, 2)$，$C_2(3, 4)$，$C_3(-1, 0)$，$C_4(1, -2)$，$C_5(3, 2)$，$C_6(1, 0)$.

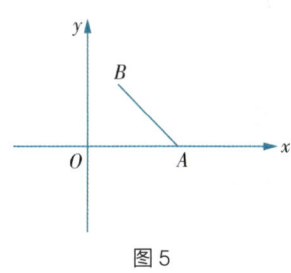

图 5

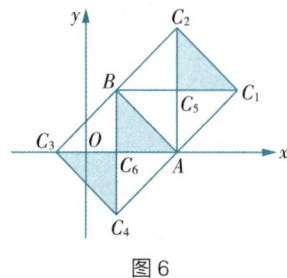

图 6

四、菱形总是伴随着等腰三角形

例 5 如图 7，已知直线 $y = -x + 2$ 与 x 轴交于点 A，点 B 在直线上，如果以 O、A、B、C 为顶点的四边形是菱形，求点 C 的坐标.

已知 O、A 两点是确定的，点 B 是相对确定的，如果 △OAB 是等腰三角形，那么以底边所在直线为对称轴，就可以得到菱形的顶点 C.

已知 $O(0, 0)$、$A(2, 0)$，设 $B(m, -m+2)$. 分三种情况讨论等腰三角形 OAB.

①如图 7，如果 $OB = OA = 2$，那么 △OAB 是等腰直角三角形. 此时 $C(2, 2)$.

②如图 8，如果 $BO = BA$，那么点 B 在 OA 的垂直平分线上.

此时 $B(1, 1)$，$C(1, -1)$.

③如图 9，如果 $AB = AO = 2$，由 $AB^2 = 4$，列方程 $(m-2)^2 + (m-2)^2 = 4$.

解得 $m=2\pm\sqrt{2}$. 所以 $B(2-\sqrt{2}, \sqrt{2})$, $B'(2+\sqrt{2}, -\sqrt{2})$.

按照 $A\rightarrow O$ 的方向平移点 B、B', 得 $C(-\sqrt{2}, \sqrt{2})$, $C'(\sqrt{2}, -\sqrt{2})$.

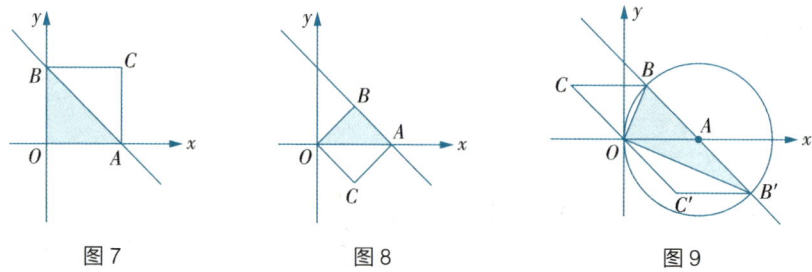

图7　　　　　图8　　　　　图9

五、斜边为定值的直角三角形总是伴随着一个隐形圆

例6 如图 10, 已知抛物线与 x 轴交于 $A(-1, 0)$、$B(3, 0)$ 两点, 与 y 轴交于点 $C(0, 3)$, 点 D 在抛物线的对称轴上, 如果 $\angle ADC=90°$, 求点 D 的坐标.

如图 11, 以 AC 为直径画圆, 圆与对称轴的交点就是要求的点 D. 我们用几何作图快速找到了目标, 然后用代数运算精准定位.

设对称轴 $x=1$ 与 x 轴交于点 E, 作 $CF\perp DE$ 于 F. 设 $D(1, m)$.

由 $\dfrac{CF}{FD}=\dfrac{DE}{EA}$, 得 $\dfrac{1}{3-m}=\dfrac{m}{2}$. 整理, 得 $m^2-3m+2=0$.

解得 $m=1$, 或 $m=2$. 所以 $D_1(1, 1)$, 或 $D_2(1, 2)$.

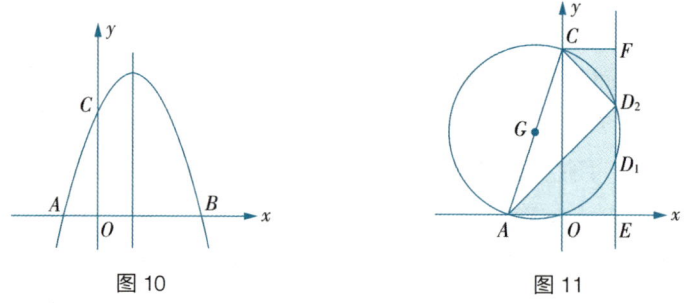

图10　　　　　　　　图11

这就是压轴题传说中的"一石二鸟"——根据其中的一个点 D 列方程, 方程的两个解对应两个点 D.

六、双垂直总是伴随着同角的余角相等

例7 如图 12, 已知 $A(0, 2)$、$B(3, 6)$ 两点, 点 P 在 x 轴上, 点 B 关于直线 AP 的对称点 C 落在 y 轴上, 求点 P 的坐标.

听马老师说数学

如图 13，因为 AP 垂直平分 BC，再加上坐标轴互相垂直，那么图形中一定有同角的余角相等. 事实上，$\angle P$ 与 $\angle C$ 都是 $\angle CAP$ 的余角，所以 $\angle P = \angle C$.

如图 14，以点 A 为圆心，以 AB 长为半径画圆，与 y 轴交于点 $C(0,-3)$，$C'(0,7)$. 作 $BH \perp y$ 轴于 H.

①如图 13，在 $\mathrm{Rt}\triangle BCH$ 中，$\tan\angle C = \dfrac{BH}{CH} = \dfrac{3}{9} = \dfrac{1}{3}$.

在 $\mathrm{Rt}\triangle AOP$ 中，由 $\tan\angle P = \dfrac{OA}{OP} = \dfrac{2}{OP}$，得 $OP = 6$，$P(6,0)$.

②如图 14，在 $\mathrm{Rt}\triangle BC'H$ 中，由 $\tan\angle C' = \dfrac{BH}{C'H} = 3$.

在 $\mathrm{Rt}\triangle AOP'$ 中，由 $\tan\angle P' = \dfrac{OA}{OP'} = \dfrac{2}{OP'} = 3$，得 $OP' = \dfrac{2}{3}$，$P'\left(-\dfrac{2}{3},0\right)$.

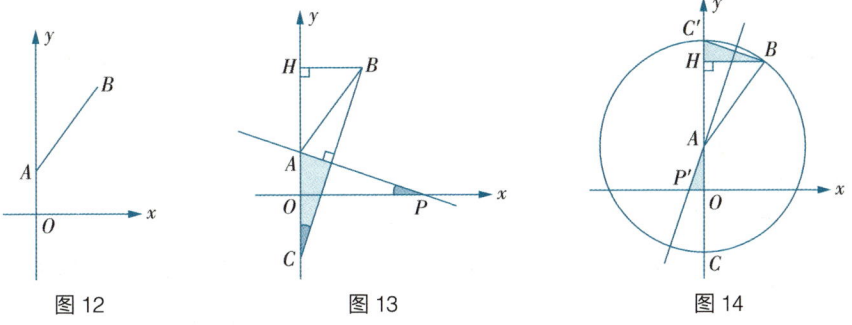

图 12   图 13   图 14

如果看到了"这个问题"，马上联系到"那个问题"，"这个"和"那个"就是我这篇文章想表达的伴随关系. 数学知识是相互关联的，伴随关系还有很多很多.

73 构造勾股图解面积问题

我们以人教版九年级"一元二次方程"一章中的 5 道应用题为例，构造勾股图解面积应用题.

构造勾股图，解一元二次方程应用题.

例1 一个直角三角形的两条直角边相差 5 cm，面积为 7 cm²，求斜边长.

构造如图 1 的勾股图，小正方形的边长为 5，面积为 25. 那么大正方形的面积为 53，直角三角形的斜边长就是大正方形的边长.

由大正方形的面积 = 25+4×7 = 53，得直角三角形的斜边长为 $\sqrt{53}$.

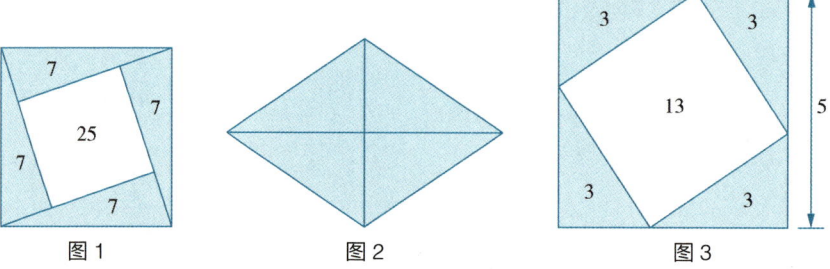

图1 图2 图3

例2 一个菱形的两条对角线的和是 10 cm，面积是 12 cm². 求菱形的周长.

我们把如图 2 所示的菱形分成 4 个全等的直角三角形，拼成如图 3 所示的勾股图，那么每个直角三角形的面积为 3，大正方形的边长为 5. 所以小正方形的面积为 13，小正方形的边长 $\sqrt{13}$ 就是直角三角形的斜边长，也就是菱形的边长. 所以菱形的周长为 $4\sqrt{13}$.

构造勾股图，把一元二次方程转化为二元一次方程组.

例3 有一根 20 米长的绳子，怎样用它围成一个面积为 24 平方米的矩形？

我们可以把 4 个面积为 24，长与宽的和等于 10 的矩形，拼成如图 4 所示的大正方形，那么大正方形的面积为 100. 所以小正方形的面积等于 4，边长等于 2.

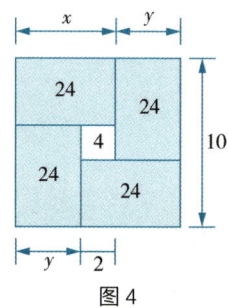

图4

这样就得到二元一次方程组 $\begin{cases} x+y=10, \\ x-y=2. \end{cases}$ 解得 $\begin{cases} x=6, \\ y=4. \end{cases}$

例 4 一个矩形的长和宽相差 3 cm, 面积是 4 cm², 求这个矩形的长和宽.

我们可以把 4 个面积为 4, 长和宽相差 3 的矩形, 拼成如图 5 所示的大正方形, 那么小正方形的面积为 9. 所以大正方形的面积等于 25, 边长等于 5.

这样就转化为二元一次方程组 $\begin{cases} x-y=3, \\ x+y=5. \end{cases}$ 解得 $\begin{cases} x=4, \\ y=1. \end{cases}$

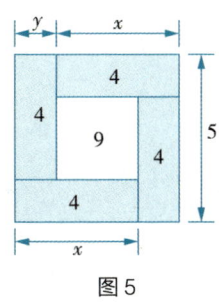

图 5

例 5 一个直角三角形两条直角边的和是 14 cm, 面积是 24 cm², 求两条直角边的长.

4 个面积是 24, 两条直角边的和是 14 的直角三角形可以拼成如图 6 所示的大正方形.

8 个这样的直角三角形可以拼成如图 7 所示的大正方形, 那么中间的小正方形的面积等于 14×14−8×24＝4, 这个小正方形的边长为 2.

这样就得到二元一次方程组 $\begin{cases} x+y=14, \\ x-y=2. \end{cases}$ 解得 $\begin{cases} x=8, \\ y=6. \end{cases}$

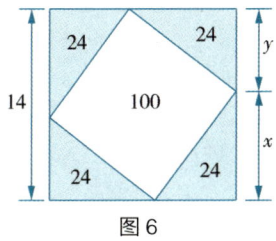

图 6

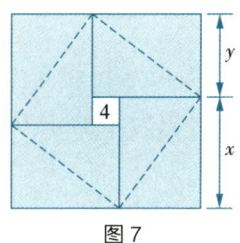

图 7

美妙的勾股弦图. 丰富的数形结合思想. 神奇的数学方法.

74 面积为 2 的正方形的边长是 $\sqrt{2}$

我们来拼一下面积为 2、5、10、13、3 的正方形.

拼图 1 面积为 2 的正方形的边长为 $\sqrt{2}$.

如图 1，把两个面积为 1 的正方形分割为 4 个等腰直角三角形，拼成的图 2 就是面积为 2 的正方形，边长为 $\sqrt{2}$.

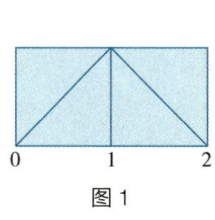

图 1

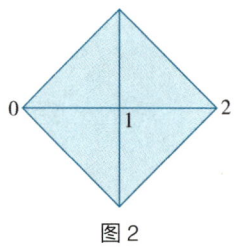

图 2

拼图 2 面积为 5 的正方形的边长为 $\sqrt{5}$.

把 5 个面积为 1 的正方形如图 3 分割，拼成图 4 中的正方形，边长为 $\sqrt{5}$.

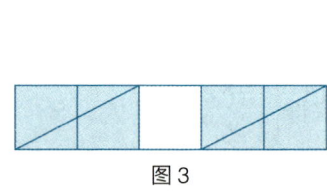

图 3

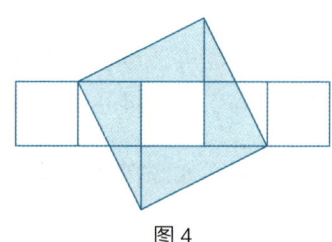

图 4

拼图 3 面积为 10 的正方形的边长为 $\sqrt{10}$.

把 10 个面积为 1 的正方形如图 5 分割，拼成图 6 中的正方形，边长为 $\sqrt{10}$.

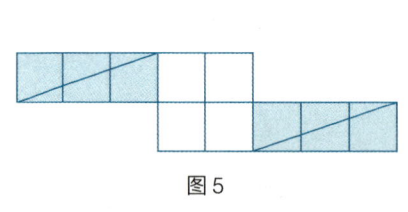

图 5

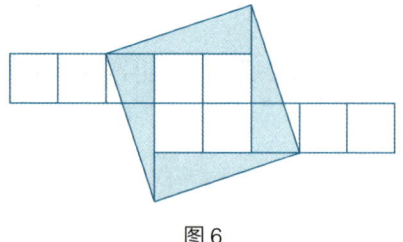

图 6

拼图 4　面积为 13 的正方形的边长为 $\sqrt{13}$.

把 13 个面积为 1 的正方形如图 7 分割，拼成图 8 中的正方形，边长为 $\sqrt{13}$.

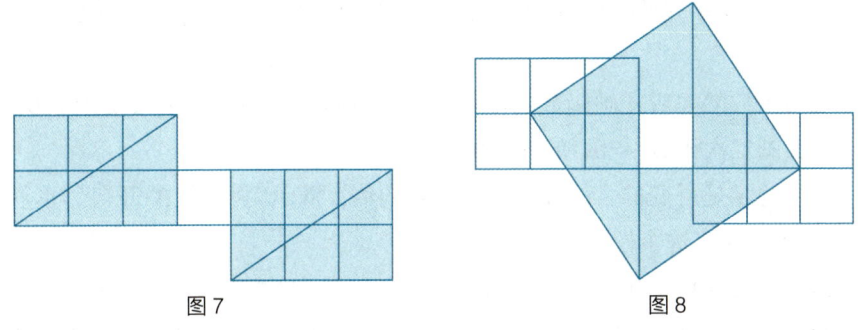

图 7　　　　　　　　　　　　　　图 8

拼图 5　面积为 3 的正方形的边长为 $\sqrt{3}$.

把 3 个面积为 1 的正方形如图 9 分割，拼成图 10 中的正方形，边长为 $\sqrt{13}$.

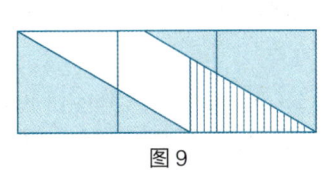

图 9　　　　　　　　　　　　　　图 10

拼图有什么意义呢？

乐之者觉得有意义. 学数学，玩数学.

75 一语点醒梦中人

我从 1999 年开始接触几何画板，20 多年间我一直在感悟中实践，在实践中进步.

已知函数的解析式画函数的图像是几何画板最简单好学又最实用的功能，但是怎么画二次函数 $y = ax^2$ 的图像呢？

这里的 a 是可变的. 我想通过改变 a 的值，演示"抛物线的开口、形状随 a 的变化而变化"这个性质.

初学几何画板，无师自不通啊.

2000 年的一天，我经过八年级的教室，听见数学老师正在领读"实数与数轴上的点是一一对应的".

一语点醒梦中人，a 不就是全体非零实数吗？在 x 轴上放一个自由点 A，度量点 A 的横坐标，将标签修改为 a. 拖动点 A 在 x 轴上运动，a 的值就会随之改变.

我于是作出了 $y = ax^2$ 的图像. 追踪图像，拖动点 A，出现了图 1 所示的效果.

升级改进. 在 y 轴上再放一个自由点 C，度量点 C 的纵坐标，将标签修改为 c，这样就作出了函数 $y = ax^2 + c$ 的图像. 追踪图像，拖动点 A，出现了图 2 所示的效果. 拖动点 C，出现了图 3 所示的效果.

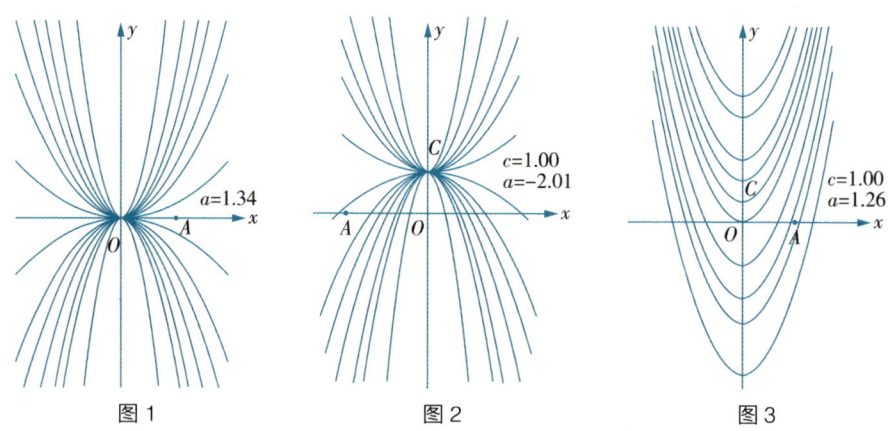

图 1　　　　　　　　　图 2　　　　　　　　　图 3

至此，所有含待定系数的函数图像都可以如法炮制了，不管有几个待定系数.

我们再欣赏极坐标系中函数 $\rho = \cos(a\theta)$ 的图像，图 4~图 7 分别对应 $a =$ 1，2，3，4.

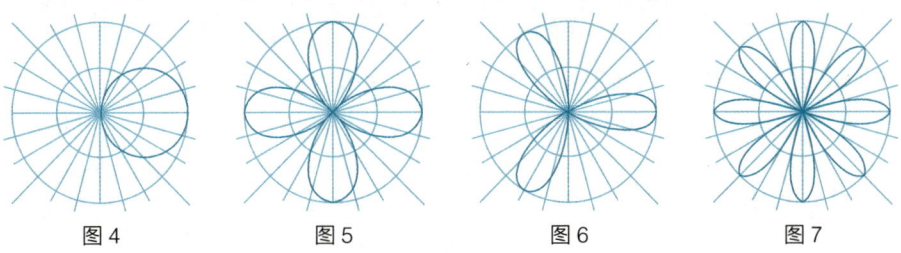

图 4   图 5   图 6   图 7

哪有什么岁月静好，只是有人为你负重前行. 哪有什么无师自通，多次失败的总结就是分享给别人的经验.

梯形的中位线定理和平行线等分线段定理很容易搞错.

例1 如图1，四边形 $ABCD$ 中，$AD /\!/ BC$，$\angle ABC = 90°$，$AD = 4$，$AB = 2$，M 是 CD 的中点，设 $BC = x$，$\triangle ABM$ 的面积为 y，求 y 关于 x 的函数关系式.

已知 $\triangle ABM$ 的底边 $AB = 2$，只要用含 x 的式子表示 AB 边上的高就可以了.

解法一：如图1，设 AB 的中点为 N，那么 MN 是梯形 $ABCD$ 的中位线. 接下来怎么证明 MN 是 $\triangle ABM$ 的高呢？

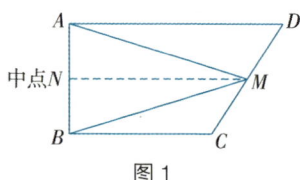
图1

根据"两直线平行，同位角相等"或"两直线平行，同旁内角互补"来证明 $MN \perp AB$.

解法二：如图2，作 $MN \perp AB$，接下来怎么证明 MN 是梯形的中位线呢？

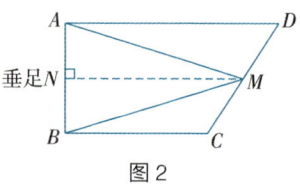
图2

根据"垂直于同一条直线的两直线平行"，得到 $AD /\!/ MN /\!/ BC$. 已知 M 是 CD 的中点，根据平行线等分线段定理，可知 N 是 AB 的中点.

所以 MN 是梯形 $ABCD$ 的中位线.

这道题目做对 y 关于 x 的关系式不难，但过程迷惑性很强.

例2 如图3，AB 是 $\odot O$ 的直径，CD 是 $\odot O$ 的一条弦，过 A、B 两点分别向直线 CD 作垂线，垂足为 E、F，求证 $CE = DF$.

和例1一样，如图3，如果取 CD 的中点 H，根据梯形的中位线定理，可知 $AE /\!/ OH /\!/ BF$，再根据平行线等分线段定理，得 H 也是 EF 的中点.

如图4，如果作 $OH \perp CD$，根据垂径定理，可知 H 是 CD 的中点. 接下来先证明 $AE /\!/ OH /\!/ BF$，再根据平行线等分线段定理，得 H 也是 EF 的中点.

如图5是这道题目的姊妹图，证法完全一样.

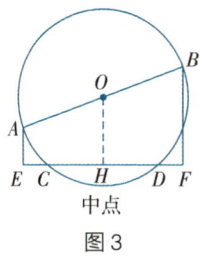
中点
图3

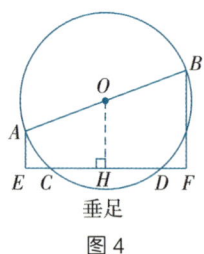
垂足
图4

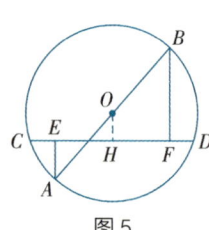
图5

梯形的中位线定理和平行线等分线段定理又是伴随关系.

77 求 tan 15°最简便的两种方法

一、求 tan 15°最简便的两种方法

如图 1，$\triangle ABC$ 中，$\angle C = 90°$，$\angle B = 30°$，设 $AC = 1$，那么 $AB = 2$，$BC = \sqrt{3}$.

方法一：如图 2，以 30°为外角构造等腰三角形. 在 CB 的延长线上截取 $BD = BA = 2$，那么 $\angle D = 15°$. 在 Rt$\triangle ACD$ 中，$\tan \angle D = \dfrac{AC}{DC} = \dfrac{1}{2+\sqrt{3}} = 2-\sqrt{3}$.

方法二：如图 3，以 30°为顶角构造等腰三角形. 在 BC 的延长线上截取 $BE = BA = 2$，那么 $\angle BAE = 75°$. 所以 $\angle CAE = 15°$. 在 Rt$\triangle ACE$ 中，$\tan \angle CAE = \dfrac{CE}{AC} = 2-\sqrt{3}$.

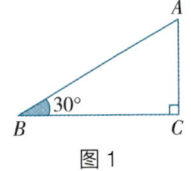 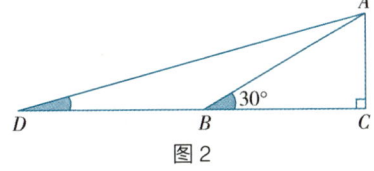 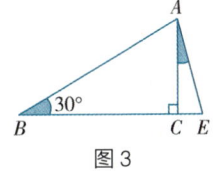

图 1   图 2   图 3

二、 求 tan 22.5°最简便的两种方法

如图 4，$\triangle ABC$ 中，$\angle C = 90°$，$\angle B = 45°$，设 $AC = BC = 1$，$AB = \sqrt{2}$.

方法一：如图 5，以 45°为外角构造等腰三角形. 在 CB 的延长线上截取 $BD = BA = \sqrt{2}$，那么 $\angle D = 22.5°$. 在 Rt$\triangle ACD$ 中，$\tan \angle D = \dfrac{AC}{DC} = \dfrac{1}{\sqrt{2}+1} = \sqrt{2}-1$.

方法二：如图 6，以 45°为顶角构造等腰三角形. 在 BC 的延长线上截取 $BE = BA = \sqrt{2}$，那么 $\angle BAE = 67.5°$. 所以 $\angle CAE = 22.5°$. 在 Rt$\triangle ACE$ 中，$\tan \angle CAE = \dfrac{CE}{AC} = \sqrt{2}-1$.

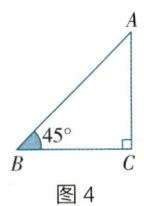 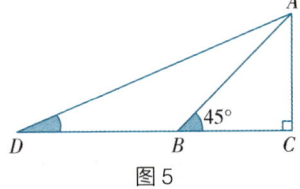 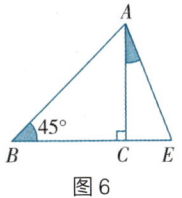

图 4   图 5   图 6

我在《中学数学教学参考》杂志 2006 年第 11 期上看到过求 tan 15°的 18 种方法，我觉得最简便的就是本文介绍的两种方法. 用这两种方法同样可以求 tan 22.5°.

两种方法都是构造等腰三角形，分别以 30°为外角或顶角.

78 求旗杆的高度需要测量几个数据

方案一　如果我们可以到达旗杆的脚下，并且有条件解开绳子的话，那么求旗杆的高度是最方便的了，只需要用测量长度的工具测量两个数据.

例1　已知绳子沿旗杆自然下垂时，绳子比旗杆长了1米. 如果把绳子拉直，绳子的末端在地面上，测得末端距离旗杆底部的距离为5米，求旗杆的高度.

如图1，设旗杆的高度为 x 米，那么绳子的长度为 $(x+1)$ 米.

由勾股定理，得 $x^2+5^2=(x+1)^2$. 解得 $x=12$. 所以旗杆的高度为 12 米.

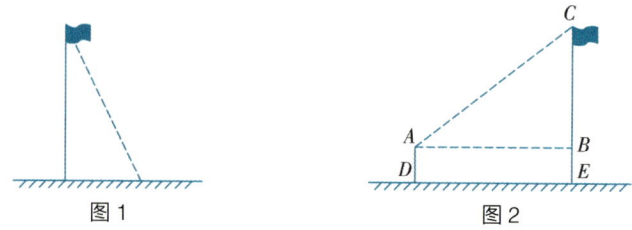

图1　　　　　　　　　　　图2

方案二　如果我们可以到达旗杆的脚下，但是没有条件解开绳子的话，那么求旗杆的高度，需要用测量长度的工具和测角仪测量两个数据.

例2　小明和小杰两人想知道旗杆的高度，小明用测角仪测得旗杆顶部的仰角为37°，小杰用卷尺测得小明距离旗杆底部16米. 已知小明的身高是170厘米，问：旗杆的高度大约是多少米？

我们先来数学建模. 如图2，直线 DE 表示地面，CE 表示旗杆，AD 表示小明的身高.

构造 Rt$\triangle ABC$，已知 $AB=16$ 米，$\angle A=37°$，那么 $BC=AB\tan\angle A\approx12$ 米. 因此旗杆的高度大约是 $CE=12+1.70=13.70$ 米.

方案三　如果我们不能到达旗杆的脚下，那么求旗杆的高度，需要用测量长度的工具和测角仪测量三个数据.

例3　小明和小杰两人想知道旗杆的高度，小明用测角仪测得旗杆顶部的仰角为30°，然后向着旗杆走了一段距离，再用测角仪测得旗杆顶部的仰角为45°，小杰用卷尺测得小明走过的距离为8.8米. 已知小明的身高是170厘米，问：旗杆的高度大约是多少米？

我们先来数学建模. 如图3，直线 DE 表示地面，CE 表示旗杆，AD、FG

表示小明的身高.

构造 Rt△ABC, 设 CB=x 米, ∠CAB=30°, 那么 AB=BCcot 30°=√3 x.

在 Rt △FBC 中, ∠CFB = 45°, 因此 BF = BC=x.

图3

因为 AF=DG=8.8, 所以 √3 x-x = 8.8.

解得 x≈12.0 米.

因此旗杆的高度大约是 CE = 12+1.70 = 13.70 米.

方案四 如果我们可以到达旗杆的脚下, 但是没有条件解开绳子, 而且只有测量长度的工具, 那么怎么办? 如果太阳公公帮忙的话, 问题就好解决了.

例4 小明和小杰两人想知道旗杆的高度, 小杰测得旗杆的影长为 24 米, 小明的影长为 3.40 米, 已知小明的身高是 170 厘米, 问: 旗杆的高度大约是多少米?

设旗杆的高度为 x 米, 根据相似三角形的对应边成比例, 可得 $\dfrac{1.7}{3.4}=\dfrac{x}{24}$.

解得旗杆的高度为 12 米.

小结 这4道例题都用到了数学建模思想, 先把生活中的实际问题抽象成数学问题. 例1、例2和例3的实质都是解直角三角形, 都是求一条直角边的长. 我们知道, 已知直角三角形5个元素(直角除外)中的任意两个元素(至少一个元素是边), 就可以求得其他元素. 前三道题的测量量中, 至少有一个是边的长.

由例3, 我们可以得到一个经验, 如图4、图5, 已知斜三角形 ABC 的边长 BC, 要求 BC 边对应的高 AD, 只要知道夹 BC 边的两个角就可以了.

在图4中, $BC=BD+CD=AD \cdot \cot B+AD \cdot \cot C=AD(\cot B+\cot C)$;

在图5中, $BC=BD-CD=AD \cdot \cot B-AD \cdot \cot \angle 1=AD(\cot B-\cot \angle 1)$.

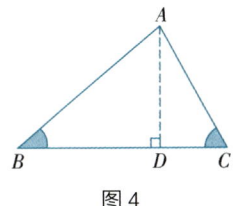

图4

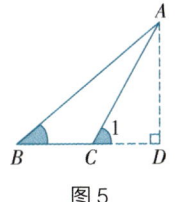

图5

原稿很长, 图形很多, 课题是"待定系数对二次函数图像的影响". 在这里我选 2 道题目中的部分小题, 给大家分享一下.

例1 把下列各题中解析式的编号①②③④与图像的编号 A、B、C、D 对应起来.

(1)①$y = x^2 - 2x + c$;　②$y = -x^2 - 2x + c$;　③$y = ax^2 - 1$;　④$y = ax^2 + 2$.

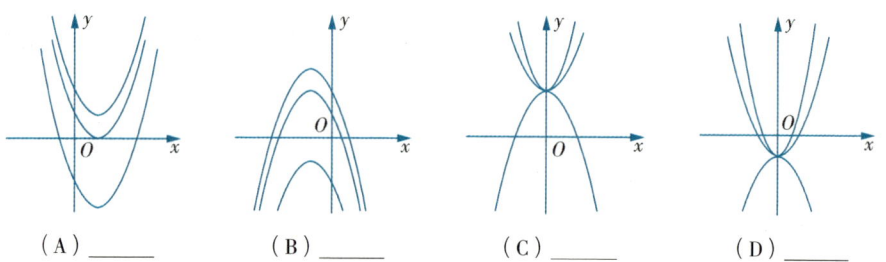

(A) _____　　(B) _____　　(C) _____　　(D) _____

我在这里插一段话. 这组训练题是我在上海的时候给学生编写的, 随后我在沈阳市实验学校也上了这节课, 刚开始训练时学生有点不习惯, 但是在我的引领下, 学生马上就明白了.

我领读: A 组抛物线的开口向上、形状不变, a 不变, 大于 0; 对称轴不变, b 不变; 上下平移, c 在变. 对应①$y = x^2 - 2x + c$.

我领读: B 组抛物线的开口向下、形状不变, a 不变, 小于 0; 对称轴不变, b 不变; 上下平移, c 在变. 对应②$y = -x^2 - 2x + c$.

我领读: C 组抛物线顶点不变, 在 y 轴正半轴上. 对应④$y = ax^2 + 2$.

我领读: D 组抛物线顶点不变, 在 y 轴负半轴上. 对应③$y = ax^2 - 1$.

(2)①$y = x^2 + bx + 2$;　②$y = ax(x - 3)$;　③$y = a(x + 2)(x - 3)$;　④$y = -x^2 + bx - 3$.

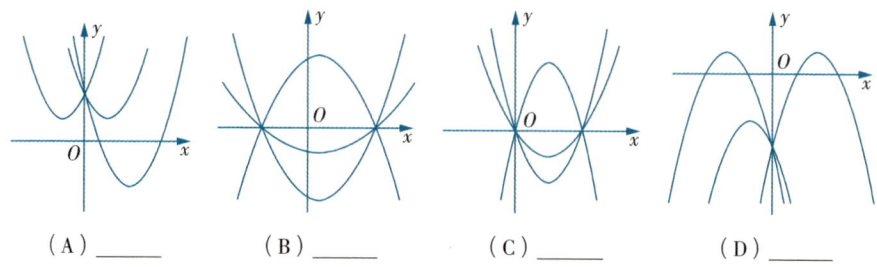

(A) _____　　(B) _____　　(C) _____　　(D) _____

（3）①$y=2(x-2)^2+k$；②$y=ax(x+4)$；③$y=a(x+2)^2+3$；④$y=a(x-2)^2-3$.

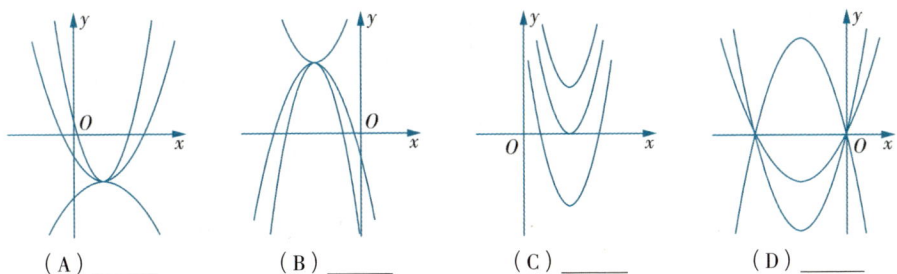

（A）_____　　　（B）_____　　　（C）_____　　　（D）_____

例2　下面同一坐标系中的两条抛物线的形状是相同的，请根据 m_1 的解析式，结合图像写出 m_2 的解析式，把 m_1、m_2 写在对应的抛物线旁.

（1）m_1：$y=-\sqrt{2}x^2-2$　　　（2）m_1：$y=\sqrt{3}x^2+2$　　　（3）m_1：$y=-x^2-1$

　　　m_2：_____　　　　　　　　m_2：_____　　　　　　　　m_2：_____

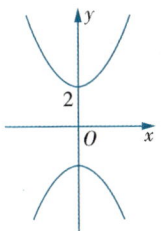　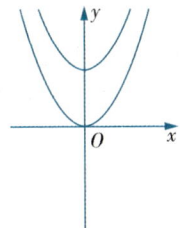　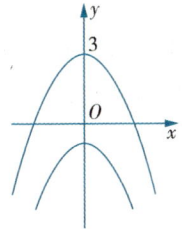

（4）m_1：$y=\sqrt{2}x^2$　　　（5）m_1：$y=-\sqrt{3}x^2+\sqrt{3}$　　　（6）m_1：$y=-\sqrt{3}x^2+1$

　　　m_2：_____　　　　　　　　m_2：_____　　　　　　　　m_2：_____

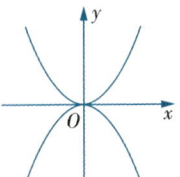　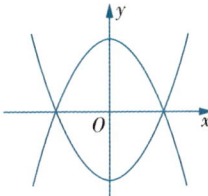　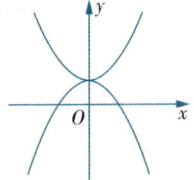

（7）m_1：$y=(x-2)^2$　　　（8）m_1：$y=(x-1)^2$　　　（9）m_1：$y=-(x+1)^2$

　　　m_2：_____　　　　　　　　m_2：_____　　　　　　　　m_2：_____

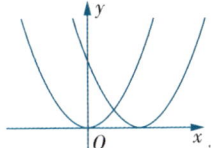　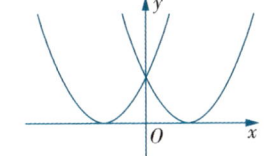　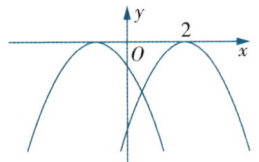

（10）m_1：$y=2x^2+4x-1$ （11）m_1：$y=x^2-4x+1$ （12）m_1：$y=-x^2+4x$

m_2：_____ m_2：_____ m_2：_____

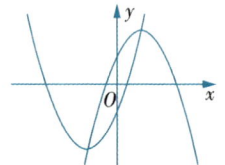 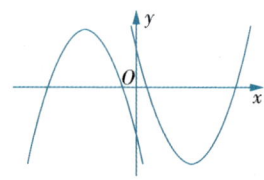 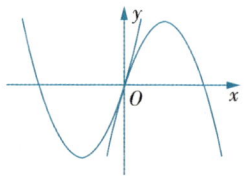

（13）m_1：$y=(x+3)(x-1)$ （14）m_1：$y=-(x+1)^2+2$ （15）m_1：$y=(x-1)^2-4$

m_2：_____ m_2：_____ m_2：_____

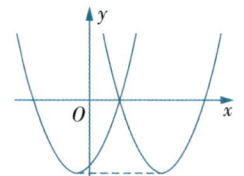 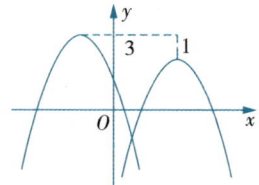 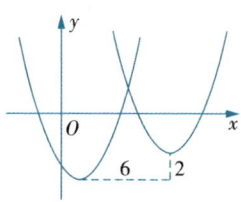

学生从开始的不习惯，到兴奋地完成这组题目，这就是数形结合的魅力．这组题目还有自我纠错的功能．最大的收益莫过于学生在老师的领读下，学会了读图．

80 圆中几组对立统一的图形

圆中对立统一的图形很多，下面我举例几组．

例1 如图1、图2，⊙A 与 ⊙B 相切于点 C，过点 C 的直线与 ⊙A、⊙B 的另一个交点分别为 D、E，那么 $AD \parallel BE$．

在图1中，∠D 与 ∠E 是内错角相等．在图2中，∠D 与 ∠BEC 是同位角相等．

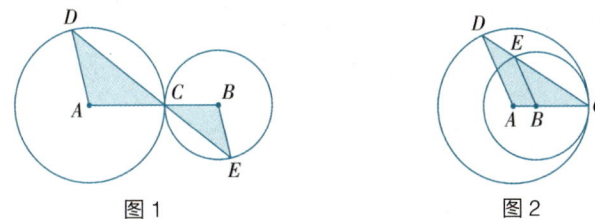

图1　　　　　　　　　图2

例2 已知 A、B、C、D 四点在 ⊙O 上．如图3，如果 A、D 两点在弦 BC 的同侧，那么 ∠A 与 ∠D 相等；如图4，如果 A、D 两点在弦 BC 的两侧，那么 ∠A 与 ∠D 互补．

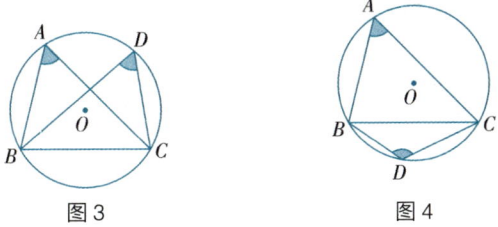

图3　　　　　　　　　图4

例3 已知 ⊙O 的半径为13，弦 $AB \parallel CD$，$AB = 24$，$CD = 10$，那么 AB 与 CD 之间的距离存在两种情况．如图5，当 AB、CD 在圆心 O 的两侧，AB、CD 之间的距离等于 $12 + 5 = 17$；如图6，当 AB、CD 在圆心 O 的同侧，AB、CD 之间的距离等于 $12 - 5 = 7$．

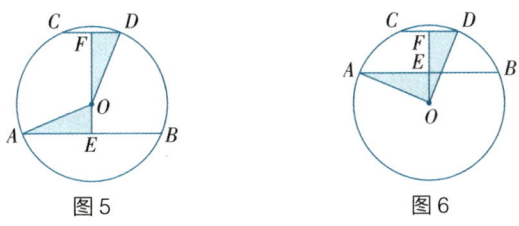

图5　　　　　　　　　图6

例 4 已知⊙A 与⊙B 相交的公共弦 $MN = 24$，$AM = 20$，$BM = 13$. 如图 7，圆心 A、B 在 MN 两侧时，圆心距 $AB = 16 + 5 = 21$. 如图 8，圆心 A、B 在 MN 同侧时，圆心距 $AB = 16 - 5 = 11$.

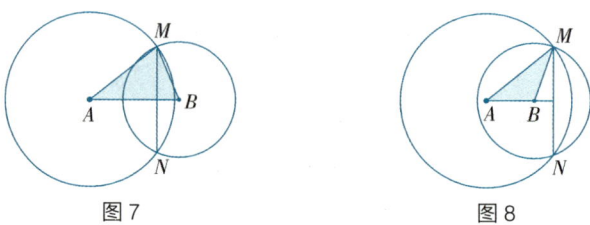

图 7　　　　　　　　　　　图 8

例 5 两个圆都以点 O 为圆心. 如图 9，如果大圆的弦 AB 与小圆交于 C、D 两点，那么 $AC = BD$. 如图 10，如果大圆的弦 AB 与小圆相切于点 P，那么 $AP = BP$.

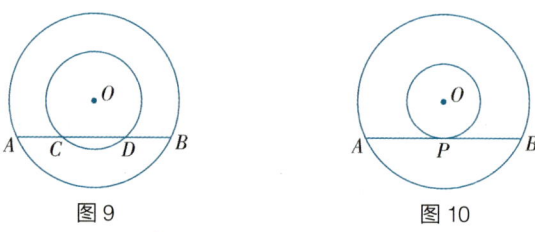

图 9　　　　　　　　　　　图 10

例 6 如图 11、图 12，已知 AB 是⊙O 的直径，CD 是弦. 过 A、B 分别向直线 CD 作垂线，垂足分别为 E、F，那么 $CE = DF$.

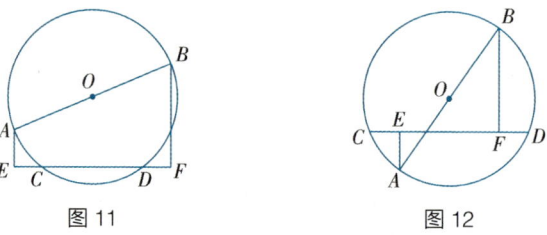

图 11　　　　　　　　　　　图 12

例 7 如图 13、图 14，已知 AB 是⊙O 的直径，C、D 两点在⊙O 上，如果 H 为 CD 的中点，那么 $OH \perp CD$.

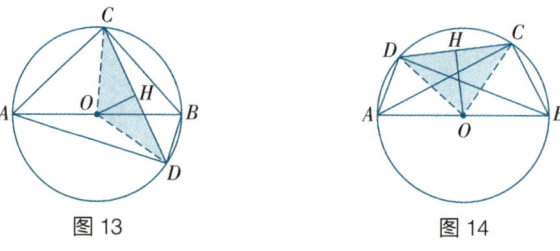

图 13　　　　　　　　　　　图 14

例 8 如图 15，矩形 *ABCD* 的四个顶点在同一个圆上. 如图 16，菱形 *ABCD* 的四条边与同一个圆相切，四条边的中点 *E*、*F*、*G*、*H* 也在同一个圆上，这两个圆是同心圆.

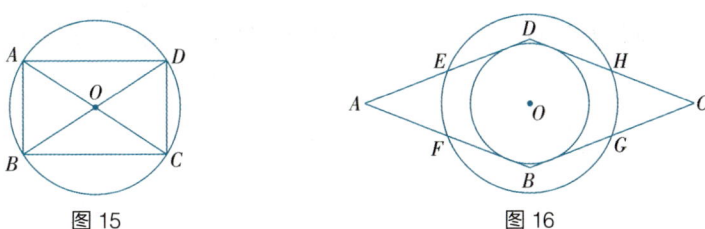

图 15   图 16

从以上的例子可以看到，外切与内切，同侧与两侧，加与减，都是对立统一的.

圆是最美丽的几何图形，经过圆心的每一条直线都是它的对称轴，圆绕着圆心旋转任意角度都与它自身重合.

81　割割补补的阴影面积

例1　你有没有发现，图1的8个图形中阴影部分的面积都是相等的？

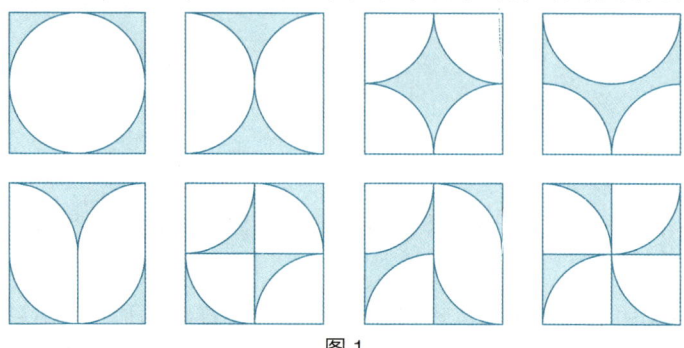

图1

例2　你有没有发现，图2的2个图形中阴影部分的面积是相等的？

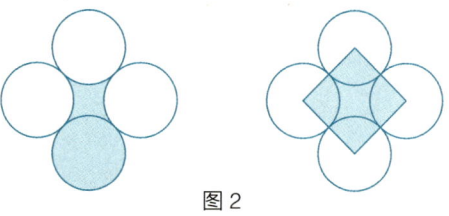

图2

例3　图3的3个图形中，前两个阴影部分的面积显然是相等的，你敢相信第三个图形中 A、B 两部分的面积是相等的？这是真的.

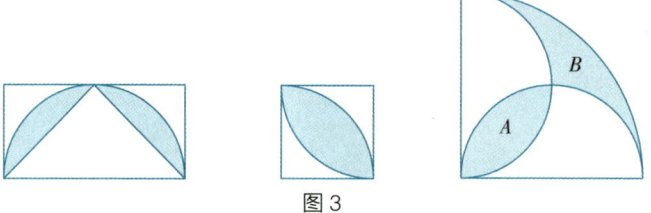

图3

例4　图4中，绕着正方形 $ABCD$ 的哪个顶点旋转左边的图形，就可以得到右边的图形？

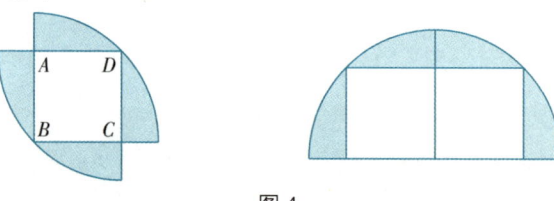

图4

例 5 图 5 中，已知半圆的直径 $PM=4$ cm，绕着点 P 逆时针旋转半圆，旋转过的角度分别为 $60°$、$45°$、$36°$，怎样求这组图形中阴影部分的面积呢？

以第二个图形为例，图中 A、B、C、D 四部分的关系是，$A+D=C+D$，所以 $A=C$. 要求阴影部分 $C+B$，就等于 $A+B$ 两部分的和.

原来阴影部分的面积等于圆心角为 $45°$，半径为 4 cm 的扇形 PMN 的面积.

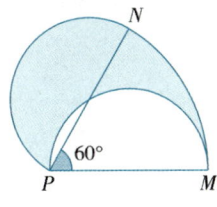 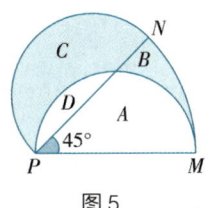 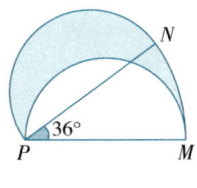

图 5

例 6 请你想一想，图 6 的 3 个图形中，哪两个图形中阴影部分的面积是相等的？

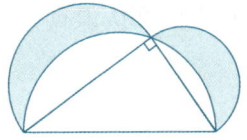 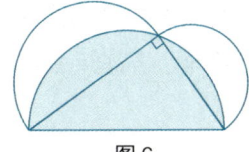 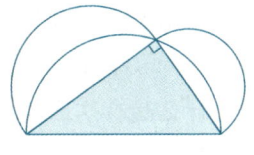

图 6

例 7 图 7 中，圆的半径都为 1，怎样求阴影部分的面积呢？

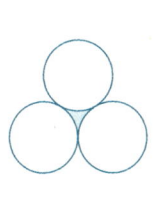 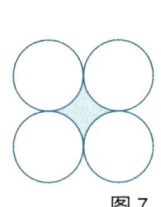 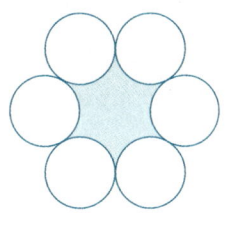

图 7

例 8 怎样割补可求出图 8 的两个图形中阴影部分的面积呢？

 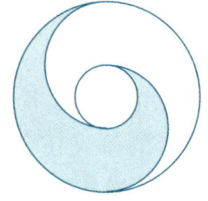

图 8

这一组题目，学生为什么很喜爱？

因为同学们知道，这是老师精心设计的，逗他们玩的.

225

后　记

50 岁，我为自己骄傲

我常和朋友交流，我们这代人，是最幸福的一代，经历了从农耕时代到信息时代的变迁，没有生长在战乱年代，更是幸福。

我今天的幸福，得益于尊敬师长，勤奋担当，贵人相助。

从村里的小学到初中，从城里的初中到高中，全校老师都认识我。以至于从渭南师专毕业时，全校的老师几乎都知道我。

为什么我有这么大的影响力？

小学一二年级还没有显山露水，到了三年级的时候，老师发现我是背书能手。那个时候除了语文、数学两本书，啥也没有了。教学方式也特别简单，背书、抄课文。因为我背书快、抄写好，所以老师就把检查别的同学背书、出黑板报这样的事情都放心地交给了我。

离开村里 40 年了，当年全校 18 位老师的名字我从未忘记，老师们也以我为骄傲。至亲至近的几位老师，都是村里德高望重的长者了，每次我回村去看望他们的时候，他们都很满足。如果偶遇熟人，他们也都会说上一句："这娃不差，没有忘记老师。"

到城里上初中的时候，我的班主任老师腿有残疾，我每天早上第一个到学校，到水房给班主任老师打开水，所有排队的老师和家属都让我插队，说让娃先打好水去念书。

上初三时，班主任给了我特别的偏爱，让我晚上住在他的办公室里，我晚上学习到十一点的事迹在全校传为佳话（那时的电视节目十点钟就说再见了）；我用两周时间做完了一本初中数学习题集更是成为神话；我把 78 页的《法律常识》课本背得滚瓜烂熟也不是笑话。

上了高中和大学，全校老师熟悉我，因为我做学生干部时工作干得好，替老师打理的事务多，而且善于创新。高中期间我拉了一伙同学办了一张校报《瑞钟》；大学期间发起了一个双周知识竞赛，后来得到学工部部长支持，升级为全校性的比赛。

我这一生的痛是中学时期没有学好英语。1987 年高考，英语只考了 24 分，还好考上了师专，跳出农门。这一跳，在我们村的意义非常重大。恢复高考十年，我们村共 12 个生产队，我们生产队终于有了第一个大学生。

1990 年毕业的时候，我被改派到了城里的肉联厂做销售。在工厂里由于我的专业不对口导致工作干不好，年长的师傅还不时笑话，大学生能干啥？

于是我就想干本行。后来我生命中的贵人相继出场助我飞速发展。

1996 年秋，我办了个初三竞存班，我邀请初中时期的几位老师发挥余热，市培训中心的主任李宏才也鼎力支持，免费给我们提供教室和办公室，他说看好我。

这一年我们是怎么过来的就不说了，说说结果。36 个顽皮的、家长觉得升学无望的孩子，都考上了高中。这 36 个孩子带给我们的社会影响力，就是在 1997 年暑假的时候，市教委批准我们成立了竞存中学。我们租了一所企业子弟学校的一层楼，共招了 210 名学生。

第二年我们是怎么过来的也不多说了，说说结果。家长中有一家企业的副总，感叹他儿子一年的变化，力荐我们去管理他们企业的子弟学校。在 1998 年暑假，我们托管了一所子弟学校，一校两牌，这一年学生达到 1000 人。

有了规模，我们便开始思考未来的发展。

教师的专业成长和学生的考试成绩是学校发展的基石。关于教师的专业成长，我们有两个项目做得很好：一是"双周论坛"，总是让老师们期待；二是"五个一工程"，让老师和外界接了轨。

"双周论坛"谁都可以讲，只要有话可讲，只要是积极的，啥都可以讲。渭南各界的名人来讲过，北京的、西安的名师也来讲过，到后来，老师们都想要霸占讲台。

"五个一工程"是每年发表一篇文章，每学期读一本好书，每月上一节公开课，每周听一节课、联系一名学生。后来把每学期读一本好书修改为每年订一本专业期刊。

"五个一工程"启动一年后，全校老师在全国各级各类期刊上共发表了 117 篇文章，这在全国的中小学也是罕见的，带给老师的自豪感也是无法估量的。"五个一工程"启动的第二年、第三年，我们向全国推送了两节语文课。在这两节课上，我们向到会的千余位老师回答了语文课该怎么上、什么样的课是好课的问题。

我每天琢磨最多的，就是如何让老师不断有自豪感、幸福感。我坚信，老师有自豪感、幸福感，学生的考试成绩就不会差。

我做了 7 年校长，最大的收益就是学会了勤奋和担当。

不停思考算勤奋，不断工作也算勤奋，还有一种勤奋，就是我一直走在初中数学的前沿，走在信息技术的前沿。

我曾一年订了 11 本数学期刊，我每年第一时间要做全国各地的中考数学试题，我也是全国较早学习制作 PPT、实践几何画板的人。

2003 年我以几何画板应用的技术优势，被人才引进到上海。在上海，我的专业发展得更高更快更好，于是我开始梳理是哪些贵人在帮我。

我对贵人的定义为，事先并不认识，因为认识而改变了我的生活质量和生命轨迹的人。

第一个贵人是舒耀俐老师。我来上海，她面试我，我和她交流了 9 分钟几何画板后，她就坚定地说："我一定要让学校把你留下来。"舒耀俐老师是让我立足上海的贵人。后来我和舒老师一起合作编写《挑战中考数学压轴题》，直到现在。

第二个贵人是姜晓勇校长。我的第一学历是大专，硬件上不够人才引进的标准。姜校长给领导打电话，说："我这里有一个数学高级教师，我一定要把他留下。"就这样，我得以留在上海教学，姜校长是让我安身上海的贵人。

第三个贵人是华东师大出版社教辅分社的倪明社长。我和舒耀俐老师去见倪明社长，约好的交谈半小时，结果我们一见如故，持续谈了三个半小时。这一谈，就开启了一个品牌。《挑战中考数学压轴题》从当初的一本到现在"挑战压轴题"系列二十本；发行量从第一年的 6000 册到现在每年 30 万册。这些数字的背后，是我生命轨迹的改变。我做自由职业者已经五年了，靠稿费生活，游走全国讲课，每年出国旅行两次。倪明社长是助我实现人生梦想的贵人。

贵人相助也得自己有实力才行，实力是靠勤奋得来的。贵人相助也是因为他们愿意帮助有品行的人，我觉得人最大的品行就是尊敬师长。

在渭南做校长的 7 年时间里，我是尊敬师长的最大获益者。教过我、没有教过我的老师们，都愿意无私地帮助我。认识我的、不认识我的，都在传说我的神奇。不仅民进会内，各个党派的朋友们，都在推举我。我 28 岁时成了最年轻的政协委员，换届后又成了最年轻的政协常委，34 岁时还去北京领过奖。

尊敬师长还包括尊敬长辈。亲朋好友中的长辈没有不说我好的，大家都羡慕我父母，子女孝顺。

父母要幸福，兄弟姐妹要和谐，必定要有一个敢于担当的人。我就是敢于担当的人。

丈母娘的朋友都羡慕地问，你女婿为什么这么好？我替丈母娘回答，都是当年没有要彩礼。众人大笑。

我的父母因病不能出远门，带岳父母旅游也弥补了我的孝心。我们两口子陪岳父母坐过游轮去韩国，坐过游轮看三峡，冬日里去三亚过夏天，夏季去九寨沟感受凉爽。每次回来，都够丈母娘在朋友面前自豪一年。

最后说说最让我骄傲的两个人。第一个是我的爱人，从来没有让我给父母花钱为难过，我的熟人圈都羡慕我是一个财务自由的幸福男人。第二个是我的女儿，一路学霸，毕业哥大，现在华尔街。女儿独闯天涯的勇气、智慧，为人处世的豁达、担当，可能都是我们影响的吧？

英语是我一生的痛，如今女儿的工作语言是英语，也算女儿孝顺我了。

我骄傲，家庭幸福。

我骄傲，人人帮我，我也帮人，生活多美好。

我骄傲，我们的国家强大，我们自信自豪。

2018 年 12 月 19 日

（这是我在50岁生日前夜有感而发一气呵成的文章，我泪如泉涌，感动于幸福的生活，感激无数的亲朋好友支持我，感恩我们生活在一个和平的国度。

这篇文章在我的朋友圈发布后，很多公众号转发了，还有班主任给他的学生朗读了。我把这篇文章收录到本书，权作纪念。）